Dr. Albert von Baligand

Der Ehevertrag.

Von der

Hohen rechts- und staatswissenschaftlichen Fakultät

der K. B. Julius-Maximilians-Universität Würzburg

gekrönte Preisschrift.

München 1906.
J. Schweitzer Verlag (Arthur Sellier).

Literatur.

Nur mit dem Namen der Verfasser zitiert sind die Lehrbücher von: Cosack (4. Aufl.), Crome, Dernburg, Eck, Endemann (7. Aufl.), Enneccerus (2. Aufl., Bd. I in 3. Aufl.), Landsberg, Lehmann (2. Aufl.), Matthias (3. Aufl.), Müller-Meikel (2. Aufl.);

die Kommentare zum Bürgerlichen Gesetzbuch (wo nichts weiter bemerkt, der das Familienrecht enthaltende Band) von: Kuhlenbeck, Meisner, Neumann (1. Aufl.), Opet, Planck (3. Aufl.), Schmidt-Habicht (zitiert Schmidt-H.), Staudinger (2. Aufl.);

zur Zivilprozeßordnung von: Gaupp-Stein (7. Aufl.) und Seuffert (9. Aufl.);

zum Handelsgesetzbuch von: Staub und Düringer-Hachenburg;

ferner: Ehrlich, Das zwingende und nicht zwingende Recht, 1899; — Fränkel, Familienrecht, 1898; — Jacobi, Das persönliche Eherecht (2. Aufl.); — Rocholl, Das Eherecht des BGB., 1900; — Salamonski, Das Vorbehaltsgut, 1901; — Schröder, Das eheliche Güterrecht (3. Aufl.); — Ullmann, Das gesetzliche eheliche Güterrecht (2. Aufl.); Wieruszowski, Handbuch des Eherechts, 2 Bde. 1900—1904.

Von Hellwigs Werken sind zitiert als: „A. u. Kl." = Anspruch und Klagrecht, „RKr." = Wesen und subjektive Begrenzung der Rechtskraft, „Verträge" = Verträge auf Leistung an Dritte", „Lehrbuch" = Lehrbuch des deutschen Zivilprozeßrechts.

Weitere Literaturangaben an geeigneter Stelle.

Die Abkürzungen der Zeitschriften sind die gemeingebräuchlichen.

Inhaltsübersicht.

§ 1. Einleitung.

Der Ehevertrag des BGB. ist eine durchaus deutsche Rechtsbildung. Seine Wurzeln reichen zurück bis an die Schwelle unserer Geschichte, wenn es auch erst das Mittelalter, namentlich die Zeit der Blüte des Städtewesens, war, welches die „Freiheit des Ehevertrages" stufenweise zu voller Entwicklung brachte. Das römische Recht, dessen individualistischer Geist auch in der Ehe kein Aufgeben der wirtschaftlichen Selbständigkeit duldete, vermochte nicht, die Prinzipien des deutschen Güterrechts, insbesondere das Prinzip der Ehevertragsfreiheit, zu verdrängen. Wohl aber gab es das Rüstzeug zu systematischer Untersuchung der Grenzen güterrechtlicher Privatautonomie und ermöglichte so die Gewinnung einer festen Grundlage für positivrechtliche Bestimmungen in der neueren Partikulargesetzgebung. In dieser setzte dann vielfach — besonders nach dem Vorgang des Code civil — eine gewisse rückläufige oder besser einschränkende Bewegung ein, die namentlich das Interesse der Gläubiger der Ehegatten an der Beständigkeit des Güterrechts zu wahren, die Frau gegen Ausbeutung ihrer Unerfahrenheit und Abhängigkeit zu schützen und zum Teil auch einer zu weitgehenden Zersplitterung im Güterrecht vorzubeugen bestrebt war. Es fragte sich, wie die Reichsgesetzgebung sich zu dieser Bewegung stellen sollte. Der Wahrheit konnte man sich jedenfalls nicht ganz verschließen, daß gerade für das Vermögensrecht der Ehegatten — im Gegensatz zum persönlichen Eherecht — die unendliche Mannigfaltigkeit der örtlichen, beruflichen und rein individuellen Verhältnisse eine Verschiedenheit der Bedürfnisse und Anschauungen bedingt, welche der Gesetzgeber nicht unberücksichtigt lassen kann. Der Reichsgesetzgeber stellte sich jedoch nicht nur prinzipiell auf den Standpunkt der Subsidiarität des gesetzlichen Güterrechts, sondern lehnte auch — in Uebereinstimmung mit den Beschlüssen des 13. Juristentags — die Vorschläge auf positive Einschränkung der Ehevertragsfreiheit zum größten Teil ab. Nur in beschränktem Maße suchte er den der Vertragsfreiheit widerstreitenden Interessen nach den erwähnten drei Richtungen Rechnung zu tragen: Zum Schutze der *Gläubiger* schuf er das Güterrechtsregister, sie im übrigen auf das Anfechtungsrecht verweisend; zum Schutze der *Ehefrau* gab er besonders strenge Vorschriften über Form und Stellvertretung, außerdem eine Reihe unverzichtbarer Sicherungsrechte; zur Förderung der *Rechtseinheit* und *Klarheit der Auslegung* griff er zur Aufstellung vertragsmäßiger Güterstände (sogenanntes „System der Kodifizierung subsidiärer Güterordnungen") und zum Verbot der Verweisung auf fremdes oder nicht mehr geltendes Recht.

Wie sich danach das Ehevertragsrecht des BGB. gestaltet hat, wird im folgenden zu untersuchen sein. Dabei wird es namentlich notwendig werden, das Verhältnis des Ehevertrags zum sonstigen Vertragsrecht und überhaupt das Verhältnis der auf deutschrechtlicher Grundlage ruhenden eigenartigen Erscheinungen des Güterrechts zu den vorwiegend romanistisch beeinflußten Grundsätzen der übrigen Teile des Gesetzes, einer näheren Prüfung zu unterziehen. Und es wird sich vielleicht zeigen, daß in dieser Richtung noch viel zu tun ist, um der für die Praxis unentbehrlichen Einzelforschung die nötige theoretische Grundlage zu verschaffen.

I. Abschnitt.

§ 2. Der Begriff des Ehevertrages.

Das mittelalterliche Recht verstand unter Ehevertrag, Ehestiftung, Ehepakten oder ähnlichen Bezeichnungen alle Verträge zwischen Verlobten, Ehegatten oder beiderseitigen Angehörigen, die mit Rücksicht auf die Ehe geschlossen wurden, also insbesondere auch erbrechtliche, personenrechtliche, rein sachen- oder obligationenrechtliche Verträge. Erst in neuerer Zeit wurde der Begriff auf den Vertrag über ehegüterrechtliche Verhältnisse beschränkt, jedoch ohne daß es zu einer festen Abgrenzung gekommen wäre. Das BGB. mußte schon aus Rücksicht auf die besonderen Formerfordernisse[1]) einen möglichst scharf umgrenzten Begriff des Ehevertrages aufstellen; doch bestanden bei den gesetzgebenden Faktoren selbst hinsichtlich verschiedener Einzelheiten Zweifel und Meinungsverschiedenheiten, deren Lösung man der Wissenschaft und Praxis überlassen wollte.

Ehevertrag ist nach § 1432 BGB. der Vertrag, durch den Ehegatten — oder künftige Ehegatten für den Fall der Ehe — ihre güterrechtlichen Rechte und Pflichten gegeneinander oder gegen Dritte, abweichend von den Bestimmungen des Gesetzes oder eines früheren Vertrages regeln.

1. Der Ehevertrag ist, wie das Wort besagt, stets ein zweiseitiges Rechtsgeschäft. Einseitige Willenserklärungen eines Ehegatten, wodurch Güterrechtsverhältnisse verändert werden, kommen also hier nicht in Betracht (z. B. die Erlaubnis, Geld abweichend von den Vorschriften des § 1377 II anzulegen). Doch ist zweierlei zu bemerken: Einmal, daß derartige einseitige Geschäfte auch vertragsweise vorgenommen werden können und dann unter den Begriff des Ehevertrages fallen; dies ist namentlich wichtig für die im Ehegüterrecht so häufig vorkommende Zustimmung eines Ehegatten zu einem Rechts-

---

[1]) Auch auf die Begünstigung der Eheverträge in Gebührengesetzen und in Hinblick auf § 2276 BGB.

geschäft oder Gewerbebetrieb des andern. Die Bedeutung eines solchen Vertrages liegt darin, daß die sonst bis zur Vornahme des Geschäftes widerrufliche Einwilligung (§ 183 BGB.) für den Erklärenden sofort bindend wird.[1]) Zweitens ist darauf hinzuweisen, daß ein Verzicht auf güterrechtliche Befugnisse und Ansprüche durch einseitige Erklärung nicht möglich ist.[2])

2. Ehevertrag ist nur der Vertrag zwischen Ehegatten oder künftigen Ehegatten für den Fall der Ehe. Es scheiden also alle Vereinbarungen zwischen den beiderseitigen Eltern oder sonstigen Angehörigen aus, soweit dieselben nicht etwa als Vertreter der Ehegatten handeln. Solche Vereinbarungen sind keine Eheverträge und können die güterrechtlichen Verhältnisse nicht verändern. Enthält ein Ehevertrag gleichzeitig eine Vereinbarung mit den Angehörigen eines Ehegatten, so ist diese ein selbständiger Vertrag.[3])

3. Gegenstand des Vertrages ist immer eine von den Bestimmungen des Gesetzes oder eines früheren Vertrages abweichende Regelung güterrechtlicher Rechte und Pflichten eines oder beider Ehegatten gegen den andern oder gegen Dritte.

a) Es muß sich also zunächst immer um eine vom bisherigen (bzw. kraft Gesetzes eintretenden) Güterstand abweichende Regelung handeln. Doch kann der scheinbar eine bloße Bestätigung aussprechende Vertrag auch tatsächlich abweichende Bestimmungen enthalten: so z. B. wenn die Bestätigung der bestehenden Rechtsverhältnisse den Verzicht auf ein — etwa nach §§ 1418, 1468 f., 1542, 1549 entstandenes — Aufhebungsrecht bedeutet. Nur im einzelnen Fall wird sich entscheiden lassen, ob ein „Anerkenntnis" güterrechtlicher Verhältnisse nur eine Beweiserleichterung oder Beweisverschiebung bezweckt, ob es eine bewußte Veränderung des Güterstandes oder einen „kausalen Eventualverzicht" darstellt.[4]) Erwähnt sei nur, daß Vereinbarungen über Inhalt und Modalitäten der eheweiblichen Beitragspflicht (§ 1427) nicht Eheverträge darstellen, solange sie nur den Begriff des „Angemessenen" für den konkreten Fall festlegen; solche Vereinbarungen werden aber hinfällig, sobald sich die zugrunde liegenden Verhältnisse ändern; sollen sie auch für diesen Fall Geltung behalten, so müssen sie als Ehevertrag nach § 1434 geschlossen werden.[5])

b) Der Ehevertrag kann sich auch auf Rechtsbeziehungen der Ehegatten zu Dritten beziehen, z. B. zu Abkömmlingen oder zu Gläubigern. Insbesondere kann der Ehevertrag auch ein Vertrag

---

[1]) Schmidt-H. zu § 1432 N. 5b.; Planck N. 1 a. E.; Dernburg IV S. 174 N. 6.

[2]) arg. § 1432 verb. „durch Vertrag". Im preuß. Recht ließ man einseitigen Verzicht des Mannes auf Verwaltung und Nutznießung zu, ohne daß dadurch der Gegenstand des Verzichtes Vorbehaltsgut wurde.

[3]) Bay. ObLG. im Recht 1903 S. 181.

[4]) Vgl. Windscheid-Kipp II § 412a; Rehbein I S. 168; Planck, Zivilprozeß I § 63; Pagenstecher, Rechtskraft 1904 S. 94 ff.

[5]) So mit Recht Wieruszowski II S. 363 N. 146—148.

zugunsten Dritter sein. Inwieweit daraus Dritte unmittelbar Rechte erwerben, bestimmt sich nach den Grundsätzen der §§ 328 ff.,[1]) danach richtet sich auch die Zulässigkeit einer Abänderung solcher Vertragsbestimmungen.[2])

c) Gegenstand des Ehevertrages können nur güterrechtliche Rechtsverhältnisse sein.

Da es sich im ehelichen Güterrecht immer um Vermögensrechte handelt, scheiden in erster Linie alle Persönlichkeitsrechte aus, auch soweit sie etwa übertragbar sind. Zu erwähnen ist aber, daß das Recht des Mannes zum Widerspruch gegen einen selbständigen Geschäftsbetrieb der Ehefrau aus § 1405 keine Beschränkung der Ehefrau in einem „Recht auf freie Betätigung der Persönlichkeit" bedeutet und daher jedenfalls nicht von vorneherein aus dem möglichen Bereich des Ehevertrages ausscheidet.[3])

Nicht zu den Vermögensrechten gehören weiter die reinen Familienrechte, insbesondere die rein personenrechtlichen Wirkungen der Ehe.[4]) Die praktisch so wichtigen Verträge über Kindererziehung und über die Folgepflicht der Frau sind also nach geltendem Recht nicht mehr als Eheverträge zu behandeln. Schwierigkeiten in der Abgrenzung entstehen dadurch, daß das BGB. eine Reihe von Rechtsverhältnissen, die auch das Vermögen berühren, nicht dem Titel vom ehelichen Güterrecht, sondern dem vorhergehenden Titel unterstellt, in welchem vorzugsweise die rein personenrechtlichen Wirkungen der Ehe behandelt sind. Durch die Heraushebung dieser Vorschriften (§§ 1356 f., 1358, 1360 f.) aus den Regeln des Güterrechts wollte der Gesetzgeber nicht nur zum Ausdruck bringen, daß sie in jedem Güterstand gelten; vielmehr zeigt u. E. ihre Sonderstellung an, daß sie unabhängig von jedem Güterstand Platz greifen, weil sie nach der Anschauung des Gesetzes aufs innigste mit dem personenrechtlichen Gehalt der Ehe zusammenhängen, während die im 6. Titel behandelten Rechtsverhältnisse diesen unmittelbaren Zusammenhang nicht aufweisen. Sonach bedeutet die systematische Scheidung des Gesetzes eine Abgrenzung derjenigen Normen, welche als Bestimmungen über den Güterstand zu gelten haben.[5]) Die im 5. Titel geregelten Verhältnisse sind nicht „güterrechtliche Verhältnisse" im Sinne des § 1432, ihre Abänderung — soweit überhaupt möglich — kein Ehevertrag. Daher kann uns auch die Zulässigkeit solcher Abänderungen nicht beschäftigen. Freilich läßt sich die Trennung nicht immer durchführen, da z. B. die Unterhaltspflicht des Mannes mit der Aufwandspflicht aus § 1389 (bzw. 1427) zum Teil identisch ist, daher Unter-

---

[1]) Eine positive Vorschrift enthält § 1388.
[2]) Näheres unten S. 30 f.
[3]) S. unten S. 73 f.
[4]) Vgl. Bay. ObLG. im Recht 1903 S. 456.
[5]) Das beweist die Ueberschrift „Eheliches Güterrecht" über dem 6. Titel im Zusammenhang mit dem Ausdruck „güterrechtliche Verhältnisse" im § 1432.

haltsverträge während der Ehe regelmäßig als Eheverträge zu betrachten sein werden.[1])

Haben wir so die nicht eigentlich vermögensrechtlichen Verhältnisse ausgeschieden, so erübrigt uns noch, den letzten Kreis zu ziehen und von den rein vermögens- (sachen- und obligationen-) rechtlichen Verhältnissen die güterrechtlichen zu sondern. Auch hier ist die Stellung im Gesetz entscheidend; denn unter „güterrechtlichen" Verhältnissen können, wie der Ausdruck im Zusammenhalt mit der Ueberschrift des 6. Titels zeigt, eben nur diejenigen Rechte und Pflichten der Ehegatten verstanden werden, die in diesem Titel geregelt sind. Nur diese, aber durchaus nicht alle diese Rechte und Pflichten! Vielmehr gehören nur solche hierher, welche in ihrer Gesamtheit den „Güterstand" ausmachen, deren Veränderung also eine „Aenderung des Güterstandes" ist — wie es der Entwurf I in § 1333 für den Begriff des Ehevertrags erforderte. Es scheiden also Ansprüche aus, die zwar selbst aus güterrechtlichen Verhältnissen entstanden, aber mit ihrem Entstehen von dem Fortbestehen des Güterstandes unabhängig geworden sind. So ist das Recht des Ehemannes auf Leistung eines Beitrags vom Vorbehaltsgut (§§ 1371, 1441) ein Bestandteil des Güterstandes, sein Anspruch auf eine fällige Rate rein obligatorischer Natur, ein Verzicht auf letztere daher kein Ehevertrag (übereinstimmend Wieruszowski II S. 351 N. 6; Ullmann S. 304); das Nutzungsrecht des Mannes an einem eingebrachten Miethaus ist nach § 1408 unübertragbar, der Anspruch auf einen schon verfallenen Mietzins selbstverständlich übertragbar, und zwar auch formlos an die Frau zedierbar, während Uebertragung des Rechtes, künftig fällige Mietzinsen zu beziehen, einen Verzicht auf das Nutzungsrecht im ganzen oder zum Teil, also Veränderung des Güterstandes bedeuten würde.

Rein obligatorische Rechte sind insbesondere die mit Beendigung eines Güterstandes eintretenden Ansprüche auf Auseinandersetzung und Ausgleichung; die in § 1474 vorgesehene Vereinbarung über die Auseinandersetzung ist somit kein Ehevertrag.[2]) Würde dagegen eine solche Vereinbarung noch vor Beendigung des Güterstandes ge-

---

[1]) Ehevertrag ist auch die Vereinbarung, daß die nach § 1356 geschuldeten Dienste der Frau als Beitrag zum ehelichen Aufwand angerechnet werden sollen, aber nur deshalb, weil hierdurch die Beitragspflicht geregelt wird. Wenn Ehrlich S. 191 alle Verträge über Schlüsselgewalt, häusliche Dienste der Frau und § 1359 als Eheverträge bezeichnet, weil sie vermögensrechtliche Verhältnisse berühren, so beruht dies auf einer Verkennung des Begriffes „güterrechtlich" in § 1432.

[2]) Bay. ObLG. V S. 661 ff. übereinstimmend die Kommentare zu § 1474; Planck zu § 1421 N. 6.; Dernburg IV S. 166 N. 1. Die abweichende Ansicht des LG. Neiße (in der Zeitschr. der Anwaltskammer im Bez. Breslau 1901 Nr. 12) bezügl. des § 1421 ist von der Redaktion dieser Zeitschrift mit Recht verworfen; s. auch Ullmann S. 297.

schlossen, so würde sie den Güterstand selbst abändern, also Ehevertrag sein.[1])

Jeder nicht den Güterstand regelnde Vertrag scheidet aus, mag er auch nur in Rücksicht auf die Ehe geschlossen sein, mag er auch etwa die Herstellung eines Güterstandes des früheren Rechtes bezwecken. So ist z. B. ein Dotalvertrag nach römischem Muster nur insoweit Ehevertrag, als er Gütertrennung stipuliert und event. die Frau von ihrer Beitragspflicht aus § 1427 II befreit; alle übrigen Bestandteile des Vertrages: die dos-Bestellung, die Regelung der Rückgabepflicht, die Verpflichtung des Mannes zur Sicherheitsleistung, sind rein obligationen- und sachenrechtliche, event. auch erbrechtliche Geschäfte, nicht Ehevertragsabreden.

Sobald aber ein Vertrag den Güterstand verändert, muß er als Ehevertrag angesehen werden, gleichviel ob diese Veränderung der eigentliche Zweck ist oder ob der eigentlich beabsichtigte Rechtserfolg nur vermittels einer Einwirkung auf güterrechtliche Verhältnisse erreicht werden kann. Der letztere Fall ist aber scharf zu trennen von den Fällen, wo ein rein vermögensrechtliches Geschäft die Aenderung güterrechtlicher Verhältnisse zur notwendigen Folge hat: Jede wirksame Veräußerung von eingebrachten Sachen zerstört z. B. notwendig das „Nutzverwaltungsrecht“ [2]) des Ehemannes an den veräußerten Gegenständen, deshalb ist Veräußerung von Eingebrachtem durch die Frau an den Mann kein Ehevertrag, dagegen kann z. B. der Mann für eine der Frau gegen ihn zustehende, zum Eingebrachten gehörige Forderung Zinsen nur dann versprechen, wenn er auf sein Nutznießungsrecht an dieser Forderung verzichtet, denn andernfalls würde ja der Anspruch auf die Zinsen nicht der Frau, sondern ihm selbst gegen sich selbst zustehen![3]) Der Verzicht auf die Nutzungen ist also hier Voraussetzung für die Möglichkeit des Vertrages.

Einerlei ist es auch, ob der Vertrag güterrechtliche Verhältnisse generell oder nur in einer einzelnen Beziehung, sei es auch nur für einen bestimmten Fall, verändert.[4]) Auch hier ist jeweils zu prüfen, ob ein güterrechtliches Verhältnis entsteht oder erlischt, weil ein be-

---

[1]) Planck zu § 1474 N. 1; Schmidt-H. N. 1a; soweit sich die Regelung auch auf den Fall der Endigung des Güterstandes durch den Tod eines Ehegatten erstreckt, kann unter Umständen auch ein erbrechtlicher Vertrag vorliegen; über die Abgrenzung siehe Schiffner, Der Erbvertrag (1899) § 19.

[2]) Diese Terminologie soll später gerechtfertigt werden; s. unt. S. 29 N. 1.

[3]) Vgl. Rspr. d. OLG. V. S. 292. Die Entscheidung wird gebilligt von Planck zu § 1432 N. 1, 2. Abs. am Ende; Ullmann S. 282; dagegen: Dernburg IV S. 175 N. 7, weil darin nur eine „Spezialbestimmung“, keine „Regelung“ des Güterstandes liege (s. N. 4).

[4]) Mot. IV S. 305; Rspg. d. OLG. VIII S. 333; Opet zu § 1432 N. 2a; Planck N. 1 Abs. 2; Staudinger N. 1c, d; dagegen: Neumann § 1432 N. B II 2b; Dernburg IV S. 174 N. 6, der sich auf den Ausdruck „Regelung“ stützt.

stimmtes gewöhnliches Vermögensrechtsgeschäft vorgenommen worden ist, oder ob ein solches Rechtsgeschäft nur vorgenommen werden kann unter Abweichung von den Normen des jeweils geltenden Güterstandes; hiernach dürften die einzelnen sehr umstrittenen Fragen, die sich hier anknüpfen, unschwer zu entscheiden sein.

Im einzelnen sei bemerkt: Dadurch allein, daß der Gegenstand eines Rechtsgeschäftes zwischen Ehegatten Eingebrachtes oder Gesamtgut ist, wird das Rechtsgeschäft noch keineswegs zum Ehevertrag; insbesondere sind gewöhnliche Rechtsgeschäfte zwischen einem Ehegatten und „dem Gesamtgut" durchaus möglich. Rspr. d. OLG. VIII S. 119 (siehe ferner unten S. 21 N. 4).

Bestellung eines Nießbrauchs an verbrauchbaren Sachen des Eingebrachten für den Mann ist kein Ehevertrag; trotz der entgegenstehenden Ansicht der Mot. IV S. 313 und der ausdrücklichen Erklärung in § 1335 II E. I. Vom Standpunkt des E. I lag allerdings bloß eine Veränderung der Vorschriften der §§ 1294—1296 vor, vom Standpunkt des geltenden Rechtes aber sind Nutzverwaltung und Nießbrauch wesentlich verschieden, und da beim Nießbrauch an verbrauchbaren Sachen diese mit der Bestellung aus dem Vermögen des Nießbrauchbestellers ausscheiden, endet die eheherrliche Nutzverwaltung wie mit jeder Veräußerung von Eingebrachtem. Uebereinstimmend: Planck zu § 1432 N. 1 Abs. 3; Schmidt-H. zu § 1376 N. 2a; Staudinger N. 2a Abs. 1. Unklar: Opet N. 2. Dagegen: Ullmann S. 282 vor N. 2; Meisner S. 125. — Ullmann sagt: „Der Mann gibt sein eheherrliches Recht an dem Gegenstand auf und erwirbt statt dessen das neue Recht auf Grund des Vertrages." Dasselbe ist aber bei einer Uebereignung von Eingebrachtem der Fall, d. h. tatsächlich gibt der Mann sein Recht nicht auf, um ein anderes zu erwerben, sondern die Begründung des neuen Rechtes entzieht den Gegenstand dem Frauenvermögen und damit der ehemännlichen Nutzverwaltung. Der Untergang dieser letzteren ist nicht Voraussetzung, sondern Folge. — Dagegen bleibt bei Bestellung eines Nießbrauchs an nicht verbrauchbaren Sachen des eingebrachten Gutes das Objekt im Vermögen der Frau. Es würde daher ohne Ehevertrag der Mann Nießbrauch und Nutzverwaltung zugleich haben, ein innerer Widerspruch, der natürlich auch nicht in der Absicht der Parteien liegt; diese Absicht kann nur auf Ersetzung der Nutzverwaltung durch den Nießbrauch gerichtet sein, und zu diesem Zweck bedarf es, da der Gegenstand hier nicht aus dem Frauenvermögen ausscheidet, der ehevertraglichen Aufhebung des Nutzverwaltungsrechtes, d. h. der Bestellung zu Vorbehaltsgut. Hier trifft also Ullmanns Begründung zu; hier ist das Aufgeben der Nutzverwaltung Voraussetzung für die rechtliche Möglichkeit der Nießbrauchbestellung. — Hingegen steht der Nießbrauchbestellung an verbrauchbaren Sachen die Hingabe eines Darlehens aus dem Eingebrachten gleich; analog ist die Sachlage bei Uebernahme einer Bürgschaft, einer Verbindlichkeit für den Ehemann durch die Frau auf das Eingebrachte; dagegen ist die Uebernahme einer Verbindlichkeit des einen Gatten auf das Vorbehaltsgut des andern Ehevertrag; desgleichen Uebernahme einer Verbindlichkeit, die im Verhältnis unter den Ehegatten dem Eingebrachten zur Last fällt, auf das Vorbehaltsgut desselben Gatten und umgekehrt. Planck zu § 1432 N. 1 a. E.; Staudinger zu § 1415 N. 5; Schmidt-H. N. 8; Opet N. 6; die Mot. IV S. 266 lassen die Frage offen. — Ueber §§ 1429 und 1430 siehe unten S. 56 f.

Ist demnach der Begriff des Ehevertrages nach BGB. im Vergleich mit dem früheren Recht auf einen engen Kreis von Rechtsgeschäften beschränkt, so ist dadurch natürlich die Möglichkeit nicht ausgeschlossen, Vereinbarungen anderer Art, welche mit Rücksicht auf das eheliche Verhältnis geschlossen werden, mit dem Ehevertrag in einer Urkunde zu verbinden; für den Erbvertrag zwischen Verlobten und Ehegatten ist für diesen Fall sogar ausdrücklich die Form des Ehevertrages als genügend bezeichnet (§ 2276 II). Die rechtliche Beurteilung der so verbundenen Rechtsgeschäfte bestimmt sich jedoch vollständig unabhängig voneinander nach den allgemeinen oder besonderen gesetzlichen Vorschriften.[1]) Ist danach eine mit dem Ehevertrag verbundene Vereinbarung nichtig, so ist es, entsprechend § 139, Auslegungsfrage, ob die Verbindung eine so innige ist, daß die Nichtigkeit auch den Ehevertrag ergreift. Diese Art der Unwirksamkeit eines Ehevertrages beruht jedoch nicht auf der Unzulässigkeit des Ehevertrages selbst und kann uns daher nicht beschäftigen.

Dagegen sind die Fälle am entsprechenden Ort ins Auge zu fassen, in welchen zwar ein zulässiger Ehevertrag nicht vorliegt, die von den Parteien gewollte oder eine ganz ähnliche Rechtswirkung aber gleichwohl eintritt, weil der im — vermeintlichen — Ehevertrag zutage tretende Parteiwille diese Wirkung auf Grund rein vermögensrechtlicher Normen hervorzubringen vermag (§ 140 BGB.: „Konversion"). Diese Fälle sind besonders häufig und erst durch ihre Berücksichtigung wird die Bedeutung der Grenzen der Ehevertragsfreiheit in das richtige Licht gestellt.

---

[1]) Insbesondere auch in bezug auf die Berechnung der Gebühren. Der Ehevertrag genießt vielfach den Vorzug besonders niedriger Gebührenbewertung, teilweise sogar Befreiung von Mobiliar- und Immobiliarbesitzveränderungsgebühren (Bayern: GebG. a. 148). Diese Befreiung greift aber dann nur da ein, wo die „Besitzveränderung", d. h. der Eigentumserwerb, mit Abschluß des Ehevertrages eintritt (z. B. § 1438 II); nicht aber da, wo zur Ausführung der Ehevertragsbestimmung noch eine besondere Rechtsübertragung notwendig ist, wie z. B. bei Verwandlung von Gesamtgut in Vorbehaltsgut (s. auch unten S. 79, 93 f.); s. bayer. ObLG. V S. 216, 234, 256, 608; VI S. 295, 662, 764.

II. Abschnitt.

§ 3. Die Person der Kontrahenten.

Der Begriff des Ehe-Vertrags ergibt, daß als Parteien nur solche Personen auftreten können, zwischen denen eheliche Beziehungen schon bestehen oder doch für die Zukunft vorgesehen und zulässig sind; dazu fügt dann das Gesetz noch einige positive Vorschriften darüber, wer zum Abschluß des Vertrages, d. h. zur Vornahme der hierzu erforderlichen Rechtshandlungen, befugt ist.

I. In der ersten Richtung ist zunächst hervorzuheben, daß nach § 1432 „Ehegatten" sowohl vor wie nach Eingehung der Ehe einen Ehe-Vertrag schließen können. Gegenüber früheren Rechten, namentlich dem badisch-rheinischen, begründet also der Abschluß der Ehe nicht mehr die Unabänderlichkeit des Güterstandes, mag dieser auf Gesetz oder auf früherem Vertrag beruhen. Trotz den vielfach laut gewordenen Wünschen nach einem Verbot von Eheverträgen in stehender Ehe, hat der Gesetzgeber sich zu einer derartigen Beschränkung der Vertragsfreiheit nicht entschließen können und — abgesehen vom Registerschutz — nur durch die gleich zu behandelnden Vorschriften über die Person der Abschließenden den erwähnten Bestrebungen Rechnung zu tragen gesucht. Wohl mit Recht.[1]) Denn es muß in der Tat als unbillig bezeichnet werden, die Verlobten schon zu einem unabänderlichen Entschluß über die Regelung ihrer Vermögensverhältnisse zu zwingen, und als unpolitisch, eine Menge peinlicher Rechtsstreitigkeiten um gerichtliche Aufhebung eines Güterstandes, der sonst vertragsmäßig beseitigt werden könnte, heraufzubeschwören. Auch ist den Motiven darin beizustimmen, daß bei der Verwaltungsgemeinschaft die ehemännliche Nutznießung nicht bestimmt sein solle, den Gläubigern des Mannes als „Kreditbasis" zu dienen; bei Gütergemeinschaft allerdings geben die Motive selbst zu, daß es vielfach der Zweck der Gemeinschaft sei, den Kredit des Mannes zu erhöhen, daher hier das Bedürfnis nach einem Schutz des gutgläubigen, rechtsgeschäftlichen Verkehrs ein durchaus gerechtfertigtes sei; ob dieser Schutz, wie die Motive meinen, durch die Einrichtung des Güterrechtsregisters ausreichend gewährt ist, wird später zu untersuchen sein, hier genügt die Feststellung des Schutzbedürfnisses.

Versuchen wir nun den Ausdruck „Ehegatten" in § 1432 zu analysieren, so ist — wie mehrfach erwähnt wurde — vor allem klar, daß darunter nicht nur Personen verstanden werden, die schon Ehegatten sind, sondern auch solche, welche es zu werden gedenken.[2]) Daß letzterenfalls schon eine Verlobung stattgefunden haben muß, ist nirgends gesagt. Regelmäßig wird es so sein, erforderlich ist es

---

[1]) Vgl. namentlich Verhandlungen des 13. Juristentags (Brunner und Schröder) und die ausführliche Begründung der Motive IV S. 305 ff., sowie Zusammenstellung gutachtl. Aeußerungen IV S. 176.

[2]) arg. § 1432 verb.: „auch nach Eingehung der Ehe". §§ 1433 II, 2276 II.

aber durchaus nicht und in dem Abschluß des Ehevertrags ist keineswegs notwendig ein stillschweigendes Verlöbnis zu erblicken.[1]) (Der Kürze halber bedienen wir uns jedoch, wie bisher schon, des Ausdrucks „Verlobte" für alle Fälle eines in Hinblick auf eine künftige Ehe geschlossenen Ehevertrags.)

Sowohl zwischen Ehegatten als zwischen Verlobten können aber Beziehungen bestehen, welche den Abschluß eines Ehevertrags als unzulässig erscheinen lassen.

1. Betrachten wir zunächst den Ehevertrag in stehender Ehe, so wirft sich die Frage auf, welchen Einfluß die Mangelhaftigkeit der Eheschließung auf die Zulässigkeit des Ehevertrags hat.[2])

Die wegen Formmangels nichtige und nicht in das Heiratsregister eingetragene Ehe wird vom Gesetz überhaupt nicht als Ehe betrachtet, d. h. sie ist von Anfang an vollkommen nichtig. Ob die Eheschließenden gutgläubig sind oder nicht, niemals werden sie als Ehegatten betrachtet und können daher auch keinen Ehevertrag schließen. Diesen Fällen gleichbehandelt wird die „unvollkommen nichtige" Ehe nach der Nichtigkeitserklärung (§§ 1329, 1348 I Halbs. 2).

Dagegen wird die „unvollkommen nichtige" Ehe zunächst wie eine gültige Ehe behandelt. In Ermangelung eines Vertrages gilt der gesetzliche Güterstand mit all seinen Wirkungen. Es muß daher den Ehegatten auch verstattet sein, ihre güterrechtlichen Beziehungen anders zu regeln.[3]) Auch wenn beide Ehegatten die Nichtigkeit der Ehe kennen, kann der Ehevertrag deshalb allein nicht als gegen die guten Sitten verstoßend betrachtet werden.[4]) Allein das Gesetz stattet diesen Vertrag doch nicht mit vollkommener Rechtswirksamkeit aus: Sobald die Nichtigkeit der Ehe durch Urteil ausgesprochen ist, gilt der vertragliche so gut wie der gesetzliche Güterstand als nie in Kraft getreten und diese Wirkung kann natürlich auch durch ausdrückliche Bestimmung im Ehevertrag nicht ausgeschlossen werden. Ebenso gilt die Ehe und mit ihr der Güterstand als nie zustandegekommen, wenn die Ehe aufgelöst ist; infolgedessen tritt auch auf Grund eines Gütergemeinschafts-

[1]) Darum ist es ungenau, wenn Opet zu § 1432 Nr. 1 sagt, geschiedene Ehegatten können „durch Eingehung eines Verlöbnisses wiederum die Befugnis zur Abschließung eines Ehevertrages erlangen".

[2]) Dabei fassen wir nur den Fall ins Auge, daß nach dem Parteiwillen der Ehevertrag sofort in Kraft treten solle; ein nur für den Fall der Konvaleszenz der Ehe geschlossener Ehevertrag ist wie ein zwischen Verlobten unter denselben Umständen geschlossener Ehevertrag zu beurteilen, worüber unten.

[3]) § 2279 II kann nicht etwa zur Analogie herangezogen werden, da es sich hier um einen Vertrag handelt, der seine Rechtsfolgen erst nach dem Tod eines Ehegatten, also zu einer Zeit, wo sich die unvollkommene Nichtigkeit in eine vollkommene verwandelt hat, zu äußern bestimmt ist. Möglicherweise aber greifen §§ 119 II, 123, 138 ein.

[4]) Im Falle der Ehenichtigkeit wegen Geschäftsunfähigkeit, Bewußtlosigkeit oder vorübergehender Störung der Geistestätigkeit wird übrigens im Abschluß eines Ehevertrags bei Kenntnis der Nichtigkeit eine Bestätigung zu erblicken sein, durch welche die Ehe konvalesziert.

vertrages niemals Fortsetzung der Gütergemeinschaft ein und ein nach § 1557 geschlossener Vertrag über die Fortsetzung ist von Anfang an nichtig, wenn es sich um eine unheilbar nichtige Ehe handelt. — Wie weit die Rückwirkung der Ehenichtigkeit praktisch durchzuführen ist, ist bestritten[1]), insbesondere, ob Auseinandersetzung nach allgemeinen Grundsätzen oder nach denen des Ehegüterrechts gefordert werden kann.[2]) Es erscheint zulässig, hierüber schon in dem Ehevertrag Bestimmungen aufzunehmen (die aber nicht Ehevertrag im technischen Sinn). Ist dies nicht ausdrücklich geschehen, so ist bei beiderseitiger Kenntnis der Nichtigkeit nach Treu und Glauben anzunehmen, daß die Ehegatten sich (obligatorisch) verpflichten wollten, das Verhältnis bei Eintritt der vollkommenen Nichtigkeit so anzusehen, als hätte eine Ehe bestanden, so daß also bei Hinfälligwerden des eigentlichen Ehevertrages diese obligatorische Auseinandersetzungsabrede bestehen bleibt. Dagegen kann ich mir keinen Fall denken, wo die Ehegatten sich — nach freier Auslegung des Vertrages — verpflichten könnten, das Verhältnis so anzusehen „als bestände eine Ehe"[3]); denn entweder gilt die Ehe zunächst wirklich als bestehend, dann ist der Ehevertrag als solcher zunächst wirksam; oder es besteht überhaupt keine Ehe, dann ist es sittenwidrig sich zu verpflichten, eine Ehe als bestehend zu betrachten. Gegen unsere Annahme einer nach Treu und Glauben anzunehmenden Auseinandersetzungsabrede treffen die von Ehrlich S. 179 gegen die Planck'sche Auslegung geäußerten Bedenken nicht zu.

War einer der Ehegatten bei Abschluß der Ehe gutgläubig, der andere nicht, so kann nach § 1345 der anfangs gutgläubige Ehegatte[4]) Vermögensauseinandersetzung nach den Vorschriften über die Scheidung wegen Alleinverschulden des anderen Teiles verlangen; der Güterstand wird also insoferne als gültig behandelt. Dieses Recht wird man aber dem anfangs gutgläubigen Ehegatten versagen müssen, wenn er zur Zeit des Ehevertrags-Abschlusses nicht mehr in gutem Glauben war. Anderseits würde ich kein Bedenken tragen, den § 1345 analog anzuwenden auf den Fall, daß bei der Eheschließung beide Ehegatten, bei Abschluß des Ehevertrags aber nur mehr der eine gutgläubig war.

Entsprechende Grundsätze wie für den Fall unvollkommen nichtiger Ehe gelten auch für die durch einen Ehegatten anfechtbare Ehe, nur daß hier der Abschluß eines Ehevertrags durch den geschäftsfähigen Anfechtungsberechtigten in Kenntnis der Anfechtbarkeit den Mangel regelmäßig heilen wird. § 1337 BGB. Im Falle des § 1336 II. 2. (ausschließliches Anfechtungsrecht des gesetzlichen Vertreters) ist ein Ehevertrag regelmäßig nur mit Zustimmung des gesetzlichen Vertreters möglich, darin wird aber wohl immer seine Genehmigung (§ 1337 I. 1.)

---

[1]) Dernburg IV, S. 68 gegen Planck zu § 1344 N. 1. Opet zu § 1345 N. 1. Mot. IV S. 309.

[2]) Auf die Herausgabe des Eingebrachten der Frau will Dernburg die §§ 2018 ff. analog anwenden.

[3]) so Planck zu § 1344 N. 1.

[4]) Vgl. auch § 1346.

zu finden sein. Ein rein lukrativer Ehevertrag wäre dagegen auch ohne den gesetzlichen Vertreter möglich und würde dann ebenso zu behandeln sein wie ein Ehevertrag in unvollkommen nichtiger Ehe.

Ueber die auflösende Kraft der Aufhebung der ehelichen Gemeinschaft (§ 1575) herrscht bekanntlich Meinungsverschiedenheit. Angesichts des § 1587, der für den Fall der Wiederherstellung der ehelichen Gemeinschaft Eintritt der Gütertrennung vorsieht, scheint mir — ganz abgesehen von allen prinzipiellen Erwägungen — die von Staudinger[1]) gegen Seckel[2]) vertretene Auffassung, daß der Güterstand durch das Aufhebungsurteil nicht beendigt würde, ganz unhaltbar.[3]) Dann kann natürlich auch nach der Aufhebung kein Ehevertrag mehr zulässig sein, es sei denn, daß er für den Fall der Wiederherstellung der ehelichen Gemeinschaft geschlossen würde, denn selbstverständlich gibt § 1587 — anders als § 1364 — nur eine Dispositivvorschrift.

2. Wenden wir uns nun zur Betrachtung der Fälle, in welchen zwischen Verlobten Beziehungen vorliegen, die auf die Zulässigkeit des Ehevertrags von Einfluß sein können. Es handelt sich hier um die Frage, welche Ehehindernisse den Ehevertrag wirkungslos machen und welche seine Wirksamkeit nicht von vorneherein ausschließen. Dabei ist vor allem ein Unterschied zu machen zwischen dem Fall, daß die Verlobten den Ehevertrag nur für eine nach Behebung des Hindernisses zu schließende Ehe gelten lassen wollen, und dem Fall, daß sie des Hindernisses ungeachtet die Ehe einzugehen und den Ehevertrag in Kraft zu setzen beabsichtigen.

a) Ist der Ehevertrag nur für den Fall der Behebung des Hindernisses geschlossen, das Hindernis aber objektiv unaufhebbar, so ist der Ehevertrag analog § 306 nichtig; so beim Ehehindernis der Verwandtschaft, der Schwägerschaft und der „uneigentlichen Schwägerschaft“, sowie bei unheilbarer Geisteskrankheit (§§ 1310, 1325, I).

Ist jedoch die Behebung des Hindernisses möglich, so wird ein (allen sonstigen Erfordernissen genügender) Ehevertrag, der für den Fall der Behebung eingegangen ist, in der Regel als gültig zu betrachten sein: so bei mangelnder Ehemündigkeit (§ 1303), wenn die Ehe nach Volljährigkeitserklärung, Dispenserteilung (§ 1303, II) oder Erreichung des Mündigkeitsalters geschlossen werden soll; beim Mangel der elterlichen Einwilligung (§§ 1305 ff.), wenn die Ehe nur nach Erteilung oder Ersetzung derselben, nach Erreichung des 21. Lebensjahres oder nach Untergang des elterlichen Konsensrechtes geschlossen werden soll, usw. Ist aber das in Frage stehende Ehehindernis Bestehen einer Ehe, d. h. ist einer der Paziszenten Ehegatte eines Dritten, so wird man den Ehevertrag regelmäßig als gegen

[1]) Zu § 1586 N. III, A, c, 4.

[2]) In den Berliner Festgaben für Dernburg S. 356 ff.

[3]) Darauf deutet auch der Bericht der RTK. S. 89, wo gesagt wird, die nach § 1587 eintretende Gütertrennung „setze im allgemeinen das Verhältnis fest, wie es sich durch die Aufhebung der ehelichen Gemeinschaft gestaltet habe.

die guten Sitten verstoßend für nichtig zu erklären haben, auch wenn das „Hindernis" voraussichtlich beseitigt werden wird, z. B. der andere Ehegatte schwer krank ist. Und zwar trifft diese Entscheidung auch dann zu, wenn der verheiratete Kontrahent des Ehevertrags die Anfechtungs- oder Nichtigkeitsklage gegen seinen bisherigen Gatten erhoben hat oder erheben will; denn es widerstreitet den guten Sitten, solange eine Ehe vom Recht als bestehend angenommen wird, in Rücksicht auf eine andere Ehe Rechtsgeschäfte vorzunehmen; würde doch auch ein Verlöbnis im gleichen Fall regelmäßig nichtig sein.[1])

b) Beabsichtigen die Parteien jedoch, trotz dem bestehenden Ehehindernisse sich zu ehelichen, so ist der in Rücksicht hierauf geschlossene Ehevertrag jedenfalls sittenwidrig, wenn das Ehehindernis ein trennendes ist; denn der Ehevertrag steht hier unter einer sittenwidrigen — aufschiebenden — Bedingung. Daran wird nichts geändert durch die Tatsache, daß die moralisch verwerfliche Ehe vom Recht zunächst als bestehend betrachtet wird; das Recht billigt dadurch keineswegs diese Ehe.

Dieselben Gründe sprechen aber auch für die Nichtigkeit eines Ehevertrags, der für eine einem aufschiebenden Hindernis zuwider geschlossene Ehe gelten soll, sofern dieses Hindernis aus Rücksichten auf die guten Sitten aufgestellt ist. Hierher gehören die Ehehindernisse der Rechtshängigkeit einer Restitutions- oder Nichtigkeitsklage gemäß § 1309 II oder der Anfechtungsklage nach § 1349, das Ehehindernis der „uneigentlichen Schwägerschaft" (§ 1310 II) und der Wartezeit (§ 1313). In all diesen Fällen verstößt der Abschluß der Ehe gegen die guten Sitten und würde nach § 138 I nichtig sein, wenn nicht der Gesetzgeber eine Ausnahme von dieser Regel für nötig erachtet hätte, um „größeres Aergernis" zu vermeiden[2]), auch hier würde es sich also um einen Ehevertrag unter sittenwidriger Bedingung handeln, der nichtig ist und nichtig bleibt, auch wenn wirklich die Ehe verbotenerweise geschlossen wird.

Dagegen wird bei denjenigen aufschiebenden Ehehindernissen, welche nicht auf Gründen der guten Sitte beruhen, sondern auf sonstigen Erwägungen öffentlicher oder privater Natur[3]), die Entscheidung dadurch erschwert, daß sich die im Ehevertrag enthaltene Bedingung zwar auf ein gesetzliches Verbot bezieht, dieses Verbot selbst aber nicht mit rechtsverneinender Kraft ausgestattet ist. Man könnte daran denken, die Klausel des § 134 („wenn sich nicht aus dem Gesetz ein Anderes ergibt") sei hier auch für den Ehevertrag wie für den Eheschließungsvertrag gegeben. Dies dürfte aber doch nicht richtig sein. „Ein Anderes" ergibt sich aus dem Gesetz eben nur für den Eheschließungsvertrag und diese ausnahmsweise Wirksamkeit eines verbotenen Rechtsgeschäftes muß als Ausnahme streng hierauf beschränkt werden.

---

[1]) Vgl. Seuff. Arch. Bd. 48 S. 37.

[2]) Vgl. Prot. IV, S. 26.

[3]) Eheunmündigkeit, mangelnde elterliche Zustimmung, Adoption, Mangel der erforderlichen Zeugnisse oder obrigkeitlichen Erlaubnis.

Auch ein Verlöbnis, das gegen ein solches Verbot verstößt, müßte ja nichtig sein. Dabei ist es stets belanglos, ob die Verlobten das Ehehindernis kennen oder nicht. Die objektiv vorhandene Sitten- oder Verbotswidrigkeit wird durch die Gutgläubigkeit nicht geheilt.

II. In zweiter Linie haben wir uns nun zu fragen, von wem die zum Abschluß des Ehevertrags erforderlichen rechtsgeschäftlichen Handlungen vorgenommen werden können, d. h. einmal unter welchen Voraussetzungen von der Partei selbst und dann, inwieweit durch einen gesetzlichen oder gewillkürten Vertreter.

Prinzipiell gelten in beiden Beziehungen die Grundsätze des „Allgemeinen Teiles"; insbesondere ist darauf hinzuweisen, daß weder die Ehemündigkeit noch die Eingehung der Ehe die Frau geschäftsfähig machen und auch nicht eine besondere Erleichterung für den Abschluß von Eheverträgen gewähren.

Demnach kann ein Geschäftsunfähiger überhaupt keine, ein beschränkt Geschäftsfähiger, der nicht die Zustimmung seines gesetzlichen Vertreters erlangt hat, nur rein lukrative Eheverträge mit Vollwirksamkeit persönlich abschließen. Daß rein lukrative Eheverträge möglich sind, ist nicht zu bezweifeln; es wird z. B. der minderjährigen Frau ihre Beitragspflicht aus § 1427 II erlassen. Doch ist immer genau zuzusehen, ob der Ehevertrag bei aller Vorteilhaftigkeit nicht doch möglicherweise Belastungen zu verursachen geeignet ist. So kann z. B. die Erklärung von Eingebrachtem zu Vorbehaltsgut nicht als rein lukrativ angesehen werden, da dadurch die Beitragspflicht (§§ 1371, 1427 II, 1441, 1526 III, 1549) erhöht und die Haftung des Frauengutes für Vorbehaltschulden erweitert wird.

Es kann aber als Regel der Ehevertrag sowohl für den Geschäftsunfähigen wie für den beschränkt Geschäftsfähigen vom gesetzlichen Vertreter selbst abgeschlossen werden und zwar auch gegen den Willen des Vertretenen (was z. B. wichtig ist für den Fall, daß der andere Ehegatte ein Recht auf Aufhebung des Güterstandes geltend macht, das der Bevormundete bestreitet; hier kann der gesetzliche Vertreter einen Prozeß durch vertragliche Aufhebung des Güterstands vermeiden). Da der Ehevertrag auch vor der Ehe und regelmäßig auch für den Geschäftsunfähigen geschlossen werden kann, kommen für Erteilung der Einwilligung wie für den Abschluß kraft gesetzlicher Vertretungsmacht alle Fälle gesetzlicher Vertretung für Geschäftsunfähige und beschränkt Geschäftsfähige in Betracht. Liegt die gesetzliche Vertretung hinsichtlich der persönlichen und der Vermögensangelegenheiten nicht in derselben Hand, so ist der mit der Sorge für das Vermögen betraute Vertreter berufen. Auch über die Erteilung der Einwilligung gelten keine Besonderheiten; sie ist formlos.[1]) Die Genehmigung des Vor-

[1]) Soll die Gesamtguteigenschaft eines Grundstücks auf Grund des Ehevertrages in das Grundbuch eingetragen werden, so ist auch die Einwilligung zum Ehevertrag nach § 29 GBO. nachzuweisen.

mundschaftsgerichtes ist im allgemeinen nicht erfordert (Mot. IV. S. 313 a. E.). Nur für einige Fälle hat der Gesetzgeber ein Bedürfnis anerkannt, die Zulässigkeit des Ehevertrags von der obervormundschaftlichen Genehmigung abhängig zu machen. In eben diesen Fällen ist dann aber auch der Abschluß durch den gesetzlichen Vertreter als solchen schlechthin für unzulässig erklärt, sodaß also der Geschäftsunfähige für einen solchen Ehevertrag gar nicht Partei sein kann. Diese Bestimmungen gelten:

1. für einen Ehevertrag, durch welchen allgemeine Gütergemeinschaft oder Fahrnisgemeinschaft eingeführt oder aufgehoben wird (§§ 1437, 1549). Bloße Veränderungen der schon bestehenden Gütergemeinschaft fallen nicht unter diese Sondervorschrift; über die Grenze zwischen Modifikation eines Gemeinschaftsgüterstandes und Verwandlung desselben in einen anderen s. unten S. 81 ff.

2. für einen Ehevertrag, durch welchen bei allgemeiner Gütergemeinschaft die Fortsetzung der Gemeinschaft ausgeschlossen oder die Ausschließung wieder aufgehoben wird (§ 1508 II); die Vorschrift ist auszudehnen auf den Fall, daß nach § 1557 die Fortsetzung der Fahrnisgemeinschaft beschlossen[1]) oder eine derartige Vereinbarung wieder aufgehoben wird.

Die Sondervorschriften in bezug auf die gesetzliche Vertretung rechtfertigen sich in diesen Fällen zunächst aus Gründen der gesetzgeberischen Konsequenz, insofern nämlich der Vertrag über Fortsetzung der Gütergemeinschaft dem Erbvertrag analog ist und für diesen eine Vertretung — freilich auch eine gewillkürte — ausgeschlossen ist (§§ 2275, 2270 BGB.). Daneben aber, ja eigentlich in erster Linie war für die vorliegende Ausnahmevorschrift der Gedanke maßgebend, daß die „außergewöhnlichen und tiefgreifenden Wirkungen, welche die Gütergemeinschaft auf die Verhältnisse der Ehegatten äußert", und die Möglichkeit von Kollusionen zwischen dem gesetzlichen Vertreter und dem anderen Ehegatten eine obervormundschaftliche Prüfung und eine persönliche Beteiligung des geschäftsbeschränkten Ehegatten erfordere.[2]) Das Bedürfnis eines Schutzes gegen Uebervorteilung durch den andern Ehegatten fand also hier Berücksichtigung. Ob freilich darin nicht zu weit gegangen ist, daß bei Geschäftsunfähigkeit eines Ehegatten die Aufhebung der Gütergemeinschaft und die Ausschließung der fortgesetzten Gütergemeinschaft schlechthin unmöglich gemacht wurde, daran

[1]) Unmittelbar aus § 1549 ergibt sich dies nicht, wenn man nicht annehmen will, daß § 1508 II unter „Ausschließung" der fortgesetzten Gütergemeinschaft auch die im § 1557 enthaltene dispositivrechtliche Ausschließung versteht. Die Anwendung des § 1508 II kann aber keinem Zweifel unterliegen.

[2]) Nach E. I § 1341 II sollte das Vormundschaftsgericht den „Minderjährigen" hören. Die II. Kommission schloß dann die Zulässigkeit gesetzlicher Vertretung zunächst für beschränkt Geschäftsfähige, in 2. Lesung aber schlechthin aus. Prot. IV S. 232, VI S. 279.

darf billig gezweifelt werden.[1]) Anderseits fragt es sich, ob der vermeintliche Schutz auch wirklich ausreichen wird, namentlich in Hinblick auf die Möglichkeit nachträglicher Genehmigung durch die volljährig gewordene Frau (s. unten S. 17 a. E.)

Die beiden Schutzvorschriften der angeführten Paragraphen greifen nicht unter genau denselben Voraussetzungen ein. Der Abschluß durch gesetzliche Vertreter ist verboten ohne Rücksicht auf die Art der Vertretung (elterliche Gewalt, Vormundschaft, Pflegschaft); das Erfordernis der Genehmigung durch das Vormundschaftsgericht hingegen besteht, ebenso wie beim Erbvertrag, nur für den Fall der Vormundschaft (entsprechend auch der Pflegschaft, § 1915, und der Beistandschaft, § 1693), nicht aber für den Fall der Vertretung kraft elterlicher Gewalt. Wohl aber gilt es für Bevormundung durch einen Elternteil.

Ein Verstoß gegen die Vorschriften über Einwilligung, Genehmigung und Stellvertretung bewirkt zunächst einen Schwebezustand, bis sich endgültig entscheidet, ob das versäumte Erfordernis nachgeholt wird oder nicht. Zur Herbeiführung der Entscheidung hat der „andere Teil" das Aufforderungsrecht der §§ 108 II, 177 II, 1829 II, unter Umständen steht ihm auch ein Widerrufsrecht zu, §§ 109, 178, 1830. Bis zur Entscheidung besteht der Güterstand, der in Ermangelung des Vertrages bestehen würde. Fällt die Entscheidung in bestätigendem Sinne aus, so wird der Ehevertrag ex tunc wirksam, sofern nicht — was wohl vielfach als stillschweigend geschehen anzusehen ist — von der Klausel des § 184 I Gebrauch gemacht wird. Besonders zu bemerken ist, daß ein Ehevertrag, der mit Einwilligung des gesetzlichen Vertreters, aber ohne die erforderliche obervormundschaftliche Genehmigung vom beschränkt geschäftsfähigen Ehegatten selbst geschlossen ist, nur mehr dieser letzteren Genehmigung bedarf; die Einwilligung des Vertreters ist nicht etwa nach § 1831 nichtig, denn im Sinne der §§ 1829 ff. ist der vom Mündel mit Zustimmung des Vormundes geschlossene Vertrag so anzusehen, „als wäre er vom Vormund geschlossen", und hierin wird durch den Umstand nichts geändert, daß (wie in unseren Fällen) der Vertrag vom Vormund gar nicht geschlossen werden kann, sondern der Vormund nur seine Zustimmung zu dem vom Mündel geschlossenen Vertrag zu erteilen hat.[2]) Erwähnt sei ferner noch, daß

---

[1]) Insbesondere können sich durch die Unmöglichkeit der Aufhebung der Gütergemeinschaft erhebliche Unzuträglichkeiten ergeben. Zwar gewährt in gewissen Fällen die Aufhebungsklage aus § 1468 Abhilfe. Aber hier kommt gerade bei der Allgemeinen Gütergemeinschaft und der Fahrnisgemeinschaft in Betracht, daß die Voraussetzungen für die Klage viel beschränktere sind als beim gesetzlichen Güterstand. Vgl. § 1468 Ziff. 3 mit § 1418 Ziff. 3—5. Auch ist es schon mißlich, daß auch bei beiderseitigem Einverständnis der Weg der Klage beschritten werden muß. Zuzugeben ist, daß sehr oft durch Modifikationsverträge ausreichend Abhilfe geschaffen werden kann.

[2]) Planck zu § 1829 N. 7 Abs. 4; ich erwähne dies nur, weil Planck selbst zu § 1437 N. 4 auf § 1831 (Unwirksamkeit der einseitigen Erklärung

der Ehevertrag auch dann nicht sofort definitiv unwirksam, sondern vorläufig in der Schwebe ist, wenn der gesetzliche Vertreter entgegen den Vorschriften, welche die gesetzliche Vertretung ausschließen, den Vertrag für den Mündel abgeschlossen hat; denn dieser Fall ist nach den Grundsätzen der Vertretung ohne Vertretungsmacht (§§ 177 f.) zu beurteilen, genau so wie die Fälle des Selbstkontrahierens ohne Einwilligung (§ 181)[2]) und des Vertragsschlusses durch den Vormund entgegen § 1795 I. Verbietet doch § 1437 keineswegs den Abschluß durch einen gewillkürten Vertreter, also auch nicht durch den gesetzlichen Vertreter auf Grund einer Vollmacht. Hat er eine solche nicht, so kann das Verhältnis nicht anders liegen, als wenn ein beliebiger Dritter ohne Vollmacht als Vertreter auftritt.[3])

In allen Fällen tritt an die Stelle der Genehmigung des gesetzlichen Vertreters und event. des Vormundschaftsgerichtes die der geschäftsfähig gewordenen Partei, sofern die Geschäftsfähigkeit noch vor Endigung des Schwebezustandes eintritt. Hat also z. B. eine minderjährige Frau ohne Wissen ihrer Eltern oder Vormünder einen allgemeinen Gütergemeinschaftsvertrag eingegangen, so wird derselbe mit rückwirkender Kraft wirksam, wenn es dem Ehemann gelingt, sie gleich nach Eintritt ihrer Volljährigkeit zur Genehmigung zu bestimmen. Dadurch wird der Zweck der Schutzvorschriften möglicherweise vereitelt; deshalb kann aber diese Konsequenz aus den allgemeinen Grundsätzen nicht geleugnet werden.[4])

III. Abschnitt.

§ 4. Die Form des Ehevertrages.

Der Widerstreit der Meinungen über das Prinzip der Ehevertragsfreiheit fand bei der Frage der für den Ehevertrag aufzustellenden Formerfordernisse besonders charakteristischen Ausdruck. Während die Gegner der freien Veränderlichkeit des Güterstandes den Abschluß des

des Vormundes ohne die erforderliche Genehmigung) verweist und derselbe Widerspruch bei Staudinger (zu § 1828 N. 7 verglichen mit N. 3 b zu § 1437) zu finden ist. Richtig verweist Meisner zu § 1437 N. 2 auf §§ 1828/29.

[2]) RG. Bd. 56 S. 107 mit trefflicher Begründung. Vgl. ferner Enneccerus I (3. Aufl.) S. 422, Hölder S. 381, Dernburg I S. 497 gegen RG. 51 S. 426, Staudinger I zu § 181 N. 5, Planck N. 2, Staub, Exkurs zu § 58 N. 11, Rechtspr. d. OLG. III S. 109 (KG.).

[3]) Die gegenteilige Ansicht finde ich bezüglich § 1437 nur bei Opet N. 2 zu diesem Paragraphen. Zum Wirksamwerden des so abgeschlossenen Vertrages ist Genehmigung des Vertretenen mit Einwilligung eines Pflegers und Genehmigung des Vormundschaftsgerichtes erforderlich.

[4]) Hellwig, Verträge S. 600 N. 232 erklärt in dem ganz analogen Fall des § 2275 II einen vom Erblasser ohne Einwilligung und event. obervormundschaftliche Genehmigung geschlossenen Erbvertrag für nichtig, um das im Text angeführte Ergebnis zu vermeiden. Das Gesetz bietet hierfür keinen Anhalt. Vgl. Strohal, Erbrecht (2. Aufl.) S. 351 ff.

Ehevertrages bei gleichzeitiger persönlicher Anwesenheit vor Gericht oder Notar allgemein oder doch wenigstens für Verträge nach der Eheschließung forderten, erklärten es die Anhänger einer tunlichsten Erhaltung des bisherigen Güterrechtes für wünschenswert, ja für die praktische Wirksamkeit des „Systems der subsidiären Kodifizierung" geradezu für geboten, den Ehegatten jedenfalls die einfache Verweisung auf eine der subsidiär kodifizierten Güterordnungen vor dem Standesbeamten bei Eingehung der Ehe zu verstatten.[1]) Von der Verwirklichung dieses Vorschlages befürchtete man aber — wohl nicht mit Unrecht — eine indirekte Wiedereinführung des bereits abgelehnten Regionalsystems.[2]) Und so blieb man bei dem ausnahmslosen Erfordernis amtlicher Kontrolle und Beurkundung, das zugleich ein „Warnungszeichen" gegen Uebereilungen der Parteien selbst und eine gewisse Garantie gegen unlautere Schiebungen unter den beiderseitigen Gütermassen darbieten sollte. Erst nach Abschluß der Verhandlungen über die Materie selbst[3]) entschloß man sich dann sogar noch zu einer weiteren Erschwerung der Form, indem statt öffentlicher Beurkundung Abschluß bei gleichzeitiger Anwesenheit „vor" Gericht oder Notar verlangt wurde. Da jedoch nicht, wie beim Erbvertrag, persönliche Anwesenheit gefordert ist, dürfte dieser Erschwerung eine wesentliche Bedeutung nicht beikommen; denn infolge der Zulässigkeit der Stellvertretung kann der eine Teil den andern ja nach § 181 zum „Selbstkontrahieren" ermächtigen.

Die Vorschrift des § 1434 findet ihre Ausführung in den §§ 167 ff. FGG., sowie in den landesrechtlichen Vorschriften über Zuständigkeit und Verfahren, ihre Ergänzung in § 125 BGB. und den §§ 160, 162 ff. ZPO. Die Normen des Reichsgesetzes betr. die Angelegenheiten der freiwilligen Gerichtsbarkeit sind wesentlich, die landesrechtlichen Normen nur insofern, als sie sachlich nur die Gerichte oder nur die Notare für zuständig erklären.[4]) Die Verletzung auch nur einer der wesentlichen Formvorschriften bewirkt vollkommene Nichtigkeit des Vertrages, § 125 BGB. Eine „Bestätigung" ist nur als neuer Ehevertrag möglich, also nur in der Form des § 1434.

Die Form des § 1434 wird ersetzt durch Abschluß eines gerichtlichen Vergleichs, insbesondere auch eines vor dem Amtsgericht im Sühneverfahren geschlossenen Vergleichs. (§ 794, 1, 2 § 510 ZPO.).[5])

Weitere Formvorschriften stellt das Gesetz nicht auf bzw. alle anderen — auch mehr formalen — Erfordernisse voller Rechtswirksamkeit

---

[1]) So namentlich Gierke, der Entwurf u. d. d. B. S. 402 f.; Bähr, Gegenentwurf § 1242 II; s. ferner Zusammenstellung gutachtl. Aeußerungen IV S. 177.

[2]) Prot. IV S. 219. Vgl. auch Mot. IV S. 313.

[3]) Prot. V S. 445.

[4]) § 200 II FGG. a. 141 EG. z. BGB. Die einschlägigen Ausführungsgesetze bei Schmidt-H. zu § 1434 N. 2 a—c. Bayern: AG. z. BGB. a. 167, Nr. I Abs. 2 a. E.; AG. z. GVG. a. 16; NotG. a. 1.

[5]) RG. 48 S. 183.

des Ehevertrages beziehen sich nicht auf die Form der Willenserklärung und Willenseinigung und können daher nicht als Formvorschriften im technischen Sinn[1]) bezeichnet werden. So ist insbesondere der Ausschluß der gesetzlichen Vertretung keine Formvorschrift und daher auch dann zu berücksichtigen, wenn die Formvorschriften des BGB. durch die der Zivilprozeßordnung ersetzt werden.[2]) Ebenso wäre es falsch, das Erfordernis der Eintragung im Güterrechtsregister als Formerfordernis anzusehen; es handelt sich vielmehr hier, wie in den Fällen, wo das Grundbuch durch den dinglich wirkenden Gütergemeinschaftsvertrag unrichtig geworden ist, um eine materiellrechtliche Verlautbarung, ein besonderes Erfordernis für die Vollwirksamkeit des Vertrags gegenüber gutgläubigen Dritten.

IV. Abschnitt.

Der Inhalt des Ehevertrages.

A. Allgemeine Grundsätze.

Vorbemerkung. Der Inhalt des Ehevertrags kann von dreifach verschiedener Natur sein, wie sich die Anerkennung der Ehevertragsfreiheit geschichtlich in drei Stufen entwickelt hat. Zunächst handelte es sich nur darum, einen vom Recht gegebenen Rahmen auszufüllen durch Festsetzung der Höhe der üblichen Gütermassen. Später geht man dazu über, die aus dem gesetzlichen Güterstande erwachsenden Rechtsbeziehungen den individuellen Verhältnissen anzupassen, sie zu modifizieren, und endlich wird es für zulässig erachtet, an Stelle des gesetzlichen Güterstandes einen vertragsmäßigen zu setzen. Alle drei Kategorien umfaßt der Ausdruck unseres Gesetzes „Regelung güterrechtlicher Verhältnisse". Die erste Art insbesondere, die bloße Ausführung gesetzlicher Bestimmungen ist in den als „Rahmengesetze" zu charakterisierenden §§ 1368, 1440 II, (1549), 1526 für das Vorbehaltsgut und in §§ 1523, 1553 Ziff. 1 für das eingebrachte Gut vorgesehen. Freilich stellen sich Ausführungsverträge dieser Art infolge der vom Gesetz beliebten Aufstellung gesetzlichen Vorbehaltsgutes bzw. eingebrachten Gutes bei partieller Gütergemeinschaft immer als vertragsmäßige Ausnahmebestimmungen von der Regel des betreffenden Güterstandes dar, so daß man sie mit den Verträgen der zweiterwähnten Art zusammen unter den Begriff der „Modifizierung" des Güterstandes bringen kann, dem sich dann als andere Hauptgruppe — im Anschluß an eine ältere Terminologie — die „Kodifizierung", d. h. die Aufstellung eines vollkommen durchgeführten vertragsmäßigen

---

[1]) Namentlich auch in Fragen des internationalen Privatrechts.

[2]) So kann es kommen, daß ein gesetzlicher Vertreter zur Prozeßführung im ganzen legitimiert ist, aber zur Vornahme einer einzelnen Prozeßhandlung, des gerichtlichen Vergleiches, keine Vertretungsmacht hat. § 44 ZPO. kann hier nicht angewendet werden, da dem Vertreter nicht eine „Ermächtigung" fehlt; s. Gaupp=Stein II zu § 509 bei N. 36. Vgl. auch RG. 48 S. 190 a. E. bezüglich des Erbvertrages.

Güterstandes gegenüberstellt. Die Möglichkeit einer derartigen „Kodifizierung" sollte durch die gesetzliche Regelung von 4 weiteren Gütersystemen neben dem ordentlichen gesetzlichen Güterstand „erleichtert" werden: die Parteien können durch einfache Verweisung auf das Gesetz sozusagen „mit einem Federstrich" für ihre Ehe einen dieser Güterstände — und natürlich auch, wo die gesetzliche Prinzipalordnung vertragsmäßig ausgeschlossen war, diese — in Kraft treten lassen. Ob es sich dabei wirklich nur um eine „Erleichterung" handelt, ob diese gesetzlich geregelten Vertragsgüterstände wirklich nur „Musterordnungen" sind, neben denen noch andere „selbstschöpferische" Güterstände gefunden werden können, wird sich im Laufe der folgenden Untersuchungen aufweisen und am Ende dieses Abschnittes im Zusammenhang gewürdigt werden.

Vorher gilt es festzustellen, wie weit innerhalb des Rahmens eines jeden der gesetzlich geregelten Güterstände „Modifizierung" zulässig ist. Um hiefür eine feste Grundlage zu gewinnen, ist es nötig zwei Hauptfragen voraus zu behandeln: einmal, in welchem Umfang die sonstigen Grundsätze des BGB. über die Zulässigkeit von Rechtsgeschäften und Verträgen auf den Ehevertrag anwendbar sind, und dann, nach welchen Gesichtspunkten die einzelnen Normen des Ehegüterrechts dem zwingenden oder dem dispositiven Recht zuzuweisen sind.

§ 5. a) Die Anwendbarkeit der allgemeinen Grundsätze des bürgerlichen Rechts über die Zulässigkeit von Rechtsgeschäften und Verträgen.

Für die Anwendbarkeit der außerhalb des ehelichen Güterrechts gegebenen Normen über die Zulässigkeit von Rechtsgeschäften ist stets zu berücksichtigen, daß der Ehevertrag als Rechtsgeschäft allen einschlägigen Vorschriften des I. Buches unterliegt, daß aber die für den obligatorischen Vertrag gegebenen Vorschriften des II. Buches ihn unmittelbar nur insoweit treffen, als er obligatorischen Charakter hat (z. B. Beitragspflicht, Schuldenträgerschaft normiert); soweit dies nicht der Fall, können diese letzteren Vorschriften höchstens analoge Anwendung finden. Dasselbe gilt natürlich auch von den nicht ausdrücklich ausgesprochenen Rechtsgrundsätzen über die Zulässigkeit von Rechtsgeschäften im allgemeinen und obligatorischen Verträgen im besonderen.

1. Aus der Natur des Ehevertrags als Rechtsgeschäft ergibt sich als oberster Grundsatz, daß der dadurch herbeizuführende Erfolg sich nur in solchen Rechtsformen verwirklichen kann, welche vom objektiven Recht überhaupt zur Regelung der Lebensverhältnisse geschaffen und anerkannt sind.[1]) Nun ist es zwar eine Eigenheit des ehelichen Güterrechts, daß sich in ihm absolute Rechtsformen finden, die durch andere als Eheverträge überhaupt nicht (wie die Nutzverwaltung) oder doch auch nur unter ganz bestimmten Voraussetzungen geschaffen werden können

---

[1]) Leonhard S. 381; Windscheid-Kipp I S. 360.

(wie das Gesamthandverhältnis). Es fehlt jedoch jeder Anhalt dafür, diese Möglichkeit dahin auszudehnen, daß durch Ehevertrag noch weitere, dem Gesetz fremde absolute [1]) Formen geschaffen werden könnten. [2]) Denn das ist hier ein- für allemal festzustellen: § 1432 — auch unter Zuhilfenahme seiner früheren Fassung — stellt nur das *Prinzip* der Vertragsfreit, die *grundsätzlich* dispositive Natur der vom Gesetz gegegebenen Güterrechtsnormen auf; über die *Tragweite* dieses Prinzips, *über den positiv zulässigen Inhalt enthält er nichts.* Hier müssen allgemeine Rechtsgrundsätze, die Eigenheiten des ehelichen Güterrechts und die Sondernatur des Ehevertrages entscheiden. Ein allgemeiner Grundsatz unseres Rechtes nun, der auch für das Güterrecht gelten muß, ist der, daß die absoluten Rechtsformen sowie die besonderen Arten des Rechtserwerbes im Gesetz erschöpfend aufgezählt sind. Daher darf weiter auch aus dem Umstand, daß in gewissen Fällen auf Grund des Ehevertrages ein *Rechtsübergang ohne den sonst erforderlichen Rechtsübertragungsakt* eintritt,[3]) nicht geschlossen werden, daß der Ehevertrag diese Wirkung auch in Fällen, für die es das Gesetz nicht vorsieht, zu äußern vermöchte. Darum kann z. B. bei Errungenschaftsgemeinschaft eingebrachtes Gut wohl in Gesamtgut verwandelt werden, aber nur wenn mit dem Ehevertrag[4]) die für die Rechtsübertragung an das Gesamtgut notwendigen Uebertragungsakte verbunden werden (bei Grundstücken namentlich Buchung, die hier konstitutiv — nicht wie im Falle des § 1438 II nur rechtsbestärkend wirkt.[5]) Gilt das schon für Gesamtgutsbestellung außerhalb der Fälle, in denen § 1438 ausdrücklich für anwendbar erklärt ist, so gilt es noch mehr für den *Rechtsübergang aus dem Alleinvermögen eines Ehegatten in das des anderen.* Darum kann z. B. zu Vorbehaltsgut eines Ehegatten *nur* ein Gegenstand bestimmt werden, der ihm schon gehört oder

---

[1]) Nur um solche handelt es sich hier; denn für bloß obligatorische Verhältnisse besteht schon nach dem II. Buch volle Vertragsfreiheit.

[2]) Vgl. *Ehrlich* S. 217, Mot. IV, S. 310, *Wieruszowski* II, S. 5 f. Dagegen war man sich bei den Verhandlungen des 13. Juristentags hierüber nicht im klaren (Vgl. Verhandlungen des 13. Juristentags I, S. 10), und in der Literatur finden sich vom Text abweichende Anschauungen noch heute, z. B. bei *Endemann* II, S. 763.

[3]) § 1438 II in seinen verschiedenen Anwendungen (§§ 1549, 1519 II). Vgl. hierher auch die Surrogationsvorschriften der §§ 1381 f., 1525 II., die weder eine analoge noch eine vertragsmäßige Ausdehnung gestatten.

[4]) Ein Ehevertrag ist dann nicht nötig, wenn es sich um ein gewöhnliches Rechtsgeschäft zwischen einem Ehegatten und dem Gesamtgut handelt; vgl. oben S. 7 Abs. 2: Auf die sehr zweifelhafte Grenze, namentlich bei Schenkungen von und gegenüber dem Gesamtgut, einzugehen ist hier kein Anlaß; nur möchten wir glauben, daß sich der Ehevertrag vielfach durch einfache Schenkung — aus Vorbehalts- oder eingebrachtem Gut des einen Gatten — an den andern Gatten vermeiden läßt, da hier ja § 1438 II eingreift. Vgl. übrigens *Planck* zu § 1521 N. 1 c, *Opet* N. 1 c, *Staudinger* N. 1 a, Mot. IV S. 496, *Schröder*, EGR. S. 77 N. 2 u. 4, *Feisenberger* im Sächs. Archiv f. bürg. R. u. Prozeß, Bd. X S. 539.

[5]) Mot. IV S. 496, Rspr. d. OLG. VII S. 55.

den er später erwirbt. Doch ist hier zu berücksichtigen, daß eine derartige Bestimmung über einen im Vermögen des einen Ehegatten befindlichen Gegenstand zugunsten des anderen häufig die zum Rechtsübergang erforderliche Einigung mit umfassen wird; handelt es sich um ein Grundstück, so bedarf es in den Staaten, in welchen die Auflassung vor derselben Behörde vorgenommen werden kann wie der Ehevertrag (so namentlich in Bayern vor den Notaren b. AG. a. 167 I Art. 81; bay. Not.G. v. 1861 Art. 4) nur mehr der Eintragung im Grundbuch. (So neuerdings das bay. ObLG. in BayZfR. 1905 S. 351 und Samml. VI S. 295.) Bei Fahrnis wird auch die Besitzübertragungseinigung (§ 854 II) häufig in der Ehevertragserklärung zu finden sein. Dafür ist aber natürlich Voraussetzung, daß die für den Rechtsübergang sonst notwendigen Erfordernisse vorhanden sind, insbesondere Bestimmtheit des Gegenstandes und Verfügungsmacht des Veräußernden. Es bedarf daher keiner weiteren Ausführung, daß im Ehevertrag nicht mit unmittelbarer Wirkung vereinbart werden kann, der Erwerb des einen Ehegatten solle ipso iure Alleineigentum — Vorbehaltsgut — des anderen sein (Beschluß des LG. Tilsit im ZBlFG. I S. 398). Die Untersuchung ob ein solcher Ehevertrag gegen die guten Sitten verstößt, ist vollkommen überflüssig.[1]) Auch wenn nur ein geringer Teil des Erwerbes und aus durchaus einwandfreien Motiven derart dinglich gebunden werden soll, kann dieser Rechtserfolg nicht eintreten. Es kann höchstens eine obligatorische Verbindlichkeit zur Uebertragung des Erworbenen angenommen werden (§ 140). Beim Vertrag über den ganzen künftigen Erwerb ist dies aber wegen § 310 nicht möglich.[2]) Es würde hier wohl auch gar nicht der Parteiabsicht entsprechen, da diese Konversion den offensichtlichen Zweck des Vertrages — den Erwerb des Mannes den Gläubigern zu entziehen — nicht erreicht.

Ebenso kann auch **dem** Vertrag Wirksamkeit nicht zukommen, „durch den die Grundsätze über den Nießbrauch an verbrauchbaren Sachen auf die Nutznießung an den zum eingebrachten Gut gehörenden oder künftig in dasselbe fallenden verbrauchbaren Sachen generell in der Art für anwendbar erklärt werden, daß auf Grund des Vertrages das Eigentum der verbrauchten Sachen auf den Mann ohne Uebergabe

---

[1]) Unter diesem Gesichtspunkt verwerfen den Vertrag: **Bartolomaeus**, Juristische Wochenschrift 1902 S. 247, **Staudinger** zu § 1432, N. 3 c α, **Planck**, N. 3 b.

[2]) Nur insofern kann der ausschließlich für den **obligatorischen** Vertrag geltende § 310 hier überhaupt hereinspielen. Ungenau ist es daher, wenn **Dernburg** IV, S. 172, N. 1, den Vertrag selbst mit **Rücksicht auf** § 310 für nichtig erklärt, worin ihm folgen: **Opet** zu § 1432, N. 2 c, Abs. 2, **Schmidt**-H. N. 6 d α, **Henle** in Bay. Not.Ztg. 1903 S. 246. (Interessant hier die Mitteilung, daß der Notariats-Disziplinarhof sich mehrfach zur Bestrafung von Notaren genötigt sah, weil sie solche Eheverträge beurkundeten.) — Eine **analoge** Anwendung des § 310 scheint **Vollenbeck** im Recht 1904 S. 33 im Auge zu haben.

in derselben Weise übergehen solle, wie wenn die Grundsätze über den Nießbrauch an verbrauchbaren Sachen kraft Gesetzes maßgebend wären." (Die Motive IV S. 313 — denen dieser schöne Satz entnommen ist — wollen dies dahingestellt sein lassen!)[1]) Unter demselben Gesichtspunkt ist auch der Vertrag nichtig, wonach Gütertrennung herrschen, aber „die zum persönlichen Gebrauch eines jeden Ehegatten dienenden Gegenstände Eigentum des betreffenden sein sollten, gleichviel wann und aus welchem Vermögen sie angeschafft sein sollten". (Metzges, ZBlFG. III S. 327 ff. bekämpft die vom Landgericht Elberfeld zugelassene (!) Eintragung dieses Vertrages ins Güterrechtsregister, aber unter ganz unzutreffender Begründung.[2]) Mit Recht sagt dazu Wieruszowski II S. 176 N. 6: „Die Bedingungen des Eigentumerwerbes sind durch das Gesetz geregelt und entziehen sich dem Einfluß der Parteiwillkür.")

Daraus, daß das Gesetz die absoluten Rechtsformen erschöpfend aufzählt, ergeben sich noch zwei weitere Folgerungen:

1. Werden durch einen Vertrag wesentliche Inhaltsbestandteile eines absoluten Rechtsverhältnisses außer Geltung gesetzt — z. B. beim Fahrnispfandrecht das Besitzrecht des Pfandgläubigers — so können die absoluten Wirkungen dieses Rechtes überhaupt nicht mehr eintreten, d. h. der Vertrag ist entweder in eine Aufhebung des absoluten Rechtes und Ersetzung durch obligatorische ꝛc. Abreden zu konvertieren oder, wenn dies nicht möglich, vollständig nichtig. Die Anwendung hiervon wird uns häufig begegnen.

2. Da sich die erschöpfende Normierung durch das Gesetz nicht nur auf die Zahl und Arten, sondern notwendigerweise auch auf den absolut wirkenden Inhalt dieser Rechte bezieht, so ist eine Erweiterung dieses Inhaltes mit absoluter Wirkung nicht möglich; das ist namentlich da wichtig, wo — wie eben im ehelichen Güterrecht — die absolute Wirkung eines Rechtes sich nicht allen, sondern nur gewissen Dritten gegenüber äußert,[3]) sowie da, wo in einzelnen Fällen die Verfügungsbeschränkungen des Inhabers eines belasteten Vermögens nicht Platz greifen z. B. §§ 1401, 1406 Ziff. 1).[4])

---

[1]) Dieser Vertrag würde übrigens im wesentlichen der bisher vorwiegenden Form der Verwaltungsgemeinschaft entsprechen; Roth, DPR. S. 212 N. 2.

[2]) Metzges bestreitet, daß die Gütertrennung ein „Güterstand" sei, sie sei daher auch keinen Modifikationen unterworfen.

[3]) So § 1411. Es handelt sich hier unsers Erachtens nicht um eine auf das eingebrachte Gut beschränkte Haftung des Mannes (Hellwig), sondern einfach um die Grenzen der absoluten Wirkung des Nutzverwaltungsrechtes. Andernfalls müßte die Geltendmachung der Haftungsbeschränkung, analog § 419 BGB. dem Manne überlassen sein, während bei der Klage auf Duldung der Vollstreckung (§ 739 ZPO.) die Beschränkung schon in der Klage enthalten ist.

[4]) Vgl. Planck zu § 1432 N. 3a; Staudinger N. 3c, α; Schmidt-H. N. 6c α; Ehrlich S. 210; s. ferner unten S. 28 ff.

2. Neben dem behandelten obersten Grundsatz, der als selbstverständlich im Gesetz nicht ausdrücklich erwähnt wird, besteht eine Reihe ausdrücklicher, Gesetzesvorschriften über die Zulässigkeit von Rechtsgeschäften im allgemeinen in den §§ 134—138, deren Anwendung auf den Ehevertrag nun zu betrachten ist.

a) Die Sittenwidrigkeit eines Rechtsgeschäfts kann auf einem dreifach verschiedenen Verhältnis des Vertragsinhaltes zur Moral beruhen. [1]) Der Inhalt kann, objektiv oder in seiner Individualisierung durch subjektive Momente, eine Bewirkung des durch die guten Sitten Verbotenen oder eine Hinderung des Gebotenen darstellen; das Rechtsgeschäft kann zweitens dadurch sittenwidrig erscheinen, daß es eine mit den Grundsätzen der guten Sitten nicht vereinbare Bindung der freien Willensbetätigung bedeutet; und endlich kann die Sittenwidrigkeit darin zu erblicken sein, daß „eine ökonomische Leistung in Kausalbeziehung zu einer Handlung, Duldung oder Unterlassung gesetzt wird, welche von Moral wegen nicht in solcher kausaler Beziehung zu Geld oder Geldeswert stehen soll." Diese drei Fälle sind auch beim Ehevertrage denkbar, besonders wenn dieser nicht für sich, sondern in Verbindung mit sonstigen Vereinbarungen auftritt. [2]) Besonders ist zu betonen, daß nach deutscher Auffassung auch heute noch der Mann das Haupt der Ehe ist und sich des Rechtes der „Entscheidung in allen das gemeinschaftliche Leben betreffenden Angelegenheiten" nicht entschlagen kann.

Um einige für die Praxis besonders wichtige Beispielsfälle herauszugreifen, nennen wir in der ersten Kategorie sittenwidriger Eheverträge vor allem solche Vereinbarungen, welche die Auseinandersetzung für den Fall der Scheidung der Ehe im voraus regeln; [3]) mag die Aenderung der gesetzlichen Vorschriften für den schuldigen oder den nichtschuldigen Teil günstiger sein, beidemale liegt eine Gefährdung des Bestandes der Ehe nahe. Besonders bedenklich sind Eheverträge, die für den Fall tatsächlichen Getrenntlebens der Ehegatten Anordnungen treffen; es ist ja denkbar, daß das Getrenntleben selbst nicht den guten Sitten wider=

[1]) Lotmar, Der unmoralische Vertrag. 1896.

[2]) Der Ehevertrag ist kein abstrakter Vertrag, daher muß zu seiner Würdigung auch die causa negotii berücksichtigt werden.

[3]) Uebereinstimmend mit dem Text erklärt RG. 61 S. 53 einen Vertrag für nichtig, der für die Frau eine Unterhaltsrente für den Fall des Getrenntlebens aussetzt, ohne Rücksicht darauf, wer die Schuld an dem Getrenntleben trage. S. aber unten S. 53 ff., 76; vgl. §§ 1478, 1549; Ehrlich S. 213 bei N. 150; Staudinger zu § 1478 N. 6; s. auch Prot. IV S. 439 ff. Zulässig sind natürlich Vereinbarungen, die nur die Möglichkeit von Streitigkeiten bei der Auseinandersetzung beseitigen wollen. Eine Entscheidung des bayer. OLG. (Sammlg. N. Fg. V S. 256 ff.) behandelt einen Vertrag des Inhalts: „Erfolgt die Auflösung der Ehe durch Verschulden der Frau, so soll kein Teil mehr etwas von dem anderen zu fordern haben"; die Zulässigkeit dieser Abrede ist unseres Erachtens zu verneinen (nach der Entscheidung ist dies kein Ehevertrag, da zwischen den Eheleuten Gütertrennung besteht; andernfalls wäre unseres Erachtens die Ehevertragsnatur nicht zu bezweifeln).

spricht, und auch dann, wenn ein Ehegatte wegen Verfehlungen des andern die eheliche Gemeinschaft berechtigterweise versagt, muß es den Ehegatten erlaubt sein, insbesondere die Aufwandspflicht (§§ 1389, 1371, 1427 usw.) — soweit dies überhaupt zulässig (s. unten S. 53 ff.) — durch Vertrag zu regeln, sofern nicht etwa durch diese Regelung die Fortdauer des Getrenntlebens in sittenwidriger Weise gefördert werden soll.[1]) Immer bleibt das Recht, die Herstellung der Gemeinschaft zu verlangen, unberührt und seine — nicht etwa mißbräuchliche — Ausübung macht den Vertrag hinfällig, wenn er nur unter der Voraussetzung des Getrenntlebens getroffen ist (vgl. Sf. Arch. 24 S. 190).

Zum Thema von der Stellung des Mannes als Haupt der ehelichen Gemeinschaft und ihrer Bedeutung für den Ehevertrag — das uns bei vielen Einzelfragen noch begegnen wird — sei hier nur die eine Bemerkung angebracht, daß es zweifellos ganz ausgeschlossen erscheint, das dem Mann zustehende Nutzverwaltungsrecht am Frauenvermögen umgekehrt der Frau am Vermögen des Mannes einzuräumen (was tatsächlich von einem Schriftsteller für zulässig erklärt wird.[2]) — Fraglich möchte es scheinen, ob das „Wesen der Ehe" verbietet, den Haftungsgrundsatz, den das Gesetz für die „Erfüllung der sich aus dem ehelichen Verhältnisse ergebenden Verpflichtungen" aufstellt (§ 1359) für die güterrechtlichen Verpflichtungen allgemein oder im einzelnen abzuändern. Eine Einschränkung auf Haftung für Arglist (s. § 276 II) muß wohl meist als zulässig erscheinen; denn eine Erleichterung, die das Gesetz in bezug auf die Verwaltung des Gesamtgutes selbst gewährt (§ 1456), muß auch für andere Verhältnisse der Ehegatten gestattet sein. Auch die Zulässigkeit einer Verstärkung des Haftungsgrades wird im allgemeinen nicht zu verneinen sein; der Zweck des § 1359 ist allerdings ein mit dem Wesen der Ehe zusammenhängender, aber seine Wirkung kann sich auch auf Verhältnisse erstrecken, die rein wirtschaftlicher Natur sind. Man denke an eine offene Handelsgesellschaft unter gütergemeinschaftlichen Ehegatten, ferner an den Fall der Ausübung der ehemännlichen Verwaltungsrechte durch einen gesetzlichen Vertreter.[3])

---

[1]) RG. bei Gruchot 43 S. 109; vgl. auch Wieruszowski II S. 352 N. 110.

[2]) Eck II S. 436. Der Herausgeber bemerkt dazu: „Hierüber ließe sich streiten. Ein sichtbares Uebergewicht der Frau über den Mann in dessen Angelegenheiten verletzt das Anstandsgefühl." Man bedenke, daß das Nutzverwaltungsrecht die Verfügungsbefugnis des Vermögenssubjektes ausschließt! Uebrigens folgt die Unzulässigkeit u. E. schon aus dem oben S. 20 ff. erörterten Grundsatz der Ausschließlichkeit absoluter Rechte: Die Nutzverwaltung kennt das Gesetz nur als ehemännliches Recht.

[3]) In der Literatur finden sich alle denkbaren Ansichten vertreten: a) schlechthin unabänderlich: Staudinger zu § 1359 N. 5 und Vorbem. z. 5. Titel N. VII; Lehmann S. 430; b) abänderlich nach oben und unten: Ehrlich S. 191 N. 56; Planck zu § 1359 N. 1 a. E.; Opet N. 4; Dernburg IV S. 105 N. 17; für das Sächs. BGB., das hier

Auch die Vorschrift des § 204, welche „aus Pietätsrücksichten" die Anspruchsverjährung unter Ehegatten hemmt, könnte hier angezogen werden. Angesichts des § 225, 2, der keinerlei Ausnahme zu dulden scheint, muß man aber den vertragsmäßigen Ausschluß dieser Vorschrift wohl für zulässig halten.[1])

Eheverträge, die unter die zweite der oben (S. 24) aufgeführten Kategorien sittenwidriger Rechtsgeschäfte fallen, kommen namentlich in der Weise vor, daß die Gültigkeitsdauer vorteilhafter Vertragsbestimmungen an die Nichtausübung des ehemännlichen Bestimmungsrechtes (§ 1354) geknüpft wird. Ohne auf die alte Streitfrage über die Zulässigkeit von Wohnungsverträgen einzugehen,[2]) ist hier nur zu betonen, daß auch in dieser Beziehung die Ausübung des ehemännlichen Vorrechtes nicht ohne triftigen Grund mit Vermögensnachteilen für den Mann verbunden werden darf. Es kann auch z. B. unserer Meinung nach die Folgepflicht der Frau nicht dadurch indirekt ausgeschlossen werden, daß die gesamte Wohnungseinrichtung für ihr Vorbehaltsgut erklärt und ihr ausdrücklich die Befugnis eingeräumt wird, dieselbe auch gegen den Willen des Ehemannes aus der gemeinsamen Wohnung fort oder in eine ihr nicht zusagende neue Wohnung nicht einzubringen. Die Folgepflicht kann sich nicht lediglich auf die Person der Frau beziehen, sonst wäre sie, besonders bei armen Ehen, oft illusorisch.[3])

Zur dritten Gruppe sittenwidriger Rechtsgeschäfte (oben S. 24) gehört z. B. ein Ehevertrag, der als Gegenleistung für ein Heiratsversprechen gedacht ist. Die Fälle werden sich freilich meist der Beurteilung entziehen; wo der Richter aber zur Ueberzeugung kommt, daß der Ehevertrag den Zweck gehabt habe, den andern Teil zur Heirat zu bestimmen, muß er die Nichtigkeit des Ehevertrages ohne Rücksicht auf die Gültigkeit der Ehe (für die eben die allgemeinen Normen nicht gelten) aussprechen. Aehnlich liegt der Fall bei ehevertragsmäßiger Zuwendung von Vermögensvorteilen zum Zwecke, den Verzicht auf ein Scheidungsrecht zu erkaufen.[4]) Dagegen wäre es z. B. zulässig, wenn

---

der Vorläufer des BGB.: Siebenhaar, Kommentar III. zu § 1655 a. E.; c) nur verstärkbar: Schmidt-H., Vorbem. z. 5. Titel II, 2; d) nur einer Milderung fähig: Landsberg II S. 866; Wieruszowski I S. 2 N. 1.

[1]) Wieruszowski I S. 3.

[2]) Sie sind an sich nicht Eheverträge, wie noch immer vielfach gelehrt wird.

[3]) In diesem Sinn hat das RG. bei Gruchot 24 S. 488 als Folge der Verpflichtung zur ehelichen Gemeinschaft ausgesprochen, daß die Ehefrau ihr vorbehaltenes Vermögen aus der gemeinschaftlichen Wohnung nicht entfernen dürfe. Soweit es sich um den nötigen Hausrat handelt wird dem beizustimmen sein; a. A. Förster-Eccius, Pr. PrivR. IV S. 32; Dernburg IV S. 102; Wieruszowski II S. 324 N. 5 II, 1a; S. 327. Freilich kann die Klage des Mannes auf Wiedereinbringung nicht vollstreckt werden. Auch ist natürlich auf die Unterhaltsvorschriften Rücksicht zu nehmen.

[4]) Die Praxis des gemeinen Rechts hat im Anschluß an Savigny, System III S. 179 ff. nur Konventionalstrafversprechen für den Fall der Aus-

auf diese Weise der Verzicht auf das schon entstandene (nicht aber erst ein künftiges!)[1]) Recht, die Aufhebung des Güterstandes zu verlangen, „erkauft" würde; dieses Recht ist vermögensrechtlicher Natur und kann unbedenklich gegen andere Vermögensvorteile aufgegeben werden. Ebenso muß es zulässig sein, die von der Frau im Hauswesen geleisteten Dienste in Geld zu veranschlagen und z. B. auf ihre Beitragsverbindlichkeit zu verrechnen.[2])

b) Die zweite allgemeine Gesetzesvorschrift über Zulässigkeit von Rechtsgeschäften bezieht sich auf die gegen ein Verbot verstoßenden Geschäfte (§§ 134—136 BGB.). Schlechthin nichtig ist nur das Rechtsgeschäft, das gegen ein nicht lediglich zum Schutze bestimmter Personen erlassenes gesetzliches Verbot verstößt. Für den Ehevertrag kommen vorzugsweise die nicht auf Gründen der Sittlichkeit beruhenden Eheverbote in Betracht, worüber schon des näheren gehandelt. Die gesetzliche Unveräußerlichkeit eines Gegenstandes macht ihn nicht schlechthin untauglich zum Gegenstand eines Ehevertrages (vgl. § 1439); nur kann das Recht auch durch den Ehevertrag nicht der Zuständigkeit nach übertragen, insbesondere nicht vergemeinschaftet werden. Bezweckt das gesetzliche Veräußerungsverbot nur den Schutz bestimmter Personen, so tritt die Nichtigkeit nur ihnen gegenüber ein. Darum kann auch der Konkursschuldner einen Ehevertrag schließen; nur wirkt dieser, soweit er eine Verfügung über konkursbefangenes Vermögen enthält, nicht gegenüber den Konkursgläubigern, und daraus entstehende Ansprüche des anderen Ehegatten sind nicht Konkursforderungen. Die mit der Konkurseröffnung unter Umständen eintretende Gütertrennung (§§ 1419, 1543) hindert also nicht die Einführung eines neuen (Wiedereinführung des bisherigen) Güterstandes, wenn auch je nach der Art dieses Güterstandes und je nachdem Mann oder Frau Konkursschuldner ist, die Wirksamkeit des Vertrages mehr oder weniger begrenzt ist.

c) Von besonderer Bedeutung für den Ehevertrag ist endlich die dritte der allgemeinen Zulässigkeitsvorschriften, wonach die Befugnis der Verfügung über ein veräußerliches Recht durch Rechtsgeschäft weder beschränkt noch ausgeschlossen werden kann. (§ 137, 1 BGB.)

Zunächst ergibt sich daraus, daß ein Versprechen, keinen Ehevertrag zu schließen, die Wirksamkeit eines gleichwohl geschlossenen Ehe-

---

übung des Scheidungsrechtes für sittenwidrig erklärt, nicht aber die Annahme von Vermögensvorteilen als Entgelt für den erklärten Verzicht. Zweifellos fällt ein solcher Vertrag jetzt unter § 138. Vgl. auch Lotmar, Der unmoralische Vertrag S. 157 Anm. 138.

[1]) S. unten S. 77.

[2]) So scheinbar auch Schmidt-H. S. 144 sub II, 2. — Eine für alle Verhältnisse bindende Normierung der Verpflichtung der Frau wäre jedoch unzulässig, wird wohl auch kaum beabsichtigt sein. Nur insofern hat Ehrlich S. 184 bei N. 29 recht, wenn er den Vertrag verwirft. Ein eigentlicher Dienstvertrag liegt nicht vor, weil das „Entgelt" Schenkung ist.

vertrages nicht beeinträchtigt. Denn in der Regel enthält jeder Ehevertrag eine „Verfügung über ein veräußerliches Recht".[1]) Wo aber ausnahmsweise durch den Ehevertrag nur eine Verbindlichkeit begründet wird, greift der Satz ein, daß eine Beschränkung der Verpflichtungs-, d. h. der Geschäftsfähigkeit als sittenwidrige Willensbindung nichtig ist. Besorgte Eltern können also z. B. die Unabänderlichkeit des Güterstandes auch nicht durch Vertrag mit dem andern Ehegatten herbeiführen; noch weniger würde natürlich die Verabredung der Unabänderlichkeit unter den Ehegatten selbst irgendwelche Wirksamkeit haben. Das gemeinrechtliche Institut des fundus dotalis, der auch mit Zustimmung der Frau nicht veräußert werden kann, ist schon aus diesem Grunde nicht mehr herzustellen.

Die andere, weit wichtigere Anwendung von § 137 auf den Ehevertrag ist, daß grundsätzlich kein Ehegatte in der Verfügung über sein Vermögen beschränkt werden kann. Nun können allerdings kraft der Bestimmungen des Güterrechts durch Ehevertrag Wirkungen hervorgebracht werden, welche die Verfügungsbefugnis eines Ehegatten einschränken, und es fragt sich, ob dies für den Ehevertrag überhaupt dahin verallgemeinert werden kann, daß für ihn die Vorschrift des § 137, 1 außer Kraft gesetzt, durchbrochen ist.

Wir glauben dies ohne Einschränkung verneinen zu müssen. Die in Frage stehenden güterrechtlichen Verfügungsbeschränkungen sind die der Ehefrau durch §§ 1395 ff. in bezug auf ihr eingebrachtes Gut auferlegten. Diese aber haben nicht die Bedeutung von Veräußerungsverboten[2]) — wie sie das Gesetz in § 137 im Auge hat —, nicht die Bedeutung eines bloßen „Korrelates" zum ehemännlichen Recht am Eingebrachten. So wenig wie etwa neben dem Pfandrecht als „Korrleat" ein „Verbot" der Veräußerung der Sache als einer unbelasteten besteht. Vielmehr ist es der Inhalt des ehemännlichen Rechtes, daß es den Gegenstand mit absoluter Wirkung, jedem Dritten gegenüber ergreift. Denn das Recht des Ehemannes am eingebrachten Gut ist, wie es sich historisch entwickelt hat und wie es vom Gesetzgeber ausgestaltet wurde, nicht ein Komplex von Befugnissen, Ansprüchen und Kannrechten, die durch ein Veräußerungsverbot an die Ehefrau ergänzt werden; sondern es ist ein besonders gestaltetes Recht „am" Frauenvermögen als ganzem, d. h. absoluter Natur. Von anderen Rechten an fremder Sache unterscheidet es sich nur dem Grade nach, insofern jene die Verfügungsbefugnis des Vermögenssubjektes nur in bestimmter Richtung beschränken, dieses als Recht an der Substanz auch die Verfügung über die Substanz völlig ausschließt. Das betonen die Mot. IV, S. 225 f. in zutreffender Weise und hieran hat sich durch

[1]) Auch die bloße Aufhebung oder Ausschließung eines Rechtes ist Verfügung darüber. „Veräußerlich" im Sinne des § 137 ist zweifellos jedes verzichtbare Recht, auch wenn es unübertragbar ist (Nutzverwaltung).

[2]) wie vielfach vertreten wird, z. B. von Ehrlich S. 216 f., Rehbein I S. 137 unter α.

die spätere Umgestaltung des „Nießbrauchs" in „Verwaltung und Nutznießung" nichts geändert.[1]) Ist dies richtig, so kann von einer Durchbrechung des in § 137 aufgestellten Grundsatzes[2]) nicht die Rede sein. Denn man kann doch nicht jedes dinglich wirkende Recht als Ausnahme von diesem Grundsatz betrachten, der ja eigentlich nichts anderes besagt, als daß Verfügungsbeschränkungen nur in den gesetzlich vorgesehenen Fällen und unter den dort bestimmten Voraussetzungen möglich sind. Es liegt also gar kein Anlaß zu der Frage vor, ob eine güterrechtliche Ausnahme von § 137 für den Ehevertrag im allgemeinen gilt. Es liegt kein Anlaß vor, den § 137 nicht wie alle anderen Vorschriften des allgemeinen Teils auf den Ehevertrag anzuwenden. Dies ist auch die überwiegend vertretene Meinung in der Literatur.[3]) Eine

---

[1]) Es ist uns nicht möglich, hier eine Konstruktion des ehemännlichen Rechtes durchzuführen; wir beschränken uns auf das für unsere Beweisführung Unentbehrliche. Die Literatur versagt hier leider fast ganz. Der Konstruktion von Brühl (ZivA. 73 S. 408), die Heinsheimer (das Recht des Mannes am Vermögen der Frau, 1902) näher, aber nicht überzeugender ausgeführt hat, können wir uns nicht anschließen, weil sie, historisch nicht unzutreffend, doch dem heutigen Rechtsbewußtsein und dem Geist wie dem System des BGB. widerspricht. Für das heutige Recht dürfte die von Kohler (Dogm. J. 24, S. 187) aufgestellte und von Schilling (Bürg. A. 19 S. 251) näher begründete Konstruktion eines „Dispositionsnießbrauchs" die entsprechendste sein, d. h. es handelt sich eben um ein Recht der ausschließlichen Verwaltung fremden Vermögens, das dem Verwalter auch unmittelbar Nutzungen einbringt und in gewissen Grenzen bis zum Verfügungsrecht gesteigert ist. Im wesentlichen stimmt diese Konstruktion mit der Hellwigs (Lehrbuch S. 215) überein. Terminologisch halten wir die Wahl Kohlers nicht für glücklich, weil die Verfügung doch nur eine Einzelerscheinung im Gesamtrechte ist, dessen wesentliche Bestandteile, wie es das Gesetz richtig bezeichnet, Verwaltung und Nutznießung sind. Will man einen einheitlichen Ausdruck, so dürfte sich „Nutzverwaltung", d. h. Verwaltung zu Nutz des Verwalters vielleicht empfehlen, jedenfalls eher als das von Kohler neuerdings (Enzyklop. I S. 718, 721) geprägte Wort: „Verfügungsnutznießung".

[2]) Wie sie z. B. Wieruszowski II S. 210 N. 14 annimmt; das im Text gefolgerte Ergebnis erreicht er dann, indem er sagt: „Aber diese Durchbrechung erfolgt eben nur im Rahmen jener Güterstände. Wird dieser gesprengt und tritt an seine Stelle ein anderer, im BGB. nicht geregelter Güterstand, so treten jene Schranken der Vertragswillkür (nämlich § 137) den Ehegatten wieder hindernd in den Weg". Dies ist insofern richtig, als die besonderen absoluten Rechtsverhältnisse des Güterrechts, die diese Verfügungsbeschränkung bewirken, nur im Rahmen jener Güterstände geschaffen werden können, was unten S. 35 ff. nachzuweisen sein wird. Vgl. auch Ehrlich S. 216: „Daß die der Vertragsfreiheit sonst gezogenen Grenzen für den Ehevertrag im allgemeinen nicht gelten, dürfte zweifellos sein". Den Zweifel erlauben wir uns, weil es eine allgemeine Vertragsfreiheit im BGB. überhaupt nicht gibt, also auch keine Grenzen derselben. Die Schranken aber, die für den Inhalt von Rechtsgeschäften überhaupt und von obligatorischen Verträgen insbesondere (für die das Gesetz den Grundsatz der Vertragsfreiheit hat) nach BGB. bestehen, die gelten auch für den Ehevertrag, wie wir eben im Einzelnen zu zeigen bestrebt sind. Eine Durchbrechung eines allgemeinen Grundsatzes findet sich im Güterrecht nur in § 1438 II; hier sprechen auch die Mot. (IV, S. 496, Ziff. 1 a. E.) von „durchbrechen".

[3]) Beschluß des KG. in Rspr. d. OLG. I S. 457. Planck zu § 1432 N. 3 a, Staudinger N. 3 c α, Schmidt-H. N. 6 d α, Turnau-Förster

Folge davon, daß das Verbot des § 137 so uneingeschränkte Geltung findet, ist insbesondere die: Werden aus dem Nutzverwaltungsrecht so wesentliche Bestandteile entnommen, daß es als solches nicht mehr zu bestehen vermag,[1]) so läßt sich seine verfügungsbeschränkende Wirkung auch nicht durch Konversion in Einzelabreden, darunter der des Ausschlusses der eheweiblichen Verfügungsbefugnis, aufrecht erhalten.

Das Verbot des § 137 bezieht sich nicht auf die Befugnis zu letztwilligen „Verfügungen", eine rechtsgeschäftliche Beschränkung hierin ist aber grundsätzlich nur durch Erbvertrag möglich. Der Ehevertrag läßt daher die Möglichkeit der Abfassung letztwilliger Verfügungen unberührt. Eine Ausnahme gilt nur kraft positiver Vorschrift für den die fortgesetzte Gütergemeinschaft stipulierenden Vertrag. Dieser bewirkt Beschränkungen der Testierfreiheit in verschiedener Richtung (§§ 1509, 1511—1516, 1518).

Daß die Unveräußerlichkeit veräußerlicher Rechte obligatorisch vereinbart werden kann, ist in § 137, 2 ausdrücklich hervorgehoben und gilt selbstverständlich auch für den Ehevertrag — sofern nicht etwa schon der obligatorische Verzicht auf die Verfügung über ein Recht einem besonderen Verbotsgesetze oder den guten Sitten[2]) widerstreitet.

Ferner ist zu betonen, daß § 137 nur Verfügungen über eigene Rechte des Verfügenden trifft. Selbstverständlich steht er einer Einschränkung von Rechten an fremdem Vermögen — also besonders der im Nutzverwaltungsrecht enthaltenen Verfügungsbefugnisse (§ 1375) — nicht entgegen. Ebenso nicht Einschränkungen der dem Mann in bezug auf das Gesamtgut zustehenden Verfügungsbefugnisse (s. unten S. 49 ff.).

3. Ergeben sich daraus, daß der Ehevertrag zweiseitiges Rechtsgeschäft, Vertrag ist, besondere Grundsätze für seine Zulässigkeit? Wir sagten schon, das Gesetz kennt keinen allgemeinen Grundsatz der Vertragsfreiheit, stellt daher auch keine allgemeinen Grundsätze über den zulässigen Inhalt von Verträgen auf. Ein Satz nur läßt sich für Verträge überhaupt aufstellen, der seiner Selbstverständlichkeit wegen im Gesetz nicht besonders aufgenommen ist: der Vertrag, und so auch der Ehevertrag kann nur Rechte der Vertragsparteien aufheben oder ändern. Was die Beziehungen zu Dritten betrifft, so können nach Grundsätzen des Obligationenrechts wohl Rechte Dritter begründet, nicht aber schon erworbene Rechte geschmälert werden. Wir sahen, wie in dieser Hinsicht ehemals gesetzliche Erben-

---

II S. 235, Dernburg IV S. 172 Anm. 2, s. auch Prot. IV S. 236. Ausdrücklich bestritten nur von Bollenbeck im Recht 1904 S. 31. Scheinbar auch von Cosack II S. 500 in seinem Beispiel: Gütertrennung, aber Verfügungen der Frau über ihre Grundstücke sollen unwirksam sein. Mit dem „Wesen des Güterstandes" hat § 137 gar nichts zu thun — in welchem Zusammenhang Cosack dieses Beispiel bringt (s. unten S. 40, N. 2). Im Widerspruch mit der oben zitierten Stelle seines Kommentars erklärt Staudinger zu § 1432, N. 3 c, 7, das Beispiel Cosacks für zutreffend.

[1]) s. oben S. 23 und ausführlich unten S. 65 ff.

[2]) z. B. §§ 1401 mit 1395.

wartrechte eine große Bedeutung für den Ehevertrag hatten. Damit hat das BGB. endgültig aufgeräumt. Kein zukünftiger Erbe hat mehr ein Recht auf den Bestand eines gewissen Güterstandes. Die Bedeutung des angeführten allgemeinen Satzes für den Ehevertrag liegt vielmehr in der Sicherheit, die dadurch Gläubigern der Ehegatten gegen Veränderungen des Güterstandes gewährt ist. Und dies verdient eine kurze Betrachtung, weil erst da, wo diese Sicherheit endet — wo also der Ehevertrag nicht von vornherein nichtig ist, die positiven Schutzmittel des Gesetzes: Güterrechtsregister und Anfechtungsrecht, eingreifen können. Dazwischen liegt allerdings noch eine große Gruppe von Fällen, wo der Gläubiger sich auch ohne weiteres auf Nichtigkeit des Vertrages berufen kann, das sind die Fälle, in denen zwingende Normen des Gesetzes über die Beziehungen der Gatten zu Dritten im Vertrag geändert werden sollten. Vielfach spricht man auch hier von „Rechten" Dritter, in die der Ehevertrag nicht „eingreifen" könne.[1]) Das ist ungenau: Führe ich einen der Güterstände des Gesetzes ein, so begründe ich damit freilich auch für Dritte die Möglichkeit, gewisse Rechte zu erwerben, damit ist aber noch nicht gesagt, daß ich ihnen diese Möglichkeit gewähren muß. Ob das Gesetz von mir verlangt, daß ich diese Möglichkeit gewähre, um den betreffenden Güterstand überhaupt für mich haben zu können, — das ist lediglich eine Frage der Gesetzesauslegung. Ohne Rücksicht auf gesetzliche Einzelbestimmungen nichtig ist nur ein Eingriff in erworbene Rechte.

Das Gläubigerrecht bedeutet das Recht, sich mit Hilfe staatlichen Zwanges aus dem jeweils vorhandenen pfändbaren Vermögen des Schuldners zu befriedigen. Ein Nichtigkeit begründender Eingriff in dieses Recht liegt daher nicht in der Ausscheidung einzelner Gegenstände aus dem Schuldnervermögen, nicht in der Vertauschung eines pfändbaren Vermögensgegenstandes mit einem unpfändbaren, nicht in der Belastung mit Rechten, welche kraft Gesetzes die Pfändung ausschließen oder beschränken oder erschweren.[2]) Wohl aber wäre es unzulässig, ohne eine solche Belastung oder Ausscheidung aus dem Schuldnervermögen irgendwelche Haftungsbeschränkung oder Zugriffserschwerung festzusetzen.

4. Das Verhältnis der Gesetzesbestimmungen über den zulässigen Inhalt obligatorischer Verträge zur inhaltlichen Zulässigkeit des Ehevertrages ist, wie schon hervorgehoben, ein doppeltes: es handelt sich um unmittelbare Anwendung auf Ehevertragsbestimmungen obligatorischen Charakters und um analoge Anwendung auf sonstige Ehevertragsinhalte.

a) Nach § 310 ist nichtig der Vertrag, durch den sich ein Ehegatte verpflichtet, sein künftiges Vermögen oder einen Bruchteil davon dem andern zu übertragen oder für ihn mit einem Nießbrauch zu belasten. Letzteres ist, wie wir noch sehen werden, besonders

[1]) Vgl. z. B. Planck, zu § 1432 N. 3a.
[2]) Z. B. Umwandlung von Vorbehaltsgut in eingebrachtes.

wichtig für die Frage der Konversion gewisser Modifizierungen des Nutzverwaltungsrechtes. Die Nichtigkeit des Vertrags wird nicht anders beurteilt, wenn einzelne Gegenstände des Vermögens ausgenommen bleiben. Darum gilt § 310 namentlich in bezug auf das eingebrachte Gut der Frau beim gesetzl. Güterstand, denn dieses ist nach der Systematik des Gesetzes (s. unten S. 60 ff.) nichts anderes als das gesamte Vermögen mit Ausnahme der Vorbehaltsgegenstände. § 310 gilt dagegen nicht für das Vorbehaltsgut, denn dieses ist ein Sondervermögen,[1]) worauf die Vorschrift nicht ausgedehnt werden kann. Es kann also z. B. als Beitragsleistung der Frau (§§ 1427 II, 1371) nicht eine Quote ihres ganzen Vermögens oder ihres Eingebrachten, wohl aber eine Quote des Vorbehaltsgutes festgesetzt werden. Da § 310 nur den obligatorischen Vertrag trifft, ist es durchaus keine „Durchbrechung“ dieser Vorschrift,[2]) daß durch den Ehevertrag das ganze gegenwärtige und künftige Vermögen eines oder beider Ehegatten mit unmittelbarer Wirkung zugunsten des andern belastet bzw. zwischen beiden vorgemeinschaftet werden kann. Es kann also gar nicht in Frage kommen, ob diese „Durchbrechung“ auch abgesehen von diesen Fällen für den Ehevertrag gilt. Selbstverständlich würde § 310 auch einem Vorbehaltsvertrag über zukünftiges Vermögen oder eine Quote desselben nicht entgegenstehen, auch nicht etwa in analoger Anwendung, da die ratio nicht zutrifft; s. aber unten S. 62 bei N. 4.

b) Weniger zweifellos gestaltet sich die Anwendung des § 312 auf den Ehevertrag. Hier ist für nichtig erklärt ein Vertrag „über“ den Nachlaß eines noch lebenden Dritten, sowie über den Pflichtteil oder ein Vermächtnis aus dem Nachlasse eines noch lebenden Dritten. Die Motive (II S. 185 a. E.) und die Stellung im System des Gesetzes lassen keinen Zweifel darüber, daß nur obligatorische Verträge getroffen werden sollen.[3]) Die Unzulässigkeit einer Abtretung der in Rede stehenden erbrechtlichen Ansprüche vor Eintritt des Erbfalles ergibt sich schon aus Erbrechtsgrundsätzen, besonders den Vorschriften über Erbvertrag und Erbverzicht. Sachenrechtliche Verfügungen können nicht in Frage kommen. Wohl aber güterrechtliche Belastungen und Uebertragung eines künftigen Nachlasses usw., sowie Vorbehaltsverträge hierüber.

Soweit der Ehevertrag nur obligatorischen Charakter hat, liegt kein Grund vor, den § 312 I nicht anzuwenden. Es kann z. B.

---

[1]) Das eingebrachte Gut ist kein Sondervermögen, sondern das Vermögen der Frau. Wieruszowski II S. 295, 373; a. A. Staudinger I S. 259. Ueber die Natur des Vorbehaltsgutes als Sondervermögen siehe Wieruszowski II S. 202 f.; Hellwig, A. u. Kl. S. 320, RKr. S. 315.

[2]) Wie es scheinbar sehr vielfach angenommen wird, indem Gesamtgutsverträge als Ausnahme von § 310 aufgeführt werden: Staudinger II zu § 310 N. 4.; Schollmeyer S. 161; Rehbein II S. 158; Dernburg II, 1, S. 173; Bollenbeck im Recht 1904 S. 33; Wieruszowski II S. 210 N. 14.

[3]) Uebereinstimmend sämtliche Kommentare zu § 312.

bei Errungenschaftsgemeinschaft nicht verabredet werden, eine bestimmte, von einem Gatten erwartete Erbschaft solle in Gesamtgut verwandelt werden (vgl. unten S. 94 N. 2). Im übrigen aber ergibt sich aus dem oben Gesagten die Frage, ob für das Güterrecht eine analoge Anwendung des § 312 I geboten erscheint.

Diese Analogie ist jedenfalls ausgeschlossen, soweit eine kraft besonderer Güterrechtsvorschriften zulässige Verfügung über ein künftiges Vermögen mit diesem auch Erbschaften usw. umfaßt. Wie aber, wenn eine einzelne künftige Erbschaft usw. zu eingebrachtem oder Gesamtgut oder auch zu Vorbehaltsgut bestellt wird? In Betracht kommen folgende Fälle:

1. Es wird ein durch früheren Ehevertrag zu Vorbehaltsgut bestimmter künftiger Anfall
   a) bei allgemeiner Gütergemeinschaft zu Gesamtgut, bei Fahrnisgemeinschaft zu eingebrachtem bzw. Gesamtgut (s. § 1556!),
   b) oder beim ordentlichen gesetzlichen Güterstand zu eingebrachtem bestimmt.
2. Es wird bei Fahrnisgemeinschaft eine sonst ins Gesamtgut fallende Erbschaft usw. zu eingebrachtem Gut bestimmt.
3. Es wird ein an sich ins Gesamtgut oder eingebrachte Gut fallender Anfall zu Vorbehaltsgut bestimmt.[1])

Die Unzulässigkeit der unter 1 und 2 genannten Vereinbarungen würde keinem Zweifel unterworfen sein, beruhte das Verbot des § 312 lediglich auf der Sittenwidrigkeit aller darin genannten Verträge. Nach der Anschauung des Verkehrs aber widerstreiten solche Vereinbarungen durchaus nicht notwendig den guten Sitten, namentlich wenn der „Dritte" dem Vertrag zustimmt.[2]) Die positive Vorschrift des Gesetzgebers beruht vielmehr wesentlich auch auf wirtschaftlichen Erwägungen.[3]) Diese treffen aber bei den unter 3 genannten Verträgen nie und auch bei den unter 2 angeführten wohl kaum jemals zu. Denn bei jenen

---

[1]) Sonstige Vereinbarungen, welche eine Erbschaft 2c. zu Gesamtgut oder eingebrachtem Gut bestimmen, sind nach güterrechtlichen Grundsätzen, wie später im einzelnen auszuführen sein wird, durchweg unzulässig; so
beim ordentlichen gesetzlichen Güterstand: von dem künftigen Vermögen der Frau sollen **nur** bestimmte oder alle Erbschaften 2c. Eingebrachtes werden (s. S. 63 N. 2).
bei allgemeiner Gütergemeinschaft: eine Erbschaft solle Eingebrachtes werden (S. 79).
bei allgemeiner Gütergemeinschaft oder Fahrnisgemeinschaft: von dem künftigen Vermögen eines Ehegatten sollen nur bestimmte oder alle Erbschaften Gesamtgut werden (S. 82).
bei Errungenschaftsgemeinschaft: eine Erbschaft solle — entgegen § 1521 — mit der unmittelbaren Wirkung des § 1438 II Gesamtgut werden (S. 80).
endlich: ein mit der Bestimmung des § 1369 (§§ 1440 II, 1526 I) bzw. des § 1553 Ziff. 2 versehener Anfall solle nicht Vorbehaltsgut bzw. nicht eingebrachtes Gut (bei Fahrnisgemeinschaft) werden.

[2]) Vgl. l. 30. C. 2. 3. s. Windscheid-Kipp III § 529 N. 4.

[3]) Mot. II S. 184.

handelt es sich stets um eine Verbesserung der Stellung des Anfallberechtigten zum Anfall, nicht um eine Belastung des Anfalls; und auch bei diesen bleibt doch die Substanz der angefallenen Gegenstände dem Berechtigten erhalten, anstatt vergemeinschaftet zu werden. Dagegen treffen die wirtschaftlichen Gründe allerdings bei den Verträgen der erstgenannten Kategorie zu, aber da sie nur einen gesetzlich gebilligten Zustand wieder herstellen, wird auch hiergegen kein genereller Einwand zu erheben sein. Eine allgemeine analoge Anwendung des § 312 auf güterrechtliche Verträge nicht obligatorischer Natur ist demnach abzulehnen und es kann sich nur im einzelnen Fall fragen, ob ein Verstoß gegen die guten Sitten vorliegt.[1])

Das Ergebnis unserer Betrachtungen über das Verhältnis des Ehevertrages zu den allgemeinen Grundsätzen über Zulässigkeit von Rechtsgeschäften und Verträgen läßt sich dahin zusammenfassen: Die vom Gesetz ausdrücklich zugelassenen güterrechtlichen Vereinbarungen bewirken zwar teilweise Rechtserfolge, die außerhalb des ehelichen Güterrechts nicht eintreten können, sie bedeuten jedoch nicht eine Durchbrechung allgemeiner Grundsätze und geben daher keinerlei Anlaß zur Annahme der Zulässigkeit einer solchen Durchbrechung im Ehevertrag. Nur erfordert eben die richtige Anwendung der allgemeinen Grundsätze auf den Ehevertrag jeweils Berücksichtigung des Umstandes, daß wir es meist nicht mit einem obligatorischen Vertrag zu tun haben.

§ 6. b) Gesichtspunkte für die Einteilung der Güterrechtsnormen in zwingende und nichtzwingende.

Die im vorigen entwickelten Grundsätze müssen naturgemäß auch in erster Linie berücksichtigt werden bei der Entscheidung darüber, ob eine bestimmte Güterrechtsnorm dem zwingenden oder nichtzwingenden Recht angehört. Eine umfassende Beurteilung bedarf jedoch noch weiterer, für das behandelte Gebiet speziell aufzustellender Gesichtspunkte, die dann der Einzelbetrachtung zugrunde zu legen sind.

---

[1]) So hat das RG. bei Gruchot 40 S. 1012 ff. zulässig erklärt: Vorbehaltsgut solle das von der Mutter ererbte und das vom Vater noch zu erwartende Erbteil der Frau sein. Aehnlich für das ALR. eine Entscheidung des Oberamtsgerichts Kiel in Seuff. Arch. X Nr. 177. Die Literatur dagegen wendet auch auf den Vorbehaltsvertrag § 312 I an, ohne es auch nur für nötig zu halten, die Anwendung durch Analogie zu begründen. Staudinger zu § 1368 N. 1 a. E.; Opet N. 1; Planck N. 1; Schmidt-H. N. 2 c β. Die beiden letzteren verweisen auf den Weg des Erbvertrages mit dem „Dritten“; mit Recht bemerkt hiergegen Wieruszowski II S. 208 N. 11, der Erbvertrag als solcher könne nicht bestimmen, daß die Zuwendung Vorbehaltseigenschaft haben solle (§ 2278 II); nur einseitig kann der Erblasser dies auch in der Erbvertragsurkunde bestimmen (§ 2299 I), also nur in widerruflicher Weise. Im übrigen hält auch Wieruszowski a. a. O. und S. 228 N. 51 die Ehevertragsbestimmung einer künftigen Erbschaft zu Vorbehaltsgut für nichtig nach § 312; a. A. scheinbar nur Ullmann S. 207.

Zu diesem Zwecke kann man die für die einzelnen Güterstände gegebenen Normen in drei Gruppen einteilen:[1] [2])

1. Solche Normen, welche das dem betreffenden Güterstand wesentliche Verhältnis der beiderseitigen Vermögensmassen angeben und so gewissermaßen den Güterstand selbst definieren[3]) (§§ 1363, 1438 I, 1519, 1550 I, 1551);
2. solche, welche dieses charakteristische Rechtsverhältnis seinem wesentlichen Inhalt nach bestimmen, und
3. solche, welche die nähere Ausgestaltung dieses Rechtsverhältnisses und die daneben für das Güterrecht in Betracht kommenden Fragen (Aufwandverteilung, Endigungsgründe u. dgl.) regeln.

1. Die Normen der ersten Gruppe haben zunächst dieselbe Bedeutung wie jede — offene oder versteckte — Legaldefinition: Es wird die Voraussetzung gegeben, unter welcher das Gesetz eine weitere Reihe von Rechtsfolgen eintreten läßt. Wird durch eine Vereinbarung nicht der in der Norm bezeichnete Rechtserfolg bestimmt, so ist das Rechtsgeschäft darum allein noch nicht notwendigerweise nichtig, sondern es treten nur die Rechtsfolgen, für welche das definierte Rechtsverhältnis die Grundlage bildet, nicht ohne weiteres ein. Es kann nun aber entweder sein, daß die Legaldefinition nur die Voraussetzung gibt, unter welcher kraft dispositiver Rechtsnorm weitere Rechtsfolgen eintreten, oder daß sie die Voraussetzung bestimmt, unter der allein solche weitere Rechtsfolgen durch Parteiwillkür herbeigeführt werden können. Ersteres ist im Obligationenrecht der Fall; es ist z. B. die Anwendung der Normen über Gewährspflicht beim Kauf nicht daran gebunden, daß ein Kaufvertrag im Sinne des § 433 BGB. zugrunde liegt; durch Vereinbarung können sie auch z. B. auf einen Vertrag über unentgeltliche Leistung von Sachen übertragen werden. Anders z. B. bei den Definitionen der einzelnen iura in re: die aus diesen Rechten fließenden absoluten Wirkungen lassen sich nur herbeiführen, wenn diese Rechte selbst, d. h. wenn ihr wesentlicher Inhalt durch die Parteien als gewollt bezeichnet wird; dasselbe gilt für alle absoluten Rechte des BGB., worauf die Bedeutung der zweiten Gruppe unserer Einteilung beruht. Aehnlich nun — wenn auch nicht gleich — verhält es sich mit den begriffsbestimmenden Normen der einzelnen Güterstände des Gesetzes. Sie geben die Voraussetzung an, unter der allein die besonderen, mit absoluter Wirkung

[1]) Vgl. hierzu Ehrlich, Das zwingende und nichtzwingende Recht. 1899.

[2]) Die Normen, welche die Vertragsfreiheit ausdrücklich beschränken wie § 1434, bleiben dabei außer Betracht; sie sind nicht Güterstands-, sondern speziell Ehevertragsnormen.

[3]) D. h. sie stellen fest: 1. Welche absoluten güterrechtlichen Verhältnisse wesentlich sind, und 2. wie sich die einzelnen Gütermassen in ihrem Umfang zueinander verhalten.

ausgestatteten Rechtsformen des betreffenden Güterstandes (Nutzverwaltung, Gesamthand) begründet werden können. Für die Gütertrennung gilt dieser Satz in der Negative. Nur wenn einer der drei Gemeinschaftsgüterstände des Gesetzes seinem wesentlichen Inhalte nach eingeführt wird, kann Gesamtgut, nur wenn die wesentlichen Vorschriften des ordentlichen gesetzlichen oder eines solchen Gemeinschaftsgüterstandes für anwendbar erklärt sind, kann die Nutzverwaltung, und wenn die Gütertrennung vereinbart ist, kann weder dieses noch jenes Rechtsverhältnis begründet werden.

Nach der Gestaltung der drei Gütergemeinschaftsordnungen im Entwurf I bestanden unter ihnen Wesensunterschiede in diesem Sinne nicht, d. h. es konnten innerhalb des durch allgemeine Güter- und Errungenschaftsgemeinschaft begrenzten Spielraumes Gesamtgut, eingebrachtes und Vorbehaltsgut beliebig kombiniert werden. Ob dies nach Entwurf I für das Verhältnis zwischen Gütergemeinschaft, ordentlichem gesetzlichem Güterstand und Gütertrennung der Fall war, scheint nicht zweifellos. Wie es aber mit der Richtigkeit unserer Behauptung für das geltende Recht steht, ob sie insbesondere auch für das Verhältnis der drei Gemeinschaftsgüterstände untereinander gilt, das bedarf näherer Ausführung; denn die Frage ist in Rechtsprechung und Literatur noch nicht geklärt, obwohl sie geradezu die Kernfrage der ganzen Materie bildet. Denn, ist unsere Aufstellung richtig, so ist damit zugleich festgestellt, daß andere Güterstände als die gesetzlich anerkannten überhaupt nicht möglich sind, weil es sozusagen an dem Material dazu fehlt; dann gibt es keinen „freien" Ehevertrag, denn andere absolute Rechte, als sie das Gesetz regelt, können, wie früher betont, nicht geschaffen werden und rein obligatorische oder sachenrechtliche Rechtsverhältnisse bilden nicht einen „Güterstand".

Ein unmittelbarer Beweis für unsere Ansicht läßt sich weder aus Gesetz noch Materialien schöpfen.[1]) § 1432 duldet in seiner allgemeinen Fassung eine sehr weite und eine enge Interpretation.[2]) Ja die Stellung der Gemeinschaftsgüterstände nach den allgemeinen Vorschriften über den Ehevertrag deutet scheinbar darauf hin, daß der Gesetzgeber damit wirklich nur „Musterordnungen" aufstellen, nur das Material liefern wollte, mit dem sich die Ehegatten ein Gebäude nach Belieben errichten können.[3]) Noch weniger läßt sich aus der geschichtlichen Ent-

[1]) Aus den Motiven schon deshalb nicht, weil — wie erwähnt — die Sachlage nach Entwurf I zum Teil jedenfalls eine andere war als nach dem Gesetz.

[2]) Vgl. dagegen die sehr energische Ausdrucksweise des Code civil, nach welchem eine Kombinierung verschiedener Gütersysteme zulässig ist, in a. 1388 und besonders a. 1497 II.

[3]) So faßt das Verhältnis Bollenbeck, Recht 1904, S. 33: „Nicht jeder der im Gesetz aufgestellten Güterstände bildet für sich einen Rahmen für den Ehevertrag, sondern diese Güterstände in ihrer Gesamtheit bilden ihn. Ich stelle mir den letztern als ein von drei Güterstandsformen: Verwaltungsgemeinschaft — Allgemeine Gütergemeinschaft — Gütertrennung eingeschlossenes Dreieck vor, innerhalb dessen das Belieben der Beteiligten frei walten kann, über das hinaus es aber nicht gehen darf."

wickelung des Güterrechts ein Schluß zugunsten unserer Ansicht ziehen, wie es Ehrlich versucht mit der Behauptung: „Die einzelnen Güterstände stehen einander als historische Individualitäten gegenüber"; — gerade das Gegenteil ist der Fall: die Güterstände des BGB. sind nur die Neugestaltung der bisherigen Haupttypen, deren einzelne Systeme aber so sehr ineinander übergingen, daß die Zugehörigkeit oft zweifelhaft war.[1]) Der Beweis muß vielmehr in Einzelbestimmungen des Gesetzes und gelegentlichen Bemerkungen der Materialien gesucht werden. Und hier ist er unseres Erachtens auch zu finden.

§ 1526 II erklärt für die Errungenschaftsgemeinschaft und ebenso § 1555 für die Fahrnisgemeinschaft: „Vorbehaltsgut des Mannes ist ausgeschlossen." Die Vorschrift kam erst durch die II. Kommission in das Gesetz, und zwar aus rein technischen Gründen. Es wurde sogar ausdrücklich bemerkt, daß gewisse Nutzungen seines Eingebrachten dem Manne „zugewiesen" werden könnten.[2]) Gleichwohl, ja gerade dadurch hat dieses zweimal ausgesprochene Verbot für unsere Frage entscheidende Bedeutung. Es liegt ihm doch offenbar die Absicht der Vereinfachung der Güterrechtsverhältnisse zugrunde (vgl. Prot. IV, S. 376.) Diese Vereinfachung hätte keinen Sinn, wenn es verstattet wäre, neben der Errungenschafts- oder Fahrnisgemeinschaft für einzelne Vermögensteile Gütertrennung zu stipulieren; ja, da nach § 1371 die Konstituierung von Vorbehaltsgut nichts anderes als die Einführung der Gütertrennungsvorschriften für einzelne Vermögensteile bedeutet, würde die Zulässigkeit von Gütertrennung neben partieller Gütergemeinschaft das Verbot der §§ 1526 II, 1555 vollkommen hinfällig erscheinen lassen. Das aber darf doch nicht ohne ganz triftige, aus dem Gesetz selbst unzweifelhaft hervorgehende Gründe angenommen werden, daß einem zweimal ausgesprochenen gesetzlichen Verbot keinerlei Wirkung zukommen könne, daß der Gesetzgeber so wenig seine eigenen Vorschriften über die Ehevertragsfreiheit überblickt habe.[3]) Geht also das Gesetz in den angeführten Paragraphen davon aus, daß mit der Errungenschaftsgemeinschaft nicht Gütertrennungsgrundsätze — abgesehen von dem ausdrücklich zugelassenen Vorbehaltsgut der Frau — verbunden werden können, so gilt das Umgekehrte natürlich ebenso: In die Gütertrennung können nicht Gesamtguts-, nicht Nutzverwaltungs-Verhältnisse eingefügt werden. Es folgt daraus aber weiter, daß Entsprechendes für das Verhältnis

---

[1]) Auch von dem — oben abgelehnten — Standpunkt einer „Durchbrechung der allgemeinen Grundsätze" durch die Güterrechtsnormen (Wieruszowski) bleibt die Frage offen, ob das Gesetz seine „allgemeinen Grundsätze" nur für den betreffenden Güterstand oder für den Ehevertrag überhaupt „durchbricht".

[2]) „dem Manne zuweisen" heißt hier offenbar: seinem Eingebrachten zuweisen.

[3]) So in der Tat Vollenbeck a. a. O.; er stehe nicht an, erklärt er, „diese Vorschriften für einen Mißgriff zu erklären, mit denen sich, nachdem sie nun einmal da sind, die Praxis, so gut es geht, abfinden muß". „Abfinden" heißt hier aber so viel wie ignorieren.

zwischen Gütergemeinschaft, Gütertrennung und ordentlichem gesetzlichen Güterstand gelten muß. Und zwar wird gerade dadurch, daß für partielle Gütergemeinschaft Vorbehaltsgut des Mannes ausgeschlossen, für allgemeine Gütergemeinschaft aber zugelassen ist, dieser Grundsatz auch für die drei Gütergemeinschaftsformen in ihrem Verhältnis zueinander festgestellt.

Die Bestätigung der Richtigkeit unserer Schlußfolgerung liefern eine Reihe von Sätzen über den zulässigen Inhalt des Ehevertrags, die in der Literatur und Praxis schon Anerkennung gefunden haben, die sich aber u. E. nur aus der Unzulässigkeit einer Kombinierung verschiedener Güterstandsgrundsätze erklären lassen.

So besteht Einhelligkeit darüber, daß bei Errungenschafts- (und entsprechend bei Fahrnis-)Gemeinschaft die nach dem Gesetz ins eingebrachte Gut fallenden Gegenstände nicht im voraus mit der unmittelbaren Wirkung des § 1438 II dem Gesamtgut zugewiesen werden können, vielmehr eine derartige Abrede nur die obligatorische Verpflichtung zur Uebertragung an das Gesamtgut nach Sachenrechtsgrundsätzen erzeugt.[1]) Dies kann nur richtig sein, wenn die allgemeine Gütergemeinschaft nicht nach Belieben durch Zusätze von Vorbehaltsgut und eingebrachtem Gut modifiziert werden kann da ja sonst die erweiterte Errungenschaftsgemeinschaft, als eingeschränkte allgemeine Gütergemeinschaft aufgefaßt, unstreitig zulässig sein müßte.[2]) Die Unzulässigkeit der Verbindung von vertragsmäßigem Eingebrachten mit allgemeiner Gütergemeinschaft läßt sich bei dem Schweigen des Gesetzes (ein arg. e contr. kann § 1439 nicht liefern) nur daraus ableiten, daß eben mit allgemeiner Gütergemeinschaft nicht in bezug auf einzelne Vermögensteile Grundsätze der partiellen Gütergemeinschaft oder des ordentlichen gesetzlichen Güterstandes kombiniert werden können: Wohl kann auch bei allgemeiner Gütergemeinschaft an Vorbehaltsgut ein gewöhnlicher

---

[1]) Rspr. d. OLG. VII S. 55, Staudinger zu § 1520 N. 4, Planck N. 2, Neumann N. 2, Opet zu § 1438 N. 2 a. E., Schmidt-H. N. 3 c. — Allerdings bemerken ähnliches schon die Mot. IV S. 496, obwohl nach Entwurf I ein freier Uebergang zwischen den drei Gütergemeinschaftsformen möglich war. Die angeführte Stelle der Motive bezieht sich aber wohl nur auf den Fall von Einzelabreden im Rahmen schon bestehender Errungenschaftsgemeinschaft. Wurde ja doch in der II. Kommission (Prot. IV S. 236) geäußert, es könne sachlich keinen Unterschied machen, ob Errungenschaftsgemeinschaft mit Erweiterung des Gesamtgutes oder allgemeiner Gütergemeinschaft und Bestellung von Sondergut vereinbart sei; darin ist freilich dem Kommissionsmitglied nicht beizustimmen, daß eine Erweiterung des Gesamtgutes mit der Wirknng des § 1438 II bei Errungenschaftsgemeinschaft „unzweifelhaft" zulässig sei, die Zulässigkeit ergab sich vielmehr nur aus der in Entwurf I ausdrücklich gewährten Möglichkeit, die allgemeine Gütergemeinschaft durch Zusätze von eingebrachtem Gut und Vorbehaltsgut entsprechend einzuschränken. Mit der Gewährung dieser Möglichkeit (s. im Text S. 37 f.) fiel auch die Zulässigkeit einer derartigen Erweiterung der Errungenschaftsgemeinschaft.

[2]) Wie in der N. 1 erwähnten Kommissionsverhandlung mit Recht betont wurde.

Nießbrauch zugunsten des Gesamtguts bestellt werden, nicht aber eine Nutzverwaltung im technischen Sinn (Ausschluß der Verfügung der Frau!), denn hierfür ist eben partielle Gütergemeinschaft oder ordentlicher gesetzlicher Güterstand die notwendige Voraussetzung. Hierüber bestand allerdings in der II. Kommission (Prot. IV S. 236) Meinungsverschiedenheit und die Protokolle lassen unmittelbar nicht ersehen, welche Meinung die Majorität hatte; es ist aber zweifellos, daß die in unserem Sinn abgegebenen Stimmen dieselben waren, die auch das Verbot der §§ 1526 II, 1555 in das Gesetz brachten. Diese Meinung also ist im Gesetz zum Ausdruck gekommen. — Es ist nicht erfindlich, wie die Vertreter freier Kombinierbarkeit verschiedener Güterrechtsprinzipien die Unzulässigketi vertragsmäßigen „Sonderguts" bei allgemeiner Gütergemeinschaft begründen könnten, und doch ist diese Unzulässigkeit allgemein anerkannt.[1])

Einen weiteren Beleg für unsere Ansicht liefert die praktische Erwägung, daß erst sie der bei Errungenschaftsgemeinschaft zugunsten des Gesamtgutes aufgestellten Vermutung (§ 1527), welche als prozeßrechtliche Norm zum Schutze der Gläubiger des Mannes [2]) zweifellos der Parteiwillkür entzogen ist, für alle Fälle praktischen Wert verleiht. Denn diese Vermutung wäre von ziemlich illusorischer Bedeutung, wenn z. B. für das ganze Vermögen der Frau die Grundsätze des ordentlichen gesetzlichen Güterstandes für maßgebend erklärt werden könnten; notwendigerweise würde sie auf die einem andern Güterstand unterstehenden Gegenstände keine Anwendung finden können, wie es das Reichsgericht in einem entsprechenden Fall aus dem rheinischen Rechtsgebiet auch anerkannt hat.[3]) Dasselbe gilt auch von den nicht ausdrücklich aufgenommenen Vermutungen zugunsten des Gesamtgutes bei allgemeiner Güter- und bei Fahrnisgemeinschaft und zugunsten des eingebrachten Gutes beim ordentlichen gesetzlichen Güterstand; [4]) könnte daneben z. B. für wesentliche Teile (s. unten) des künftigen Vermögens Gütertrennung vereinbart werden, so würde das Verhältnis von Regel zu Ausnahme umgekehrt und die Vermutung hinfällig. Zu erwägen ist auch — was jedoch u. E. kein ausschlaggebendes Argument ist —, daß die Eintragung derartiger „Mischsysteme" auf unüberwindliche Schwierigkeiten stoßen würde.

---

[1]) Planck zu § 1439 N. 1 Abs. 2, Staudinger N. 2 c, Schmidt-H. N. 2 b, Lehmann S. 474, wohl auch Dernburg IV S. 182 N. 4. — Meist wird betont, daß sich ein sondergutsähnliches Verhältnis mit Wirkung unter den Ehegatten herstellen lasse, nicht aber mit Wirkung nach außen; das ist richtig, aber nur als Folgerung, nicht als Beweis.

[2]) Vgl. Mot. IV S. 516, 305.

[3]) RG. 29 S. 314: Errungenschaftsgemeinschaft war mit Gütertrennung kombiniert; für die der letzteren unterworfene Vermögensmasse erklärte das RG. a 1527 C c. für unanwendbar.

[4]) Vgl. Mot. IV. S. 516, 335; Wieruszowski II S. 198 N. 8; Planck S. 118 Ziff. 2; Staudinger zu § 1363 N. 4 b, § 1438 N. 2 d; Opet § 1363 N. 2, § 1438 N. 5; Schmidt-H. § 1363 N. 3 a, § 1438 N. 2; Lehmann S. 476; Cosack II S. 533 N. 6.

Wir dürfen es nach alledem wohl als sicher bezeichnen, daß die besonderen Rechtsformen des Güterrechts an die Güterstände, innerhalb deren sie im Gesetz auftreten, gebunden sind. — In der Literatur hat zuerst Ehrlich S. 193 ff. und 216 ff. einen ähnlichen Standpunkt vertreten. Namentlich aber hat Planck diese Ansicht in die Formel gefaßt: Unzulässig sind Verträge, welche mit dem Wesen des unter den Ehegatten geltenden Güterstandes nicht vereinbar sind (1. Auflage zu § 1432 N. 2 Abs. 4). Können wir uns auch mit einzelnen daraus gezogenen Schlüssen Plancks nicht ganz einverstanden erklären, so dürfte doch diese Formel selbst den Gedanken zutreffend zum Ausdruck bringen und bei richtiger Anwendung zu durchweg annehmbaren Ergebnissen führen.[1]) Cosack zuerst[2]) trat Planck entgegen mit der Begründung, das „Wesen des Güterstandes" hätten die Ehegatten zu bestimmen. Diese Behauptung ist kein Beweis, sondern bedürfte erst eines solchen. Der einzige triftige Beweis, der sich anführen ließe, wäre der, daß es bei der überwiegenden Zahl der bisherigen Güterrechtsgesetzgebungen, namentlich nach dem ja vielfach vorbildlichen Code civil, so gewesen und die Absicht einer Aenderung dieses Zustandes nirgends deutlich zum Ausdruck gekommen ist. Das allein aber reicht gegenüber den von uns angeführten Momenten doch wohl nicht aus. Gleichwohl hat Cosacks Ansicht und ihre Begründung bei angesehenen Schriftstellern Anklang gefunden, so namentlich Dernburg,[3]) Staudinger,[4]) Schmidt-Habicht.[5])[6]) Konsequent durchgeführt ist aber diese Auffassung bei keinem dieser Schriftsteller.[7]) Es wurde schon erwähnt, daß die Unzulässigkeit von Vorbehaltsgut des Mannes bei Errungenschafts- und Fahrnisgemeinschaft und von vertragsmäßiger Sondergutsbestellung bei allgemeiner Gütergemeinschaft mit der grundlegenden Auffassung dieser Schriftsteller nicht zu vereinbaren ist. Anderen Widersprüchen werden wir noch später begegnen, z. B. bezüglich der

---

[1]) Freilich ist nicht zu übersehen, daß viele Bestimmungen, welche die Motive als Folgerungen aus dem „Wesen", d. h. dem zugrunde liegenden Prinzip des Güterstandes bezeichnen, zweifellos nicht zwingender Natur sind: z. B. die Regelung der Schuldentragung im Verhältnis der Ehegatten zueinander. „Wesen des Güterstandes" im Planck'schen Sinne heißt nichts anderes als: „die für den Güterstand wesentlichen Normen" (s. oben S. 35 N. 3).

[2]) Cosack Bd. II 3. Aufl. S. 465, jetzt (4. Aufl.) S. 500.

[3]) IV S. 172 N. 3.

[4]) zu § 1432 N. 3c, ζ, „da die Bezeichnung (!), welche die Ehegatten dem vereinbarten Güterstande geben, maßgebende Bedeutung nicht beanspruchen kann". Was damit bewiesen werden soll, ist mir unerfindlich.

[5]) zu § 1432 N. 6d, γ.

[6]) Opet zu § 1432 N. 2a a. E. beschränkt sich auf die Bemerkung, daß der Ehevertrag keinen in sich widerspruchsvollen Inhalt haben dürfe; ob Vereinbarung z. B. von Gütertrennung neben Gütergemeinschaft nach der Auffassung des Gesetzes „in sich widerspruchsvoll" ist, das ist eben die Frage. Aehnlich auch Staudinger zu § 1432 N. 3c, ζ.

[7]) Nur Bollenbeck im Recht 1904 entschließt sich zur Ziehung aller Konsequenzen.

Unzulässigkeit von Vorbehaltsverträgen über eine Quote des Frauenvermögens, namentlich auch bezüglich der vertragsmäßigen Aufrechterhaltung des bei Auflösung der Gütergemeinschaft eintretenden Uebergangszustandes (s. unten S. 91 N. 1).

Im Planck'schen Sinne hat sich dagegen neuerdings Wieruszowski (II S. 210 N. 14) entschieden, jedoch mit der von uns schon (oben S. 37 N. 1) für nicht durchschlagend erachteten Begründung, daß die Güterstandsvorschriften „Durchbrechungen allgemeiner Grundsätze" seien, die als Ausnahmevorschriften sonst nicht angewandt werden dürften.[1]) Auch die neuerdings von Planck[2]) selbst gegebene Begründung seiner Auffassung scheint uns nicht entscheidend, weil sie § 1432 nicht aus bestimmten güterrechtlichen Gesetzesvorschriften erläutert.

In der Praxis hat die Planck'sche Auffassung — im erfreulichen Gegensatz zu der weiten Auslegung des § 1432 durch eine Reihe landgerichtlicher Entscheidungen[3]) — wiederholt die volle Zustimmung des Oberlandesgerichts Kolmar[4]) gefunden, und auch der früher (oben S. 29 N. 3) zitierte Beschluß des Kammergerichts stimmt im Ergebnis damit überein. Es steht zu hoffen, daß sich die Praxis diesem Vorgehen anschließen werde. Den Ehegatten ist auch so noch genügend Spielraum gelassen, um das Güterrecht ihren individuellen Verhältnissen anzupassen. Die gegenteilige Auslegung würde, einmal in der Praxis anerkannt, geradezu eine Gefährdung der Rechtssicherheit und der Rechtseinheit bedeuten. Einerseits würde der Ehevertrag zu unlauteren Schiebungen in noch höherem Maße mißbraucht werden, als es ohnedies der Fall — wogegen, wie unten zu zeigen sein wird, Güterrechtsregister und Gläubigeranfechtung nur sehr problematischen Schutz bieten; anderseits stünde nichts im Wege, daß sich in einzelnen Gegenden im Anschluß an das bisherige Recht gewisse Formulare ausbilden, die in

---

[1]) Wir möchten hier doch darauf hinweisen, daß diese „Durchbrechungstheorie" dem Gesetz den Standpunkt unterschiebt, den einst Gierke (Der Entwurf, S. 421 f.) so leidenschaftlich bekämpft hat, daß die deutschrechtlichen Rechtsformen des Güterrechts etwas „Anomales" im römischrechtlichen System des Gesetzes seien.

[2]) 3. Aufl. S. 229. Die Richtigkeit seiner Ansicht zeige sich, so meint Planck, wenn beim ordentlichen gesetzlichen Güterstand gewisse Gegenstände zu Gesamtgut bestimmt würden; dies sei unzulässig, da das Rechtsverhältnis der gesamten Hand nur in den Fällen geschaffen werden könne, in denen es das Gesetz ausdrücklich zuläßt, für das gesetzliche Güterrecht es aber das BGB. nicht kennt. — Es ist aber gerade die Frage, ob „der Fall, in dem es das Gesetz ausdrücklich zuläßt" das Bestehen einer der drei gesetzlich geregelten Gütergemeinschaften ist oder nur überhaupt eine „Regelung des Güterrechts" durch Ehevertrag, worauf die Stellung des § 1432 hinzudeuten scheint.

[3]) Landgericht Tilsit ZBlFG. I S. 398 (s. oben S. 22); Landgericht Elberfeld ZBlFG. III S. 327 (s. oben S. 23); ferner Landgericht Metz ElsLothNotZ. 23 S. 276 (Zulässigkeit einzelner Gesamtgutgegenstände im ordentlichen gesetzlichen Güterstand).

[4]) Rspr. d. OLG. VII S. 53; ElsLothNotZ. 23 S. 275; neuestens RJA. VI S. 55.

allgemeiner Uebung aufgenommen werden.[1]) Daß sich solche Tendenzen immer wieder geltend machen, und zwar wohl weniger beim Publikum als bei den „Handhabern der lokalen Kautelarjurisprudenz", das beweist — neben den Erfahrungen früherer Partikularrechtsgebiete und auch Frankreichs — neuestens ein Aufsatz von Bollenbeck im Recht 1904 über „die Zulässigkeit gemischter Güterstände", wo eine ganze Musterkarte „selbstschöpferisch" kombinierter Systeme zur Auswahl und zur weiteren Ausbildung vorgelegt wird.[2])

Wohl zu unterscheiden von solchen „Mischformen" sind „Zwischenformen", wie sie auch Planck (Vorbem. vor 1432) und Wieruszowski (II S. 9) für möglich erachten; das sind Modifikationen eines Gemeinschaftsgüterstandes, die diesen im Effekt einem andern Gemeinschaftsgüterstand annähern; wie weit solche Abwandlungen möglich sind, ohne dem Wesen des zugrunde gelegten Güterstandes zu widersprechen, wird bei der Einzelbetrachtung der Güterstände zu untersuchen sein. Nur eines sei hier noch hervorgehoben: daraus, daß eine Bestimmung dem Wesen des unter den Ehegatten geltenden Güterstandes widerspricht, folgt nicht notwendig die Nichtigkeit der Bestimmung. Oft wird Konversion in einen anderen Güterstand mit zulässigen Modifikationen, oft auch Konversion in gewöhnliche sachen- oder obligationenrechtliche Vertragsschöpfungen möglich sein. So sagen schon die Motive IV S. 168, daß durch Bestimmung des ganzen gegenwärtigen und zukünftigen Frauenvermögens zu Vorbehaltsgut der ordentliche gesetzliche Güterstand in Gütertrennnung verwandelt wird.[3]) So könnte auch die Bestimmung, daß bei Errungenschafts- oder Fahrnisgemeinschaft alles eingebrachte Gut Vorbehaltsgut sein solle — trotz §§ 1526 II, 1555 — durch Konversion aufrechterhalten werden, da bei allgemeiner Gütergemeinschaft selbst eine so weitgehende Vorbehaltsbestimmung nicht unzulässig ist (worüber unten des näheren).[4]) Meist wird sich freilich

---

[1]) Endemann II S. 763.

[2]) Bollenbeck nennt als „Beispiele":

1. Ordentlicher gesetzlicher Güterstand mit Gütertrennung für das bei Eingehung der Ehe vorhandene bewegliche und Gütergemeinschaft für das vorhandene unbewegliche Vermögen.
2. Allgemeine Gütergemeinschaft, aber gegenwärtiges und künftiges unbewegliches Vermögen als Vorbehaltsgut; — das ist keine „Mischform", sondern eine mit dem „Wesen" der allgemeinen Gütergemeinschaft vereinbare Modifikation; s. unten S. 63 bei N. 4 und S. 79 N. 1.
3. Errungenschaftsgemeinschaft mit Gütertrennung für das eingebrachte Gut — das widerstreitet direkt dem Verbot des § 1526 II, ist aber zulässig durch Konversion in modifizierte allgemeine Gütergemeinschaft.
4. Ordentlicher gesetzlicher Güterstand mit Vorbehaltsqualität alles künftigen Vermögens, darüber s. unten S. 62 bei N. 1.
5. Beschränkung der Verfügungsbefugnis der Frau bezüglich des Vorbehaltsgutes — darüber s. oben S. 28 f.

[3]) Zustimmend: Rspr. d. OLG. II 485 (RG.); bay. ObLG. Sammlg. III S. 562 und sämtliche Kommentare.

[4]) Wenn aber Ehrlich S. 194 sagt: „Durch den Ausschluß alles unbeweglichen Vermögens wird die allgemeine Gütergemeinschaft zur Fahrnis-

dadurch eine volle Uebereinstimmung mit dem von den Parteien bezeichneten Rechtserfolg nicht erzielen lassen; Frage der Auslegung ist es, wie weit hier Abweichungen der Nichtigkeit des Vertrages vorzuziehen sind.

2. Die zweite Gruppe von Güterrechtsnormen umfaßt nach unserer Einteilung diejenigen, welche die besonderen absoluten Rechtsverhältnisse des Güterrechts ihrem *wesentlichen* Inhalt nach bestimmen. Die Bedeutung dieser Normen für die Zulässigkeit des Ehevertrages liegt — wie erwähnt — darin, daß mit der vertragsmäßigen Beseitigung eines solchen wesentlichen Inhaltsbestandteiles das Rechtsverhältnis jedenfalls nicht mehr die ihm eigentümlichen Wirkungen — bei der Nutzverwaltung besonders die Verfügungsbeschränkung der Frau — hervorzubringen vermag, und nur mehr eine Konversion des Ehevertrages in ein gewöhnliches Sachen- oder Obligationenrechtsgeschäft in Frage kommt. Die Aufdeckung der in diesem Sinne wesentlichen Bestandteile ist namentlich bei der Nutzverwaltung dadurch erschwert, daß die gesetzliche Regelung in einer Weise erfolgt ist, welche die Einheitlichkeit des Rechtsverhältnisses nicht unmittelbar zur Erscheinung bringt.

3. Erst bei der dritten Gruppe von Güterrechtsnormen kommt der Gegensatz zwischen zwingendem und dispositivem Recht im engeren Sinne zur Geltung. Es handelt sich hier um Bestimmungen:

1. Ueber die nähere Ausgestaltung des den Güterstand beherrschenden Prinzips, die Folgen daraus für die Stellung des Mannes und der Frau, insbesondere die Schuldenhaftung und Schuldenträgerschaft;
2. über die Verteilung der „ehelichen Lasten“;
3. über die Endigung des Güterstandes und die Auseinandersetzung.

Daß diese Normen durch § 1432 nicht durchweg dem dispositiven Recht zugewiesen werden, bedarf für den ordentlichen gesetzlichen Güterstand keiner Erörterung. Aber auch für die übrigen Güterstände ergibt doch schon die ganze Art der eingehenden gesetzlichen Regelung, ja die Aufstellung direkter Verbote (§§ 1526 II, 1555), — ganz abgesehen von der ausdrücklichen Versicherung der Motive (IV S. 305) — daß es unmöglich ganz in das Belieben der Parteien gestellt sein kann, welche Normen eines Güterstandes sie annehmen wollen, welche nicht.[1]) Es ist nicht abzusehen, warum gerade der gesetzliche Prinzipalgüterstand in

---

gemeinschaft“ — so ist das nur richtig, wenn das „ausgeschlossene“ Vermögen zu eingebrachtem bestimmt ist (§ 1555).

[1]) Vgl. dagegen *Jastrow*, Buschs Zeitschr. 25 S. 129: „Die Gütergemeinschaft entsteht niemals anders als durch Ehevertrag. Betreffs des Inhalts des letzteren stehen aber die Eheleute vollkommen frei; sie können die Gütergemeinschaft beliebig anders gestalten als das Gesetzbuch es tut“; deshalb „haben die Prozeduren des Vormundschaftsrichters bei der Gütergemeinschaft einen etwas anderen Charakter“ als beim gesetzlichen Güterstand; die Ehegatten können hier die Aufgaben des Vormundschaftsrichters ausschließen oder verringern. — Wir denken das Gegenteil darzutun (s. unten S. 69).

dieser Richtung eine Sonderstellung einnehmen sollte, da er ja von dem Augenblick an, wo ein anderer Güterstand angenommen ist, selbst nur mehr kraft Vertrages Geltung erlangen kann.

Für die Zuweisung der einzelnen Normen in das Gebiet des zwingenden oder des nichtzwingenden Rechts bietet es, wie Ehrlich treffend dargetan, gewisse Anhaltspunkte, ob eine Norm vorwiegend dem Interesse des Mannes oder dem der Frau oder dem Dritter, die mit den Ehegatten in Rechtsverkehr treten, zu dienen bestimmt ist.

a) Von den vorwiegend im Interesse des Mannes gegebenen Vorschriften sind einige schon deshalb als zwingend zu betrachten, weil ihre Abänderung der Stellung des Mannes als Haupt der ehelichen Gemeinschaft zuwiderlaufen würde (z. B. § 1405 in gewissen Grenzen s. unten S. 73 f.), andere weil sie dem Manne eine Art Notstandsrecht gegen Benachteiligung durch schlechte Wirtschaft der Frau einräumen (z. B. § 1469).[1] Dazu kommen noch einige Bestimmungen, welche die ordnungsmäßige Durchführung der dem Manne auferlegten Verwaltungspflichten ermöglichen sollen (z. B. §§ 1379 I, 1447 I) und daher jedenfalls nicht als schlechthin verzichtbar gelten können. Soweit aber diese Gesichtspunkte nicht eingreifen, können die Rechte des Mannes am Frauenvermögen in ihren positiven wie ihren negativen Wirkungen weitgehender Einschränkung unterworfen werden, was sich daraus ergibt, daß ihm bei Gütertrennung solche Rechte überhaupt nicht zustehen.[2] Der wesentliche Inhalt des Nutzverwaltungsrechtes darf aber natürlich nicht berührt werden. Die Verwaltungsrechte des Mannes am Gesamtgut sind aus anderen — später zu erörternden Gründen — der Parteivereinbarung in weiterem Umfang entzogen.

b) Die vermögensrechtliche Stellung der Frau ist beim ordentlichen gesetzlichen und bei den Gemeinschaftsgüterständen durch die ehemännlichen Verwaltungsrechte erheblich beschränkt. Es läge daher die Annahme nahe, daß unter dieses „Mindestmaß" von Rechten, die der Frau belassen sind, nicht heruntergegangen werden dürfe (vgl. Ehrlich S. 198). Bedenkt man jedoch, daß die Frau in weitem Umfang ein der ehemännlichen Gerechtsame entzogenes Vermögen haben kann und daß diese Gerechtsame dem Manne oft mehr Lasten als Vorteile bringt, so wird man zugestehen müssen, daß eine weitere Einschränkung der eheweiblichen Rechtstellung nicht allgemein den Absichten des Gesetzes widerspricht. Dies gilt namentlich von den Ansprüchen der Frau auf Tragung der Lasten ihres Vermögens (§§ 1384 ff.) und den auf ihr Vorbehaltsgut bezüglichen Ausgleichsansprüchen (z. B. § 1417 I). Man wird dies mit Ehrlich (S. 198 ff.) dahin verallgemeinern können, daß Rechte der Frau, die nur ihren

---

[1]) Ehrlich S. 197 N. 79.

[2]) Ehrlich S. 196. Staudinger zu § 1432 N. 3c, α. Schmidt-H. zu § 1432 N. 5a.

regelmäßigen materiellen Vorteil bezwecken, nicht zwingenden Charakter beanspruchen. Als schlechthin unabänderlich müssen dagegen gelten:

1. alle Normen, die der Frau ein gewisses Minimum wirtschaftlicher Selbständigkeit wahren sollen,
2. alle diejenigen, welche der Frau gegen einen Mißbrauch der vorherrschenden Stellung des Mannes Schutz zusichern sollen.

Nach schon entwickelten allgemeineren Rechtsgrundsätzen ist ferner unzulässig jede über das Gesetz hinausgehende Beschränkung der Geschäftsfähigkeit oder Verfügungsbefugnis der Frau.

c) Was nun die Wirkungen des Güterrechts auf die Beziehungen zu Dritten angeht, so scheint zunächst die zwingende Natur der hierauf bezüglichen Normen, soweit diese eine für den Dritten günstige Tendenz haben, keinen Zweifel zuzulassen. Denn sie geben die Grenzen an, innerhalb deren ein bestimmter Güterstand Wirkungen nach außen erzeugt und weisen so demjenigen, der mit den Ehegatten in Rechtsverkehr tritt, das Gebiet, auf dem der normale Geschäftsverkehr vom Güterrecht nicht beeinflußt ist.[1]) Gleichwohl herrscht darüber keine Einstimmigkeit. Opet zu § 1432 N. 2c erklärt, der Abschluß eines Ehevertrages könne die Rechte der schon bestehenden Gläubiger nicht beeinträchtigen, für die Zukunft bilde aber nur § 1435 eine Schranke. Daß eine so weitgehende Bedeutung dem Güterrechtsregister nicht zukommen kann, ergibt schon die einfache Erwägung, daß dieses nur den rechtsgeschäftlichen und prozessualen Verkehr schützt. Immerhin kann doch dem Güterrechtsregister nicht jede Bedeutung in dieser Richtung abgesprochen werden, auch ist nicht unzweifelhaft, was unter den „Rechten Dritter" zu verstehen ist, welche nach der Aussage der Motive a. a. O. und ihnen folgender Schriftsteller nicht beeinträchtigt werden können.[2]) Soll es sich dabei nur um Gläubigerrechte handeln? Damit wäre die Frage noch nicht erschöpft, sondern es kommen auch die sonstigen Wirkungen des Güterstandes nach außen in Betracht, nämlich Prozeßführung und Verfügungsbefugnis der Ehegatten. Es ist daher hierfür eine nähere Untersuchung erforderlich, welche gleich an dieser Stelle erfolgen soll.

α) In bezug auf die Normen über Prozeßführungsrecht und Rechtskrafterstreckung läßt sich allgemein sagen, daß eine Erschwerung der Rechtsverfolgung durch Abänderung dieser Normen unstatthaft ist. Die Passivlegitimation eines Ehegatten kann daher niemals ausgeschlossen oder beschränkt werden, mag sie sich auf dessen Alleinvermögen oder auf das Gesamtgut beziehen. (Vgl. die §§ 1400, 1443, 1450, 1407 Ziff. 1, 1454.) Dasselbe gilt von den Fällen einer güterrechtlichen Rechtskrafterstreckung des von einem Ehegatten ge-

---

[1]) In diesem Sinn sprechen sich auch die Mot. IV S. 305 aus.

[2]) So Ehrlich S. 209; Neumann zu § 1432 N. 1c, β; Planck N. 3a; Staudinger N. 3, ε.

führten Rechtsstreites auf den andern Ehegatten, (vgl. z. B. §§ 1380 S. 2, 1400 I, 1401, 1405, 1407, 1443, 1449, 1450, 1452, 1454 und den Fall der Prozeßführung der Frau über Gesamtgut mit Zustimmung des Mannes). Daß die Aktivlegitimation über eigene Rechte nicht ausgeschlossen werden kann, bedarf keines Beweises. In Frage kann nur kommen, ob das Recht des Ehemannes, über Eingebrachtes der Frau im eigenen Namen Aktivprozesse zu führen, ausgeschlossen werden und ob sein Recht, über Gesamtgut Aktivprozesse zu führen, von der Zustimmung der Frau abhängig gemacht werden kann (§§ 1380, 1443). Ersteres möchte ich bejahen von dem freilich sehr bestrittenen Standpunkt aus, daß § 1380 dem Mann ein besonderes Recht der Prozeßführung als „Prozeßstandschafter" über Rechte der Frau gewährt, der Mann daneben aber noch, nach Analogie des § 1065, eine actio confessoria hat.[1]) Von diesem Standpunkt aus unterliegt es im Interesse der Durchführung der ehemännlichen Verwaltungspflichten keinem Bedenken, das Recht aus § 1380 zu beseitigen; und im Interesse des Prozeßgegners gilt dasselbe, weil dieser ja im Falle der Kenntnis des Ehevertrages die Möglichkeit hat, sich durch den Einwand der mangelnden Aktivlegitimation dem Prozesse, der auch unter der Voraussetzung des § 1380, 2 keine Rechtskraft gegenüber der Frau wirken würde, noch rechtzeitig und ohne Kosten zu entziehen; die Kenntnis vom Vertrage aber kann er sich durch Einblick in das Güterrechtsregister verschaffen, was er vor einem solchen Prozesse wohl immer tun muß, um der erweiterten Rechtskraft sicher zu sein.[2]) Selbstverständlich bleibt die Rechtskraft des Urteils unter den Parteien unberührt. — Eben dies wäre aber nicht der Fall, wenn auch die zweite noch offen gelassene Frage bejaht würde, nämlich die Zulässigkeit eines Ehevertrages, der das aktive Prozeßführungsrecht des Mannes über Gesamtgut derart ersetzen wollte, daß — entsprechend den Grundsätzen einer völlig gleichberechtigten Gemeinschaft — nur beide Gatten gemeinsam (oder der eine mit Zustimmung des anderen) klagen könnten.[3]) Denn hier könnte der Ehemann, wenn er erst nur im eigenen Namen geklagt und als aktiv legitimiert, aus anderen Gründen Sachabweisung erfahren hat, noch einmal gemeinsam

---

[1]) Diese Auffassung, die ich nur bei Schilling, Bürg. A. 19, S. 330—335 und Opet zu § 1380 N. 9 vertreten finde – dürfte aus der Entstehungsgeschichte mit Sicherheit hervorgehen; denn die II. Kommission wollte dem Mann außer der actio confessoria für seine Rechte noch ein weitergehendes Recht der Prozeßführung über Rechte der Frau geben (Prot. IV S. 129 f., 145 f., 151, 158, 161, 172 f.); sie folgt aber auch aus dem Gesetz selbst; denn § 1380 spricht ausdrücklich nur von Rechten der Frau und es muß doch dem Manne auch möglich sein, seine Rechte an diesen — insbesondere gegenüber der Frau — zu verfolgen, was besonders in einer Feststellungsklage deutlich hervortritt.

[2]) Der Fall liegt für den Dritten in der Tat nicht anders, als wenn der Mann ein als solches eingetragenes Vorbehaltsrecht der Frau nach § 1380 einklagt unter der Behauptung, es gehöre zum eingebrachten Gut.

[3]) Wie es der Fall ist nach der Auflösung der Gütergemeinschaft § 1472.

mit der Frau klagen unter der Begründung, daß das erste Urteil in Ansehung des Gesamtgutes überhaupt keine Rechtskraft erlangt habe. Kann doch das Recht nur gegenüber beiden gemeinsam bejaht oder verneint werden. Es ist daher eine derartige Beschränkung des ehemännlichen Prozeßführungsrechtes über Gesamtgutsrechte nicht zulässig.

Daß endlich die Ehegatten über die formellen Voraussetzungen der Zwangsvollstreckung in eingebrachtes oder Gesamtgut (s. §§ 740—744 ZPO.) im Ehevertrag keine Bestimmungen treffen können, das ergeben ohne allen Zweifel die Grundsätze des Prozeßrechts.

β) Die Frage nach der zwingenden Natur der Schuldenhaftungsnormen wurde in bezug auf erworbene Gläubigerrechte schon erledigt und ist ohne Zweifel auch in bezug auf künftig entstehende Verbindlichkeiten ohne weiteres zu bejahen, insoferne es sich um Haftung für eigene Schulden mit eigenem Vermögen handelt; denn es soll doch durch das Güterrechtsregister nicht geradezu die Möglichkeit der Begründung von Ausnahmestellungen, die das Gesetz nirgends kennt, geboten werden. Hier kommen nur diejenigen Normen in Frage, welche entweder dem Manne die Haftung für Schulden der Frau (§§ 1388, 1459 II, 1530 II, 1540) oder der Frau die Haftung für Schulden des Mannes (nämlich „mit dem Gesamtgut" § 1459 I) auferlegen.

Die letztere Haftung kann schon deshalb nicht ausgeschlossen werden, weil das Gesamtgut nur ganz oder gar nicht haften kann. Ferner sind auszuscheiden alle Fälle, in denen das Güterrechtsregister Dritten keinen Schutz bieten würde: also Haftung für nicht rechtsgeschäftliche Schulden und für rechtsgeschäftliche, aber vor der Eintragung des Vertrages ins Güterrechtsregister entstandene Schulden, sowie die ausgesprochenermaßen zum Schutz der Gläubiger normierten Haftungsfälle der §§ 1480 (Schutz der Gläubiger gegen Aufteilung des Gesamtgutes), 1455 (Bereicherung des Gesamtgutes) und namentlich 1452 mit § 1459 [1]): Haftung des Mannes mit Alleinvermögen und Gesamtgut für Geschäftsschulden der Frau, die mit ausdrücklicher oder präsumierter (§ 1405 II, III) Einwilligung des Mannes ein Erwerbsgeschäft selbstständig betreibt. [2]) In Betracht kommen also nur die Fälle der Haftung des Mannes aus § 1459 (möglicherweise auch aus § 1388) für Schulden der Frau aus Rechtsgeschäften, die sie nach Registrierung des Vertrages mit Zustimmung des Mannes

[1]) Entsprechend die Haftung, die sich aus § 1388 ergeben kann.

[2]) Der Mann kann zwar durch Eintragung ins Register Art und Dauer des genehmigten Betriebes umgrenzen, nicht aber die Wirkung der von der Frau innerhalb des so bezeichneten Rahmens vorgenommenen Rechtsgeschäfte beschränken, mag nun die Eintragung auf seinem einseitigen Entschluß oder auf Ehevertrag beruhen (cf. namentlich Ullmann S. 129 ff.). Es kann insbesondere nicht die Haftung des Gesamtgutes ausgeschlossen werden, und zwar auch dann nicht, wenn das Erwerbsgeschäft selbst nicht zum Gesamtgut gehört. (Irrig bezieht Staudinger zu § 1452 N. 5 diesen Paragraph nur auf ein zum Gesamtgut gehöriges Erwerbsgeschäft.)

vorgenommen hat. Hier wäre man vielleicht geneigt zu argumentieren: der Dritte, der bei Abschluß eines solchen Geschäftes auf die Haftung des Gesamtgutes bzw. des Mannes baue, müsse sich doch über das Bestehen des entsprechenden Güterstandes durch Registereinsicht überzeugen. Auch stünden dem Dritten regelmäßig Deliktsansprüche zu, wenn die Zustimmung erteilt wurde ohne Mitteilung der Haftungsbeschränkung.

Hiergegen ist einzuwenden, daß der Dritte, der weiß, daß ein vorhandenes eheliches Vermögen nicht dem Manne allein gehört, sich in den vorliegenden Fällen um den Güterstand überhaupt nicht zu kümmern braucht, da er bei jedem Güterstand ein ausreichendes Zugriffsobjekt findet. Und mit der Verweisung auf die Deliktsklage sollte man bei der Begründung der dispositiven Natur solcher Normen möglichst vorsichtig sein: Eine Norm, mit deren Anwendung regelmäßig Zwecke verbunden sind, gegen deren Erreichung dem durch die Norm Geschützten nur durch Deliktsklagen zu helfen ist — eine solche Norm wird man im Zweifel besser gleich als zwingend bezeichnen. Auch hier kann es bei Gütergemeinschaft keinen Unterschied ausmachen, ob sich das Rechtsgeschäft der Frau auf ihr Einhands- oder auf das Gesamtgut bezieht, denn sobald die Zustimmung vorliegt, darf der Dritte auf die Haftung des Gesamtgutes rechnen. Dem scheint freilich die Bemerkung der Motive (IV S. 374) zu widersprechen, wonach der Mann zu solchen Rechtsgeschäften, welche für die ordnungsmäßige Verwaltung des Eingebrachten der Frau notwendig sind, seine Zustimmung unter Beschränkung der Haftung auf das Alleinvermögen der Frau erteilen könne. Wäre das richtig, so müßte auch im Ehevertrag eine derartige Beschränkung generell vereinbart werden können, so daß die Zustimmung des Mannes bei allen Rechtsgeschäften nur mit dieser Beschränkung verstanden werden dürfte. Allein die — schon für das Recht des Entwurf I bedenkliche — Ansicht der Motive beruht auf nicht mehr zutreffenden Voraussetzungen[1]) und mit ihr sind alle daraus für den Ehevertrag zu ziehenden Konsequenzen abzulehnen.

Man könnte in den angeführten Fällen, soweit es sich um Gütergemeinschaft handelt, noch an die Beschränkung der Haftung des Mannes auf das Gesamtgut denken. Aber auch dies kann nicht als zulässig erachtet werden; die Gründe, welche die Motive S. 367 ff. für die Notwendigkeit der persönlichen Haftung des Mannes für alle Gesamtgutschulden, ohne Rücksicht auf ihre Entstehung durch Geschäfte der

---

[1]) Entwurf I § 1351 II mit §§ 1470, 1320, 1322 verpflichtete nämlich den Mann, solche Rechtsgeschäfte durch die Frau unter seiner Zustimmung vornehmen zu lassen, jetzt aber hat der Mann selbst diese Geschäfte vorzunehmen, ist also in der Regel ohne weiteres persönlich haftbar. Nimmt die Frau das Geschäft mit seiner Zustimmung vor, so liegt darin für ihn keine „besondere" Härte. Gleichwohl folgt den Motiven für das geltende Recht Schmidt-H. zu § 1460 N. 4; dagegen Staudinger zu § 1460 N. 2c. Planck N. 2 geht an dem eigentlichen Problem vorbei, indem er Bedingung statt Beschränkung setzt.

Frau, mit überzeugender Kraft entwickeln, sprechen naturgemäß auch für die Unzulässigkeit vertragsmäßiger Beseitigung dieser Haftung.[1]) Das freie Verfügungsrecht, welches § 1443 dem Manne einräumt, würde ihm ermöglichen, seine Schulden aus dem Gesamtgut zu bezahlen, die der Frau unbezahlt zu lassen und so sein Einhandsvermögen unter Umständen auf Kosten der Gläubiger der Frau zu entlasten.

Das Recht des Mannes am Gesamtgut aber etwa in der Weise zu beschränken, daß er nur mit Zustimmung der Frau das Gesamtgut verpflichten, belasten und veräußern könnte, daran kann noch viel weniger gedacht werden.[2]) Die Schuldverstrickungsmacht derart beschränken, hieße bei allgemeiner Gütergemeinschaft und Mangel ehemännlichen Vorbehaltsgutes nichts anderes, als daß der Mann durch Eintrag des Vertrages in das Güterrechtsregister in den Stand gesetzt wird, große und kleine Schulden zu machen, ohne irgendwie dafür aufkommen zu müssen. Von Dritten, die der Frau kreditieren, verlangt allerdings der Gesetzgeber, daß sie sich selbst über die Eigenschaft als Ehefrau und ihre güterrechtlichen Verhältnisse vergewissern; übrigens kommt den Gläubigern aus Rechtsgeschäften des täglichen Lebens die Schlüsselgewalt regelmäßig zugute. Beim Manne aber trifft das alles nicht zu, es kann daher kein Zweifel sein, daß eine Beschränkung seiner Schuldverstrickungsmacht über Gesamtgut unzulässig ist.[3])

Kann aber die Schuldverstrickungsmacht nicht ausgeschlossen werden, so kann auch die Verfügnngsmacht jedenfalls insoweit nicht ausgeschlossen werden, als eine Verfügung über Gegenstände des Gesamtguts zur Tilgung einer Schuld des Mannes erforderlich ist. Denn sonst hätte der Mann, dem die Frau die Zustimmung zu einer solchen Verfügung verweigert, kein Mittel, den Prozeß und die Zwangsvollstreckung abzuwenden, als selbst wieder auf dem Wege des Prozesses die Zustimmung der Frau zu erzwingen. Erwägungen, denen ja auch der Gesetzgeber Rechnung getragen hat, indem er da, wo die Verfügung des Mannes von der Zustimmung der Frau abhängig gemacht ist, auch die Verpflichtungsfähigkeit des Mannes ausschließt (§§ 1444—1446; vgl. Mot. IV S. 352). Einen Unterschied aber zu machen zwischen den

---

[1]) Uebereinstimmend: Mot. IV S. 305; Ehrlich S. 209; Planck zu § 1432 N. 3a. — Anderer Ansicht nur Opet zu § 1459 N. 11 ohne Begründung und unter Verweisung auf die Gläubigeranfechtung.

[2]) Allgemeine Grundsätze würden diese Vereinbarung nicht ausschließen, da es sich ja nicht um die Geschäftsfähigkeit, d. h. die Schuldverstrickungsmacht über Alleinvermögen, noch um die Verfügungsbefugnis im Sinn des § 137 handelt; s. oben S. 30.

[3]) Bestimmen daher Ehegatten ihr Gesamtgut zum Gesellschaftsvermögen einer unter ihnen bestehenden offenen Handelsgesellschaft, so kann die Klausel, daß „alle Vertreter nur in Gemeinschaft zur Vertretung der Gesellschaft ermächtigt sein sollen“ (HGB. § 125 II), nur für die Frau Bedeutung haben. Hier sei übrigens schon bemerkt, daß die Gütergemeinschaft eine Ausnahme von der sonstigen Unzulässigkeit einer societas omnium bonorum ermöglicht, da die bloße Bestimmung des Gesamtgutes zu Gesellschaftsvermögen nicht unter § 310 fällt (s. unten S. 85 bei N. 4.)

Fällen, wo die Verfügung des Mannes zur Tilgung einer persönlichen Schuld notwendig ist und sonstigen Verfügungen, das ist praktisch nicht durchführbar.

Das Verwaltungsrecht des Mannes am Gesamtgut (§ 1443) kann also mit Wirkung gegen Dritte nicht beschränkt werden (vgl. Mot. IV S. 364: „Da eine gemeinschaftliche Verwaltung praktisch nicht durchführbar ist" . . .).[1]

γ) Die letzten Erörterungen haben uns schon in das Gebiet der dritten Gruppe von Rechtsnormen über die Beziehungen der Ehegatten zu Dritten geführt, in der es sich um die Gültigkeit von Rechtsgeschäften zwischen Ehegatten und Dritten handelt und zwar vorzugsweise die Gültigkeit von Verfügungen. Denn die Gültigkeit von obligatorischen Geschäften — die vom Güterrecht nur ganz ausnahmsweise durch die §§ 1444—1446 berührt wird — kann durch den Ehevertrag nicht beeinträchtigt werden, da es sich dabei um die Geschäftsfähigkeit handelt. Ein dem Dritten eingeräumtes Aufforderungs- bzw. Widerrufsrecht aber abzuändern, verbietet der Zweck dieser Gesetzesbestimmungen. Ebensowenig kann dem Ehevertrag ein Einfluß zukommen auf sonstige einseitige Rechtsgeschäfte Dritter, zu deren Wirksamkeit nach Güterrechtsvorschriften Erklärung gegenüber dem einen oder andern Ehegatten genügt (§§ 1403, 1405, 1452). Ueber die Bestimmungsrechte des Schenkers oder Erblassers nach §§ 1369, 1440 II, 1553 Ziff. 2 s. unten S. 60 und S. 80 f.

Die Gültigkeit von Verfügungen eines Ehegatten, die sonach allein noch zu erörtern bleibt, kann nach unseren früheren Ausführungen über § 137 nur insofern durch den Ehevertrag beeinflußt werden, als es sich um Verfügungen über nicht zum Alleinvermögen des Verfügenden gehörige Gegenstände handelt. Der eine hier in Betracht kommende Fall — § 1443 — ist ebenfalls schon im Sinne der Unzulässigkeit einer Beschränkung erledigt worden; für den andern — § 1376 — dürften sich aber ähnliche Gründe nicht anführen lassen. Der Dritte ist hier durch die Sachenrechtsgrundsätze über den guten Glauben hinreichend geschützt bzw. bedarf er keines Schutzes gegen die Ungültigkeit einer Verfügung des Mannes über Forderungen der Frau durch Aufrechnungserklärung (§ 1376 Ziff. 2).

— Wir haben diese Untersuchungen über die Einwirkung des Ehevertrages auf die güterrechtlichen Beziehungen zu Dritten etwas ausführlicher gehalten, um das allen Güterständen Gemeinsame tunlichst der Einzelbetrachtung vorwegzunehmen. Unsere Ergebnisse lassen sich folgendermaßen zusammenfassen:

1. Von den Bestimmungen über Rechtsstreitigkeiten zwischen Ehegatten und Dritten ist die einzige Norm des § 1380 als dispositiv zu betrachten.

[1] A. A., aber sichtlich ohne nähere Würdigung der Konsequenzen: Ehrlich S. 196, S. 210 N. 133; Opet zu § 1443 N. 7.

2. Die Normen über die Schuldenhaftung der Ehegatten sind schlechthin zwingend.
3. Die Gültigkeit von Rechtsgeschäften, die zwischen einem Ehegatten und einem Dritten vorgenommen werden, kann durch den Ehevertrag nur in den Fällen des § 1376 berührt werden.

Gegenüber Dritten beschränkt sich also die Bedeutung des Ehevertrages im wesentlichen auf die Annahme eines anderen Güterstandes und auf Verschiebungen zwischen den einzelnen Vermögensmassen innerhalb desselben Güterstandes — freilich noch ein weiter Spielraum, der Gelegenheit zu nicht unbedenklichen Einwirkungen auf die Rechtsstellung Dritter gewährt.

B. Modifikationen der im Gesetz geregelten Güterstände.

§ 7. a) Gütertrennung.

Die nunmehr anzustellende Betrachtung der Modifikationen, deren die gesetzlich geregelten Güterstände fähig sind, beginnt zweckmäßig mit dem die einfachsten Verhältnisse aufweisenden Güterstand, der Gütertrennung. Soweit angängig ziehen wir auch gleich die Konsequenzen für das Vorbehaltsgut.

Das „Wesen" dieses Güterstandes besteht im Gegensatz zu den Güterständen objektiver und subjektiver Vermögensgemeinschaft, gerade darin, daß er keinerlei absolute Rechtsverhältnisse güterrechtlicher Natur kennt, daher auch ihre Einführung durch Vertrag ausschließt.[1])

Der die Gütertrennung begründende Ehevertrag muß also erkennen lassen, daß absolute güterrechtliche Verhältnisse ausgeschlossen sein sollen. Dies genügt aber auch; der Wille, gerade die Rechtswirkungen der Gütertrennung einzuführen, muß nicht besonders zum Ausdruck gebracht sein. Das Gesetz gibt in dieser Richtung eine Dispositivvorschrift für den Fall des Ausschlusses eines im Gesetz geregelten Gemeinschaftsgüterstandes bzw. des ordentlichen gesetzlichen Güterstandes (§ 1436). Diese gilt auch dann, wenn der ausgeschlossene Güterstand kraft Ueberleitungsgesetzgebung besteht[2]), da diesfalls durchweg für den Ehevertrag neues Recht maßgebend ist; Gütertrennung tritt auch ein, wenn an Stelle des bisherigen gesetzlichen oder Gemeinschaftsgüterstandes ein anderer Güterstand gesetzt wird, diese Vereinbarung aber ihres Inhalts wegen nichtig und zugleich anzunehmen ist, daß die Ausschließung des bisherigen Güterstandes auch ohne Einführung des neuen beabsichtigt war (§ 139); dies kann namentlich dann von Bedeutung werden, wenn an Stelle des im Gesetz geregelten bisherigen Güter-

[1]) Daher hat es auch keinen Sinn, bei Gütertrennung einen Teil des Frauenvermögens zu Vorbehaltsgut zu bestimmen; vgl. PosJMSchr. 1904 S. 8. Natürlich kann bestimmt werden, die betreffenden Gegenstände sollten bei einem künftig zu schließenden Gemeinschaftsvertrag Vorbehaltsgut werden; Auslegungsfrage ist dann, ob der später geschlossene Gemeinschaftsvertrag die frühere Vorbehaltsbestimmung in sich aufnimmt oder nicht.

[2]) Staudinger zu § 1436 N. 5.

standes ein „selbstschöpferisch" gefundener gesetzt wird, dessen Wirkungen durch Verbindung gewöhnlicher Sachen- und Obligationenrechtsverhältnisse mit Gütertrennung erreicht werden können. Wird die Geltung des ordentlichen gesetzlichen Güterstandes ohne weiteren Zusatz unter auflösende Bedingung oder einen dies ad quem gestellt, so tritt mit der Erfüllung der Bedingung bzw. am Endtermin ebenfalls Gütertrennung ein.

Die güterrechtlichen Wirkungen der Ehe erschöpfen sich bei der Gütertrennung in Rechtsbeziehungen obligatorischen Charakters, die ihr güterrechtliches Gepräge zum Teil nur durch besondere Auslegungs- oder Dispositivvorschriften, zum Teil durch ihre unmittelbare Beziehung auf die wirtschaftliche Erhaltung der Familie empfangen.

Letzteres gilt von den Vorschriften über die Tragung der „ehelichen Lasten", § 1427: der Mann hat den ehelichen Aufwand zu tragen, die Frau aber einen angemessenen Beitrag aus den Einkünften ihres Vermögens und dem Ertrage ihrer Arbeit zu leisten. Verträge unter Ehegatten über diese Verpflichtungen, insbesondere über den beiderseitigen Unterhalt, kommen bekanntlich häufig vor. Ihre Zulässigkeit wird aber von der Theorie, der sich gelegentlich auch das RG. anzuschließen scheint, in weitem Umfang verneint. Selbstverständlich ist zunächst die Zulässigkeit von Vereinbarungen, welche dem Berechtigten mehr gewähren, als ihm gesetzlich zukommt (RG. 61 S. 54 oben). Selbstverständlich ist ferner die Unzulässigkeit von Verträgen, welche ausdrücklich oder doch der erkennbaren Parteiabsicht nach eine dem Wesen der Ehe zuwiderlaufende Beziehung auf den Fall getrennter Lebensführung haben.

Hiervon abgesehen ist zunächst zu unterscheiden zwischen Erlaß bzw. Ueberwälzung der fraglichen Pflichten und näherer Regelung ohne Veränderung des pflichtigen Subjekts.

In der ersten Richtung ist von entscheidender Bedeutung das Verhältnis zwischen den güterrechtlichen Aufwandvorschriften — die bei allen Güterständen analog wiederkehren — und den Unterhaltsvorschriften der §§ 1360 ff. In Uebereinstimmung mit den Materialien und der herrschenden Meinung in der Literatur läßt sich dieses dahin präzisieren: Die Verpflichtung des Mannes zur Tragung des ehelichen Aufwandes ist das Grundprinzip, das für jeden Güterstand gilt und aus dem die Unterhaltspflicht nach § 1360 I die wichtigste Konsequenz ist.[1]) Die Aufwandpflicht ist nicht strenger als die Unterhaltspflicht (d. h. die Begrenzung der letzteren in § 1360 I gilt auch für erstere), geht aber quantitativ weiter und umfaßt insbesondere auch den Unterhalt der gemeinsamen Abkömmlinge. Die Beitragspflicht der Frau (§ 1427 II) hingegen ist sowohl nach Voraussetzungen als nach Umfang

[1]) Darum betreffen Vereinbarungen über die Unterhaltspflicht während der Ehe immer auch die Aufwandspflicht und sind mithin Eheverträge; anderer Ansicht scheinbar das bayr. ObLG. Samml. V S. 256 ff.

und Bemessungsgrundlage von ihrer Unterhaltspflicht (§ 1360 II) völlig verschieden und läßt diese ganz unberührt.

Hieraus ist nun zunächst mit Sicherheit die Verzichtbarkeit des ehemännlichen Beitragsanspruchs (§ 1427 II) zu folgern.[1]) Denn im Fall der Bedürftigkeit des Mannes greift ja sein Unterhaltsanspruch (§ 1360 II) ein. Zweifellos ist dann anderseits die absolute Unverzichtbarkeit dieses Unterhaltsanspruches in bezug auf zukünftige Leistungen; denn da Voraussetzung desselben Bedürftigkeit des Mannes ist, so besteht kein Grund, den in § 1360 III angezogenen § 1614 nicht unbedingt anzuwenden.

Anders dagegen liegt der Fall für die Aufwandpflicht des Mannes: wir scheiden hier zwischen dem Unterhalt der Ehefrau und dem sonstigen ehelichen Aufwand.

Die Unterhaltspflicht gegenüber der Ehefrau, die in § 1360 I besonders herausgehoben ist, wird in Literatur und Gerichtspraxis fast allgemein für schlechthin zwingenden Rechtes erklärt, in Anwendung des § 1614 (§ 1360 III, 2).[2]) Diese Ansicht läßt aber außer acht, daß die in § 1614 unmittelbar getroffenen Unterhaltsansprüche durchweg Bedürftigkeit des Berechtigten zur Voraussetzung haben, die Unterhaltspflicht des Mannes aus § 1360 I hingegen ohne Rücksicht auf die Bedürftigkeit der Frau eingreift. Berücksichtigt man diesen Unterschied, so ergibt eine „entsprechende" Anwendung des § 1614 folgendes:

Solange dem Mann ein Anspruch auf angemessene Beiträge aus den Einkünften der Frau zusteht, würde es dem Geist des § 1614 und dem Wesen der Ehe widersprechen, den Mann von seiner Unterhaltspflicht zu entbinden. Hat aber der Mann auf diesen Beitragsanspruch ganz oder auch nur zu einem dem Unterhaltsbedarf der Ehefrau entsprechenden Teil verzichtet, so ist zunächst der Fall möglich, daß der Mann nun außerstande ist, sich selbst zu ernähren und somit selbst unterhaltsberechtigt wird (§ 1360 II). Aber auch wenn seine Vermögenslage nicht so ungünstig ist, sind doch viele Fälle möglich, in denen es offenbar unbillig wäre, den Mann zu einer Inanspruchnahme seines Vermögens bis an die Grenze seiner Leistungsfähigkeit zu zwingen, während die Frau ihre Einkünfte aufspeichert. Hier muß, wenn die Frau nicht auf ihren Unterhaltsanspruch verzichtet hat, die offenbar vorhandene Lücke im Gesetz ausgefüllt werden; dazu bietet im Fall des § 1361 der Absatz III die Handhabe, der vielleicht auch im Fall des § 1360 II analog herangezogen werden kann, wenn man nicht die Analogie von § 1603 letzten Satz ziehen will. Um so weniger kann es zweifelhaft sein, daß in solchen Fällen einem Verzicht der

---

[1]) Das ist nur von Dernburg IV S. 170 N. 1 nicht unbedingt anerkannt.

[2]) Mot. IV S. 109; Staudinger zu § 1360 N. 10; Opet N. 16. Planck N. 5 Abs. 5; Schmidt-H. S. 144 II, 2. Angedeutet findet sich das im folgenden angestrebte Ergebnis nur bei Ehrlich S. 215.

Frau der § 1614 insoweit nicht entgegensteht, als sie aus ihren Einkünften selbst für ihren dem Stande des Mannes entsprechenden Unterhalt sorgen kann. In der II. Kommission war eine diesbezügliche Bestimmung ausdrücklich vorgeschlagen worden und wurde nur nicht aufgenommen, weil man das soeben entwickelte Resultat auch durch Auslegung finden könne (Prot. IV S. 109 ff., § 1281 c). Es kann nicht bestritten werden, daß es mit der Stellung des Mannes in der Ehe durchaus vereinbar, daß die Frau ihren Unterhalt aus ihren Einkünften bestreitet, statt diese an den Mann abzuliefern und zum Zwecke der Haushaltführung wiederzubekommen.

Was nun die übrigen Bestandteile des ehelichen Aufwandes betrifft, so nimmt die herrschende Lehre auch hierfür eine absolut bindende Pflicht des Mannes an,[1]) teils in Rücksicht auf das Wesen der Ehe, teils (Planck und Ullmann a. a. O.) — wenigstens beim ordentlichen gesetzlichen Güterstand — auf das „Wesen des Güterstandes". Letztere Begründung ist zweifellos nicht stichhaltig; denn mit dem „Wesen des Güterstandes" sind hier einfach die leitenden Grundgedanken des betreffenden Systems gemeint (wir gebrauchen den Ausdruck in ganz anderem Sinn!), und diese werden ja schon durch das Vorhandensein von Vorbehaltsgut modifiziert (s. S. 76). Aber hiervon abgesehen scheint uns überhaupt die Frage, ob z. B. die Ehefrau den Unterhalt der gemeinsamen Abkömmlinge oder dergleichen auf ihr Vermögen übernehmen könne (natürlich nur im Verhältnis der Ehegatten zueinander!), gar nicht aus § 1427 I zu beantworten. Vielmehr erscheinen solche Verabredungen einfach als Verträge über Art und Maß des Beitrages der Frau nach § 1427 II.[2])

Ueber die Art desselben sagt das Gesetz (im Gegensatz zu § 1360 III) nichts, hier ist zweifellos Raum für Parteivereinbarungen. Warum soll sich z. B. die Frau nicht verpflichten können, gewisse Erziehungskosten des einen oder anderen Kindes unmittelbar zu decken?

Auch eine vertragsmäßige Erhöhung des Beitrages verstößt nicht notwendig gegen das Wesen der Ehe,[3]) zwischen der im Sinne

---

[1]) So: Planck zu § 1432 N. 3c; Neumann zu § 1427 N. 2d; Staudinger zu § 1389 N. 5; Schmidt-H. N. 6; Opet N. 7; Ullmann S. 189, 303, 304. Wesentlich eingeschränkter: Dernburg IV S. 172. — Wieruszowski I S. 64 ff. hält die Aufwandpflicht insoweit für dispositivrechtlich, als sie die Unterhaltspflicht übersteigt, das bedeute die Heraushebung der letzteren in das persönliche Eherecht. Diese Annahme geht schon deshalb fehl, weil § 1432 keineswegs sagt, daß alle Güterrechtsnormen nachgiebig seien; sie steht auch in offenbarem Widerspruch zur Entstehungsgeschichte.

[2]) Sie sind nicht Eheverträge, wenn sie nur den Begriff des „Angemessenen" außer Streit stellen wollen (s. oben S. 3).

[3]) Eine solche bedeutet ein Schenkungsversprechen der Frau; daher kann auf das über das gesetzliche Maß Versprochene zwar die Unübertragbarkeit des § 1427 II, 3 Anwendung finden, die Pfändbarkeit kann aber nicht ausgeschlossen werden (§ 851 II ZPO.); insoweit gehört der Beitragsanspruch auch zur Konkursmasse des Mannes, wogegen die Frau auch nicht etwa das Selbstverwendungsrecht des § 1430 hat. Vgl. Wieruszowski II S. 364 N. 152.

des Gesetzes „angemessenen" und einer den Mann unzulässigerweise entlastenden Höhe des Beitrages besteht immer ein gewisser Spielraum, dessen obere Grenze nur im Einzelfall zu ziehen ist. Natürlich darf durch solche Verträge nicht das Bestimmungsrecht des Mannes aus § 1354 geschmälert werden, dieses geht vielmehr immer vor und läßt unter Umständen den Ehevertrag hinfällig werden.

Damit sind wir aber schon auf die zweite der S. 52 Abs 4. aufgeworfenen Fragen eingegangen, auf die Frage nach der Zulässigkeit von Vereinbarungen über Art und Höhe der Aufwandspflicht. Für die Verpflichtung der Frau aus § 1427 II ist die Entscheidung schon gegeben. Für die gegenseitige Unterhaltspflicht greift — soweit nicht der Fall des § 1361 vorliegt — die Bestimmung in § 1360 III ein: „Der Unterhalt ist in der durch die eheliche Lebensgemeinschaft gebotenen Weise zu gewähren". Demgegenüber wird es für die Zeit des Zusammenlebens mit einer bloßen Rentenzahlung nicht getan sein (RG. 61 S. 53). Es ist aber zu bedenken, daß sehr häufig bei einem solchen Rentenversprechen nicht die Absicht ist, den Geber von jeder sonstigen Unterhaltsleistung, z. B. vom Bereitstellen einer gemeinschaftlichen Wohnung usw., zu entbinden.[1]) Und für die Zeit des Getrenntlebens ist ja — abgesehen von § 1361 — jede Rentenzahlung ein plus gegenüber dem gesetzlich Geschuldeten, da der getrennt Lebende, der nicht Wiederherstellung verlangt, nach § 1360 III überhaupt nichts beanspruchen kann.[2])

So gelangen wir also unter sehr verschiedenen Gesichtspunkten dazu, Verträge über den ehelichen Aufwand in ziemlich weitem Maße für zulässig zu erklären.

An den Vertrag über die Beitragsleistungen der Frau knüpft sich noch eine besondere Frage: Nach § 1427 II 2 kann der Mann für die Vergangenheit die Leistungen nur insoweit verlangen, als die Frau ungeachtet seiner Aufforderung im Rückstand geblieben ist. Eine solche „Aufforderung" soll nun nach Wieruszowski II S 346 N. 47 ein für allemal in der vertragsmäßigen Festsetzung bestimmter regelmäßiger Leistungen liegen. Unseres Erachtens verlangt aber das Gesetz nach seinem Zwecke Aufforderung für jede einzelne fällige Rate; und da der Ehevertrag nur künftige Leistungen betrifft, so kann eine solche „Aufforderung" nicht schon in ihm zu erblicken sein. Dagegen kann die Vorschrift des § 1427 II 2 im Ehevertrag selbst beseitigt werden, da sie lediglich materiellen Vorteil der Frau bezweckt, nämlich Sicherheit gegen unerwartete Nachforderung, namentlich mit Rücksicht auf § 1429 (Motive IV S. 324). Ebenso wird es im allgemeinen zulässig sein, den Beitragsanspruch entgegen § 1427 II 3 für übertragbar zu erklären; jedenfalls dann, wenn der Beitrag vertragsmäßig in Geld

[1]) Zu weit geht RG. 61 S. 53: Für rechtsgeschäftliche Abmachungen sei hier überhaupt kein Raum.

[2]) Freilich ist hier wieder an den Eingangs hervorgehobenen Gesichtspunkt einer sittenwidrigen Beziehung auf das Getrenntleben zu erinnern!

festgesetzt ist; die Sache liegt dann nicht anders als bei Ausschluß der Beitragspflicht und Ersatz durch ein Rentenversprechen.

Das Selbstverwendungsrecht der Frau (§ 1428) könnte natürlich auch durch eine im voraus genehmigte Zession nicht berührt werden. Denn diese Vorschrift ist zweifellos zwingend;[1]) sie entspricht dem zwingend angeordneten Recht der Frau auf Aufhebung des ordentlichen gesetzlichen Güterstandes (§ 1418) und bedeutet auch einen Schutz für die Abkömmlinge gegen Schädigung durch den Mann. Wieruszowski (II S. 363 N. 150), der einen Verzicht der Frau für zulässig hält, wendet ein, die Frau und die Abkömmlinge seien genügend geschützt, da die Frau mit ihrem Unterhaltsanspruch und mit ihren Ersatzansprüchen aus eigenmächtiger Unterhaltsgewährung an die Abkömmlinge (§ 683 mit § 679) gegen die Beitragsforderung aufrechnen könne. Aber abgesehen von der sehr zweifelhaften Frage nach der Zulässigkeit einer solchen Aufrechnung gewährt die Möglichkeit einer solchen durchaus nicht denselben Schutz wie § 1428, z. B. weil es leicht an dem Erfordernis der Gleichartigkeit fehlen kann.

Nur in mittelbarem Zusammenhang mit der Aufwandsregelung steht die Vorschrift des § 1429, daß im Zweifel für eine Verwendung oder Ueberlassung von Frauengut zur Bestreitung ehelicher Lasten die Frau keinen Ersatzanspruch haben solle. Daß es sich hier um eine reine Auslegungsvorschrift, nicht eine Dispositivnorm handelt, geht aus dem Wortlaut („im Zweifel") und der Entstehungsgeschichte[2]) mit genügender Deutlichkeit hervor. Die abweichende Ansicht von Ehrlich S. 215 f. ist allgemein abgelehnt.[3]) Danach ist klar, daß ein Vertrag, der diese Vorschrift abändern wollte, als reiner Beweisvertrag zu betrachten und daher wohl mit der überwiegenden Meinung als nichtig anzusehen wäre.[4]) Selbstverständlich kann vereinbart werden, daß die Frau für alle Vermögensüberlassungen und -verwendungen Ersatz bekommen solle; hier handelt es sich um eine materiellrechtliche Vereinbarung, die das Güterrecht nicht abändert, daher auch gar nicht Ehevertrag ist.[5])

Was endlich die Dispositivvorschrift des § 1430 über die tatsächliche Ueberlassung des Frauenvermögens an den Mann betrifft, so hat hier Wieruszowski[6]) u. E. überzeugend dargetan, daß nur solche Abänderungen in Betracht kommen, die keine güterrechtliche Regelung enthalten. Daß die Erteilung der in Satz 2 vorgesehenen Anweisung selbst kein Ehevertrag ist, auch wenn sie in Vertragsform erfolgt, gibt

---

[1]) Ehrlich S. 215, 219; Planck zu § 1428 N. 3; Staudinger N. 5.

[2]) Motive IV S. 326; Protokolle IV S. 227 ff. Ber. d. RTK. S. 123.

[3]) Planck zu § 1429 N. 1; Staudinger N. 2; Schmidt-H. N. 1; Opet N. 1; Neumann zu § 1429; besonders Wieruszowski II S. 454 f.

[4]) Vgl. Wieruszowski II S. 465 f.; anderer Ansicht Ehrlich S. 215, von seinem Standpunkt mit Recht.

[5]) Vgl. Planck zu § 1432 N. 1 Abs. 2; Wieruszowski II S. 466.

[6]) Wieruszowski II § 23, namentlich S. 504—508.

auch Planck (zu § 1432 N. 1 Satz 2) zu. Und ein Verzicht auf das Recht, die Ueberlassung zu widerrufen, bzw. andere Bestimmungen zu treffen, ist deshalb nicht Ehevertrag, weil dieses Recht kein besonderes, güterrechtliches ist, sondern nur der Ausdruck der dispositiven Natur der ganzen Vorschrift. Die Zulässigkeit eines solchen Verzichtes bestimmt sich daher nicht nach Güterrechtsgrundsätzen; es handelt sich um einen Vertrag, der dem Mann ein unentziehbares Recht auf „freie Verwendung" der Einkünfte einzuräumen bezweckt: das kann ein Pachtvertrag (wenn Entgelt versprochen ist), eine Nießbrauchbestellung oder eine obligatorische Schenkung der Einkünfte sein. Dabei kann aber § 310 hindernd in den Weg treten. Möglich ist u. E. auch, daß in einem solchen Vertrag geradezu die Begründung des ordentlichen gesetzlichen Güterstandes, eventuell mit Modifikationen, erblickt werden kann — freilich nur dann, wenn nicht einzelne Gegenstände oder eine Quote, sondern das ganze Frauenvermögen oder wenigstens das künftige, dem Manne überlassen werden soll.[1])

Nach den entwickelten Grundsätzen über Modifikationen der Gütertrennung ist auch der Fall zu beurteilen, daß im Ehevertrag festgesetzt wird, die Ehe solle keinerlei Wirkung auf das beiderseitige Vermögen haben; die Bestimmungen des 5. Titels bleiben unberührt, nur hat — abweichend von § 1360 I — die Frau aus ihren Einkünften, soweit diese reichen, ihren Unterhalt selbst zu bestreiten. Der Mann hat keinen Beitragsanspruch und damit fallen die §§ 1427 II und 1428 weg; § 1429 gilt auch ferner. Und die Außerkraftsetzung von § 1430 bedeutet, daß im Falle tatsächlicher Vermögensüberlassung der Mann nur Beauftragter und auch in bezug auf die Früchte zur Rechnungslegung verbunden ist.

§ 8. b) Modifikationen des ordentlichen gesetzlichen Güterstandes.

I. Das Prinzip des ordentlichen gesetzlichen Güterstandes besteht darin, daß der Mann das Vermögen der Frau in seine Nutzverwaltung

[1]) Planck zu § 1430 N. 3; Staudinger N. 5 a. E.; Schmidt-H. N. 5, Opet N. 6 und Ullmann S. 309 erklären einen generellen Verzicht der Frau auf ihr Anweisungsrecht aus Satz 2 in Ehevertragsform für zulässig. So gefaßt ist diese Ansicht schon deshalb abzulehnen, weil das Rechtsverhältnis an sich meist ein Auftrag sein wird, bei dem nach der Mehrzahl der Schriftsteller das Widerrufsrecht nicht ausgeschlossen werden kann, so daß die Frau eine ihr nicht zusagende Verwendung der Einkünfte durch Ausübung des Widerrufsrechtes zu verhindern in der Lage ist. Nimmt man mit Schollmeyer, Recht der einzelnen Schuldverhältnisse S. 70 und Enneccerus I (2. Aufl.) S. 702 f. die Zulässigkeit eines Verzichtes auf den Auftragswiderruf an, so folgt auch daraus noch nicht die Zulässigkeit eines generellen Verzichtes auf das Recht, Anweisungen zu geben. — Die Frage ist besonders von Interesse, weil sie für die Möglichkeit vertragsmäßiger Wiederherstellung einer ehedem verbreiteten Form des Dotalsystems entscheidend ist. Nach einigen Partikularrechten — aber nicht nach gemeinem Recht, wie Schmidt-H. zu § 1430 N. 6 anzunehmen scheint — hatte nämlich der Ehemann ein unentziehbares Recht auf Verwaltung und Fruchtgenuß an den Paraphernen, oder es konnte doch durch Ehevertrag begründet werden. Nachweisungen bei Wieruszowski II S. 508 N. 136.

nimmt, dafür aber seinerseits den ehelichen Aufwand trägt (§§ 1363, 1389 I).

Zunächst also muß das Recht des Mannes am Vermögen der Frau begründet sein; das sagt nicht: am ganzen Vermögen; Ausnahmen können vorkommen, müssen aber wirklich Ausnahmen bleiben. Dies kommt im Gesetz dadurch zum Ausdruck, daß nicht der Umfang des eingebrachten Gutes, sondern nur der des Vorbehaltsgutes festgelegt wird.[1]) (§§ 1365—1371). Die Tatbestände, welche die Vorbehalteigenschaft bestimmen, sind Gesetz, Bestimmung Dritter und Ehevertrag.

Die gesetzlichen Bestimmungsgründe sind grundsätzlich nicht mit zwingender Kraft gegeben. Nicht nur kann ein gesetzlich zum Vorbehaltsgut gehörender Gegenstand in eingebrachtes verwandelt werden, sondern es können die gesetzlichen Vorschriften auch generell für unanwendbar erklärt werden.[2]) Doch bedarf dies näherer Betrachtung:

Für die Gegenstände des § 1366 kann ein Ehevertrag unseres Erachtens gar nicht in Betracht kommen; denn um danach Vorbehaltsgut zu sein, muß eine Sache objektiv, ihrer natürlichen Beschaffenheit und den begleitenden Umständen nach dem Gebrauche einer Frau, subjektiv[3]) „ausschließlich[4]) dem persönlichen Gebrauche der Frau" zu dienen bestimmt sein.[5]) Fehlt eine dieser Voraussetzungen, so ist der Gegenstand nicht Vorbehaltsgut, tritt für einen Gegenstand des Frauenvermögens,[6]) bei dem nur die eine Voraussetzung gegeben ist, die noch fehlende ein,[7]) so wird er ohne weiteres Vorbehaltsgut; geht für einen Gegenstand, bei dem beide Voraussetzungen vorliegen, eine wieder verloren,[8]) so endet die Vorbehaltseigenschaft ipso iure.

Daraus ergibt sich: Befindet sich im Vermögen der Frau ein objektiv zum Gebrauch einer Frau bestimmter Gegenstand, so können ihn die Ehegatten durch Veränderung der konkreten Gebrauchsbestimmung,

---

[1]) Die Vermutung streitet für das Eingebrachte. Darüber ist man sich einig.

[2]) Die Vereinbarung wirkt auch Dritten gegenüber ohne Registereintrag, es sei denn, daß die betreffenden Gegenstände schon als Vorbehaltsgut registriert waren.

[3]) Durch Bestimmung der Ehegatten oder eines Dritten.

[4]) D. h. unter Ausschluß des Mitgebrauches durch den Mann.

[5]) Wieruszowski I S. 147—150, II S. 234 N. 19; bloß die subjektive Bestimmung lassen genügen, namentlich Dernburg IV S. 130 ff. und in DJZ. 1902 S. 465; Düringer-Hachenburg I S. 37.

[6]) Es sei nochmals darauf hingewiesen, daß Verwandlungen von Vorbehaltsgut in eingebrachtes und umgekehrt nur innerhalb des Frauenvermögens möglich sind. S. oben S. 21 a. E.

[7]) Z. B. die Frau hat ein ihr gehöriges Damenrad, weil sie nicht den Mut zur Erlernung des Radfahrens findet, zum ständigen Gebrauch ihrer Tochter überlassen; endlich entschließt sie sich, das Radfahren zu erlernen und nimmt nun das Rad ausschließlich in persönlichen Gebrauch.

[8]) Z. B. die Frau gibt, im vorigen Beispiel, das Radfahren wieder auf und überläßt das Rad wieder ihrer Tochter.

also durch formlose Vereinbarung, aus Vorbehaltsgut in eingebrachtes Gut verwandeln und umgekehrt. Welche Bedeutung aber könnte eine generelle Vereinbarung haben, daß der § 1366 niemals Anwendung finden solle? Bei richtiger Auffassung des Paragraphen kann die Absicht nur sein, daß an allen Gegenständen des Frauenvermögens, welche in Zukunft für den ausschließlichen persönlichen Gebrauch der Frau bestimmt werden, der Mann die ihm kraft Gesetzes am eingebrachten Gut zustehenden Rechte haben solle — ausgenommen das Recht des Gebrauches.[1]) An den in Frage kommenden Gegenständen wird aber der Gebrauch meist die einzige Art der Nutznießung sein; auf diese kann aber an eingebrachten Sachen nicht verzichtet werden, wie unten zu zeigen sein wird; der Vertrag kann daher keinen Bestand haben. Somit ist auch die Polemik der Kommentare[2]) gegen Ehrlichs[3]) Behauptung der Unzulässigkeit einer ehevertragsmäßigen Verwandlung von „Arbeitsgeräte" der Frau in Eingebrachtes in jeder Hinsicht gegenstandlos; es wird dabei übersehen, daß das Arbeitsgeräte vom Gesetz nur als Beispiel angeführt und daher nur dann Vorbehaltsgut sein kann, wenn es subjektiv zum ausschließlichen Gebrauch der Frau bestimmt ist.

Dagegen ist Ehrlichs Ansicht beachtenswert, soweit sie sich auf den Erwerb der Frau aus Arbeit oder selbständigem Geschäftsbetrieb bezieht (§ 1367). Selbstverständlich kann das nach § 1367 Erworbene nachher in Eingebrachtes verwandelt werden. Einen generellen Ausschluß des § 1367 aber hält Ehrlich (S. 206) für unzulässig, weil es sich um eine derjenigen Normen handle, die der Frau ein Mindestmaß wirtschaftlicher Selbständigkeit zu gewährleisten bestimmt sind.[4]) Soweit es sich um Arbeitsverdienst handelt, liegt darin gewiß ein richtiger Gedanke, aber gerade hier in den arbeitenden Klassen wird ein solcher Ehevertrag kaum vorkommen, und wo er vorkommt, doch nur in concreto zu beurteilen sein. In bezug auf den Erwerb aus selbständigem Geschäftsbetrieb aber entspricht Ehrlichs Auffassung wohl nicht den Absichten des Gesetzgebers, der dem Manne doch in § 1405 das Mittel gegeben hat, mit dem er regelmäßig einen Geschäftsbetrieb der Frau unmöglich machen kann.[5]) — Die Wirksamkeit des Vertrages nach außen ist auch hier nur dann und nur insoweit durch Registrierung bedingt, als Gegenstände des § 1367 schon als Vorbehaltsgut eingetragen waren.

Die Zulässigkeit einer Ausschließung des in § 1370 auf-

---

[1]) Denn hat er auch den (Allein- oder Mit-)Gebrauch, dann ist der Gegenstand auch ohne Ehevertrag eingebrachtes Gut, weil die subjektive Voraussetzung des § 1366 fehlt.

[2]) Planck zu § 1366 N. 4; Staudinger N. 5; Schmidt-H. N. 5; Opet N. 3.

[3]) S. 206.

[4]) Siehe oben S. 45.

[5]) Gegen Ehrlich auch Staudinger N. 7; Schmidt-H. N. 5. Die Mot. IV S. 175 geben die Möglichkeit einer Abänderung ausdrücklich zu.

gestellten Surrogationsprinzips ergibt sich ohne weiteres aus dem oben Gesagten, soweit es sich nur um Vorbehaltsgut kraft Gesetzes handelt, und ist auch in bezug auf vertragsmäßiges Vorbehaltsgut nicht zu bezweifeln, da es sich doch nur um Vorbehaltsgut handelt, zu dessen Erwerb oder Vorbehaltskonstituierung regelmäßig die Einwilligung des Mannes nötig war. Dagegen wird man in bezug auf Vorbehaltsgut kraft Bestimmung Dritter jedenfalls einen generellen, für allen künftigen Vorbehaltserwerb dieser Art gültigen Ausschluß der Surrogation aus denselben Gründen für unzulässig halten, die wir sogleich gegen den Ausschluß von § 1369 selbst anzuführen haben.

Es kann keinem Zweifel unterliegen, daß die Ehegatten nicht von vornherein jeder nach § 1369 erfolgenden Bestimmung eines Schenkers oder Erblassers ihre Wirksamkeit nehmen können.[1]) Diese Vorschrift hat hervorragende Bedeutung für den Schutz der Frau gegen Mißwirtschaft des Mannes, namentlich in wohlhabenderen Kreisen.[2]) Eine Konversion des fraglichen Vertrages in eine obligatorische Verpflichtung der Frau zur Uebertragung alles ihr nach § 1369 Zugewendeten an das Eingebrachte wäre in bezug auf erbrechtliche Anfälle schon nach § 312 nichtig, aber auch in bezug auf Schenkungen nicht zu billigen. Anders aber in bezug auf eine einzelne zu erwartende Schenkung:[3]) Hier wird eine obligatorische Verpflichtung der Frau, das Erworbene durch Ehevertrag in Eingebrachtes zu verwandeln, regelmäßig nicht unzulässig sein. Dann muß es aber auch zulässig sein, den Gegenstand der erwarteten Zuwendung unter aufschiebender Bedingung in Eingebrachtes zu verwandeln, und zwar auch lediglich unter der aufschiebenden Bedingung, daß der Schenkungserwerb wirklich eintrete. Von einem Eingriff in ein Recht des Dritten kann hier doch wohl nicht gesprochen werden.

Nach dem Gesagten ist die Wirksamkeit eines Vertrages zu beurteilen, der bestimmen würde, daß beim ordentlichen gesetzlichen Güterstand jedes Vorbehaltsgut ausgeschlossen sein solle: Die §§ 1366 und 1369 bleiben von dem Vertrag unberührt, die Frau ist auch nicht etwa obligatorisch zur Verwandlung des nach § 1369 Erworbenen in Eingebrachtes verpflichtet; in bezug auf das so Erworbene gilt auch § 1370. Im übrigen aber wird der Vertrag regelmäßig aufrecht zu erhalten sein (vgl. § 139); der Antrag auf Eintragung ins Register müßte aber in dieser umfassenden Form zurückgewiesen werden.

Die Erkenntnis des „Wesens" des Güterstandes ist von großer Bedeutung für die Frage nach dem zulässigen Umfang vertragsmäßigen Vorbehaltsgutes (§ 1368). Das Eingangs aufgestellte

---

[1]) A. A. scheinbar Opet zu § 1369 N. 7.

[2]) Vgl. Mot. IV S. 168 f.

[3]) In bezug auf einen einzelnen, erwarteten Erbanfall dürften die ratio des § 312 wohl immer zutreffen, § 312 also analog anzuwenden sein — aber nicht direkt, wie Wieruszowski II S. 228 N. 51 will. (Vgl. oben S. 32 f.)

Prinzip des gesetzlichen Güterstandes, daß das eingebrachte Gut die Regel, das Vorbehaltsgut die Ausnahme ist, kann bei dem Fehlen jeder anderen gesetzlichen Beschränkung allein die Grenze für den Umfang des vertragsmäßigen Vorbehaltsgutes geben; d. h. durch Ehevertrag kann alles zu Vorbehaltsgut bestimmt werden, was sich als fest umgrenzten Ausschnitt aus dem nicht bestimmt zu begrenzenden Vermögensrechtskreise der Frau darstellt. Ein Vertrag, der diese Grenze überschreitet, die Ausnahme zur Regel macht, setzt an Stelle des Prinzips der Verbindung der Güter das Prinzip der Trennung der Güter, an Stelle des ordentlichen gesetzlichen Güterstandes den Güterstand der Gütertrennung. Da aber für das Rechtsverhältnis der Nutzverwaltung das Bestehen des ordentlichen gesetzlichen Güterstandes (bzw. einer Gütergemeinschaft) Voraussetzung ist, so kann der Vertrag niemals vollwirksam sein; die Auslegung hat darüber zu entscheiden, ob die Nichtigkeit der Vereinbarung bezüglich des eingebrachten Gutes den ganzen Vertrag nichtig macht (§ 139) oder ob es dem Parteiwillen entspricht, Gütertrennung eintreten zu lassen, eventuell verbunden mit der Verpflichtung der Frau zur Nießbrauchbestellung oder — wo zur Nießbrauchbestellung nur mehr die Einigung erforderlich war[1]) — mit einer Nießbrauchbestellung an den als Eingebrachtes bezeichneten Gegenständen.[2])

Bei der Beurteilung, was noch als Ausnahmetatbestand angesehen werden kann, ist davon auszugehen, daß die Ehefrau wie jede natürliche Person unbeschränkt und unbeschränkbar erwerbsfähig, daher nur die Gesamtheit ihrer gegenwärtigen Vermögensrechte feststellbar ist, während sich der Umkreis ihres künftigen Vermögens einer festen Berechnung entzieht. Die Unbegrenztheit ihrer Vermögensrechte beruht also auf der theoretisch nicht begrenzten Möglichkeit künftigen Erwerbs. Daraus ergibt sich, daß das gegenwärtige Vermögen, mag es auch tatsächlich alles je zu Erwartende weit überwiegen, doch immer als festbegrenzter Ausschnitt erscheint, folglich in Vorbehaltsgut verwandelt werden kann.[3]) Das Prinzip des Güterstandes bleibt dadurch unberührt.

[1]) Also bei Fahrnis, wenn der Ehemann schon den Besitz hat oder ihn nach § 854 II durch die Besitzübertragungseinigung erwerben kann; bei Rechten, wenn zur Uebertragung die bloße Einigung genügt (§ 1069 I).

[2]) Die Auslegungsfrage muß aber immer gestellt werden, es ist Wieruszowski nicht zuzustimmen, wenn er allgemein sagt: „Die durch das Prinzip des § 1363 gezogenen Grenzen hätten freilich nicht den Sinn, daß ihre Ueberschreitung den Ehevertrag schlechthin wirkungslos mache, wohl aber die Rechtsfolge, daß ein die Grenzen überschreitender Vertrag mit dem System des gesetzlichen Güterrechts nicht mehr vereinbar sein und daher (!) die volle Gütertrennung einführen würde."

[3]) Uebereinstimmend Wieruszowski II S. 209 f.; Schröder, Eheliches Güterrecht S. 17 N. 1. — A. A. Ullmann S. 19 f. mit der Begründung, der Zweck des Eintrages ins Güterrechtsregister, Schutz des guten Glaubens Dritter, könne hier nicht erreicht werden wegen der „allgemeinen Fassung" des Vertrages. Prämisse und Anwendung sind irrig; die Anwendung: denn es kann auf ein Inventar verwiesen werden (§ 13 der GBO.), die Prämisse: s. S. 62 N. 4.

denn dieses fordert keineswegs tatsächliches Vorhandensein eingebrachten Gutes — tritt doch auch bei gänzlicher Mittellosigkeit der Frau der Güterstand ein — sondern nur die theoretisch unbegrenzte Möglichkeit der Entstehung von eingebrachtem Gut. Dieses Erfordernis steht z. B. der Zulässigkeit eines Vertrages entgegen, durch den das künftige Frauenvermögen zu Vorbehaltsgut bestimmt wird;[1]) da jedoch am gegenwärtigen Frauenvermögen ein Nießbrauch bestellt werden kann, die Unterschiede zwischen Nießbrauch und Nutznießung auch vorwiegend nur in bezug auf das erst während der Güterstandsdauer erworbene eingebrachte Gut zutage treten (§§ 1411 ff.), so dürfte der Parteiabsicht durch Konversion des Ehevertrages in Gütertrennung mit Nießbrauchbestellung bezw. Verpflichtung hierzu regelmäßig zu genügen sein.[2])

Der Grundsatz, daß das künftige Vermögen nicht zu Vorbehaltsgut bestimmt werden könne, bedeutet nun ebenfalls keineswegs, daß alle Bestandteile des künftigen Vermögens der Vorbehaltsbestimmung entzogen seien; vielmehr ist auch hier wieder die Wirksamkeit des Vorbehaltvertrages nur daran geknüpft, daß er einen fest umgrenzten Ausschnitt aus der Totalität des künftigen Vermögens bezeichnet.

Innerhalb der so umschriebenen Grenzen kann jeder gegenwärtige oder künftige Bestandteil des Frauenvermögens zu Vorbehaltsgut bestimmt werden. Keineswegs ist erforderlich, daß der Gegenstand konkret bezeichnet werde; wie beim obligatorischen Vertrag genügt auch hier Bestimmbarkeit des Inhalts. Von dieser streng zu unterscheiden ist die Erkennbarkeit:[3]) diese ist Voraussetzung für die Wirksamkeit einer Registereintragung (und somit auch für die Zulässigkeit der Eintragung). Aber das Gesetz sagt nirgends, daß Gegenstand des Vorbehaltsvertrages im besonderen, wie des Ehevertrages überhaupt, nur sein könne, was mit Wirksamkeit registriert werden kann. In jedem Einzelfalle, in dem auf Grund des Vorbehaltsvertrages die Erkennbarkeit für einen bestimmten Gegenstand eintritt, kann natürlich Registereintrag dieses Gegenstandes verlangt werden. (Vgl. besonders § 1561 II Halbs. 2 und III Ziff. 1.)

Darum ist die von Ullmann S. 19 ff. aufgestellte Behauptung zu verwerfen, daß die Zulässigkeit des Vorbehaltsvertrages durch die Zulässigkeit der Registrierung bedingt werde, und die daraus gezogene Folgerung abzulehnen, daß der Vorbehalt einer Quote des Frauenvermögens nichtig sein müsse, „weil dann die Möglichkeit eines Rechtsverkehrs mit Dritten beseitigt würde".[4]) Allerdings ist der Vorbehalt einer Quote des ganzen Frauenvermögens unzulässig, aber

[1]) Wieruszowski II S. 210; Schröder, Eheliches Güterrecht S. 17.

[2]) Wieruszowski II S. 210 ff. erklärt den Vertrag für schlechthin unwirksam, denn eine Nießbrauchbestellung würde gemäß § 310 nichtig sein.

[3]) Bestimmtheit ist auch für die Registrierung nicht erforderlich, sondern nur die Möglichkeit, den Vertragsgegenstand ohne besondere Erkundigung zu erkennen; darüber unten.

[4]) Eine andere, ganz unhaltbare Konsequenz S. 61 N. 3.

nur deshalb, weil die Quote eines ganzen Vermögens genau so unbegrenzt ist wie das ganze Vermögen selbst (vgl. § 310 BGB.[1]) Dagegen ist kein Grund ersichtlich, warum eine Quote des gegenwärtigen Frauenvermögens nicht vorbehalten werden könnte; sieht doch das Gesetz auch einen Nießbrauch an einer Vermögensquote vor (§ 311). Mit Recht bemerkt aber Wieruszowski II S. 211 N. 17, man könne sich keinen Fall vorstellen, in dem eine solche Regelung, die mit unendlichen Verwicklungen verbunden, von praktischem Wert wäre. Uebrigens ist zu berücksichtigen, daß eine Bestimmung wie „die Hälfte" oder „ein Drittel" des Frauenvermögens solle Vorbehaltsgut sein — besonders wenn es sich um einen vorehelichen Ehevertrag handelt —, unter Umständen dahin auszulegen ist, daß Gegenstände bis zum halben Wert des zur Zeit der Ehe- bzw. der Vertragsschließung vorhandenen Frauenvermögens vorbehalten bleiben sollen. Dabei wird es freilich an der Bestimmbarkeit mangeln, wenn nicht etwa die Vertragsbestimmungen ersehen lassen, daß Mann oder Frau zur Ausscheidung nach billigem Ermessen berechtigt sein sollen.

Dies führt zur Frage, inwieweit die Vorschriften des Obligationenrechtes über Bestimmung des Vertragsgegenstandes durch eine Partei oder einen Dritten (§§ 315—319 BGB.) auf den Vorbehaltsvertrag entsprechende Anwendung finden können. Dem freien Belieben eines Ehegatten kann die Bestimmung, was Vorbehaltsgut sein solle, so wenig überlassen werden wie dem freien Belieben des Schuldners oder Gläubigers der Gegenstand einer Leistung. Dem Belieben eines Dritten oder dem billigen Ermessen eines Ehegatten wird man aber die Bestimmung wohl überlassen können.

Im übrigen kann die Bestimmbarkeit auf die verschiedenste Weise gegeben sein; so durch die Zugehörigkeit zu einem bestimmten Vermögenskomplexe, z. B. einem Handelsvermögen, einer angefallenen oder erwarteten Erbschaft;[2]) überhaupt durch die Gleichartigkeit des Erwerbsgrundes,[3]) der rechtlichen oder natürlichen Beschaffenheit[4]) oder der Zweckbestimmung.[5]) Insbesondere können bestimmte Nutzungen eines eingebrachten Rechtes vorbehalten werden; der Vorbehalt aller Nutzungen würde das Recht selbst zum Vorbehaltsgut machen. Auch hier muß, soll das Recht selbst Eingebrachtes

---

[1]) Ebenso Wieruszowski II S. 211 N. 17.

[2]) Vgl. dazu oben S. 32 ff. Alles erbrechtlich Erworbene und noch zu Erwerbende kann zu Vorbehaltsgut bestimmt werden (oben S. 32 ff.), nicht aber allein zu eingebrachtem Gut, denn das würde das Verhältnis von Regel zu Ausnahme umkehren.

[3]) Z. B. aller unentgeltliche Erwerb, alle Zuwendungen aus dem Vermögen des Mannes (KG. in RJA. VI S. 53).

[4]) Z. B. alle unbeweglichen Sachen. Vgl. ferner einen Fall bei Gruchot 40 S. 1013: Surrogation des schon vor der Ehe zum Vorbehaltsgut bestimmten Kapitals.

[5]) Z. B. soviel Barmittel, als die Frau zur Gründung eines Geschäftes benötige.

bleiben, das als Vorbehaltsgut Ausgeschiedene zu den der Regel folgenden Nutzungen im Verhältnis von Ausnahme zu Regel stehen, wie es für den Nießbrauch § 1030 II ausdrücklich feststellt (vgl. dazu die für das ganze Verhältnis des Vorbehaltsgutes zum eingebrachten Gut zutreffenden Ausführungen der Mot. III S. 493, ferner l. 14 § 1 D. 7, 8: „fructus sine usu esse non potest". Ein Beispiel bieten die Mieterträgnisse von einem Stockwerk eines zum Eingebrachten gehörigen Hauses).[1])

Was zu Vorbehaltsgut bestellt worden ist, kann natürlich wieder in Eingebrachtes verwandelt werden. Die Rückverwandlung kann auch bei Eingehung des Vorbehaltsvertrages in Form einer auflösenden Bedingung oder Befristung festgesetzt werden, wie natürlich auch die Vorbehaltsbestimmung unter aufschiebender Bedingung erfolgen kann. Nur dürfte es nicht zulässig sein, als Bedingung die willkürliche Erklärung eines Ehegatten aufzustellen. Die vielfach angenommene[2]) Zulässigkeit derartiger Bedingungen muß doch jedenfalls verneint werden, wo dadurch eine Umgehnug der für das Rechtsgeschäft gegebenen Formvorschriften begünstigt wird. Durch die Zulassung wäre — angesichts der Unzulänglichkeit des Verläßlichkeitsschutzes — der Vollstreckungsgläubiger den ärgsten Kollusionen ausgesetzt.[3]).

Die **Wirkung** des zulässigen Vorbehaltsvertrags ist zunächst die Ausschließung der ehemännlichen Gerechtsame an den bezeichneten Gegenständen. In welcher Weise diese Absicht gekennzeichnet wird, ist selbstverständlich ohne Belang, die Bezeichnung als Vorbehaltsgut ist keineswegs erforderlich. Insbesondere ist auch der in Ehevertragsform erklärte und von der Frau angenommene Verzicht des Mannes auf sein Nutzverwaltungsrecht an bestimmten Gegenständen ein Vorbehaltsvertrag. Vorbehaltsgut entsteht auch dann, wenn wesentliche Bestandteile des ehemännlichen Rechtes in bezug auf einzelne Gegenstände aufgehoben werden (s. unten S. 65 f.).

Im einzelnen treten auf Grund des Vorbehaltvertrages in bezug auf die davon betroffenen Gegenstände dieselben Rechtsverhältnisse ein, welche für das gütergetrennte Frauenvermögen gelten. Wie weit hierüber noch Eheverträge zulässig, wurde schon bei der Gütertrennung besprochen.

Ueber die Eintragung des Vorbehaltvertrages ins Güterrechtsregister wird im Zusammenhang mit den sonstigen Vorschriften des Registerrechts gehandelt werden.

---

[1]) **Planck** zu § 1368 N. 1; **Wieruszowski** II S. 208 N. 11.

[2]) **Leonhard** DogmJ. 39 S. 174 ff.; Derselbe, der Allgemeine Teil des BGB. S. 394 ff. **Enneccerus** I (3. Aufl.) S. 452 N. 13. **Planck** I zu § 158 N. 8. Staudinger I S. 447 ff.

[3]) Die Sachlage ist hier ganz anders als bei der Bestimmung des **Gegenstandes** eines Vorbehaltsvertrages nach billigem Ermessen eines Gatten; **dabei** ist sicher, **daß** irgend ein Gegenstand des Eingebrachten Vorbehaltsgut wird: **hier** aber ist zwar der Vertragsgegenstand bestimmt, nicht aber, **ob** derselbe Vorbehalts- oder eingebrachtes Gut wird.

II. Die „definierende" Vorschrift des § 1363 bedeutet also für die Frage der Zulässigkeit eines Modifikationsvertrages das Erfordernis des Bestehenbleibens der ehemännlichen Gerechtsame an der theoretisch unbegrenzten Masse des Frauenvermögens. Eine Definition dieser Gerechtsame aber hat das Gesetz nirgends gegeben, es beschränkt sich vielmehr auf eine allgemeine Bezeichnung seines Inhaltes als „Verwaltung und Nutznießung". Daraus erwächst der Untersuchung über den wesentlichen Inhalt dieses Rechtes die doppelte Aufgabe: einmal die Zusammengehörigkeit oder Unabhängigkeit dieser beiden Seiten des Rechtes festzustellen und zweitens nach beiden Seiten die wesentlichen Bestandteile aufzufinden. — Die ebenfalls doppelte Bedeutung dieser Untersuchung für die Zulässigkeit des Ehevertrages wurde früher schon gekennzeichnet: der vertragsmäßige Ausschluß wesentlicher Bestandteile des Nutzverwaltungsrechtes ist entweder ganz unwirksam, oder — sofern nämlich die in dem Vertrag geäußerte Parteiabsicht durch gewöhnliche obligatorische und dingliche Rechtsgeschäfte zu erreichen ist — es wird die ehemännliche Gerechtsame ganz ausgeschlossen, d. h. bei genereller Natur des Vertrages tritt Gütertrennung an Stelle des ordentlichen gesetzlichen Güterstandes, bei Beschränkung auf einzelne Gegenstände Vorbehaltsgut an Stelle des eingebrachten Gutes.

Die Untrennbarkeit von Verwaltung und Nutznießung darf als herrschende Ansicht bezeichnet werden.[1]) Es wurde zwar in der II. Kommission[2]) darüber gestritten, ob die Verwaltung oder die Nutznießung die „Hauptsache" sei, ob es sich um eine „potenzierte" Nutznießung oder eine potenzierte Verwaltung handle. Die historische Betrachtung[3]) ergibt aber, daß weder das eine noch das andere der Fall; weder hat der Mann die Verwaltung nur zu dem Zweck, die Nutzungen ungestört ziehen zu können, noch ist die Nutznießung nur eine Folge eines besonders unbeschränkten Verwaltungsrechtes. Vielmehr sind beide Seiten des Rechtes notwendige Folgeerscheinungen des einen „Gesamtrechtsverhältnisses", das nichts anderes ist als die moderne Form der Gewere zur rechten Vormundschaft: diese aber ist — jedenfalls zur Zeit des Sachsenspiegels — weder bloße Schutzgewalt noch ein bloß eigennütziges Recht, sondern die vermögensrechtliche Erscheinungsform der Stellung des Mannes als des Herrn und Beschützers seiner

---

[1]) Dernburg IV S. 134; Hellwig, A. u. Kl. S. 303; Staudinger S. 256 lit d; Planck, Vorbem. 2 vor § 1418; Ehrlich S. 194 N. 62; Wieruszowski II S. 212; Heinsheimer, Das Recht des Mannes am Vermögen der Frau, S. 88 bei N. 88; Ullmann S. 88 ff.; Rspr. OLG. I S. 457. — A. A. nur Opet, Vorbem. 2 vor § 1418. Bollenbeck, Recht 1904 S. 32.

[2]) Prot. IV S. 118 ff. Vgl. Brühl, ZivA. 73 S. 408 ff.; Planck, ebenda 75 S. 355.

[3]) Vgl. namentlich Agricola, Die Gewere zur rechten Vormundschaft, 1869; ferner Kohler, Der Dispositionsnießbrauch, DogmJ. 24 S. 1 (rechtsvergleichend); Schilling, BürgA. 19 S. 186—328.

Hausgenossen. Er kann nicht schützen ohne zu herrschen und er darf nicht herrschen ohne die Pflicht, zu schützen. „Frauengut soll nicht wachsen noch schwinden", d. h. der Mann hat den Nutzen aber die Pflicht der Erhaltung. Es würde seine Stellung zum Vermögen der Frau von Grund aus verändert, würde er durch Ausschluß seiner Nutznießung zum Verwalter lediglich im Interesse der Frau herabgedrückt oder durch Ausschluß der Verwaltung in den Genuß der Ergebnisse aus den Mühen der Frau gesetzt.

Zum selben Resultat führt die Betrachtung der Frage vom gesetzgebungspolitischen Standpunkt: Durch unsere ganze Gesetzgebung geht der Zug, alle Rechtsverhältnisse zu unterdrücken und zu verbieten, welche den Erwerbstrieb lähmen und so die größtmögliche Ausnützung des nationalen Vermögens durch die nationale Arbeitskraft gefährden. Das wäre aber der Fall, wenn einer Person ein dingliches Recht auf die Nutzungen des ganzen gegenwärtigen und künftigen Vermögens einer andern eingeräumt und doch diesem, dem Vermögenssubjekt, die Verwaltung des so belasteten Vermögens belassen würde. Die Verwaltung hat, wer an der Mehrung des Vermögens das vorzüglichste Interesse hat (es sei denn, daß ein eigener Verwalter staatlich aufgestellt wird), und das ist derjenige, dem die Nutzungen zufallen. Anderseits sprechen diese Erwägungen auch gegen die Zulassung dinglicher Verfügungsbeschränkungen, ohne daß auf Seite des Berechtigen ein genügend starkes materielles Interesse an der Mehrung des Vermögens vorhanden wäre, wie es der Fall wäre, wenn dem Mann ein absolutes Verwaltungsrecht ohne Nutzgenuß eingeräumt würde.

Dem scheint freilich zu widersprechen, daß nach Entwurf I § 1285 und noch nach Entwurf II § 1282 an Gegenständen des persönlichen Gebrauchs der Ehefrau nur die Nutznießung ausgeschlossen, das Verwaltungsrecht und mit ihm die Verfügungsbeschränkung der Frau aber aufrecht erhalten war. Hier sprach aber ein besonderes Interesse des Mannes mit, nämlich die Rücksicht auf die aus seiner Unterhaltspflicht resultierende Verpflichtung, für derartige Gegenstände jederzeit Ersatz zu schaffen.[1])

Die weitere Frage, welche Inhaltsbestandteile dem ehemännlichen Recht wesentlich sind, beantwortet sich nach der Seite der Nutznießung nach den für den Nießbrauch geltenden Grundsätzen, wie sie schon bei Ueberlassung von Nutzungen zu Vorbehaltsgut (s. oben S. 64) besprochen wurden (§ 1030 II). Die den Nießbrauchgrundsätzen entsprechende Pflicht zur Kostentragung (§ 1384) kann so wenig wie die Pflicht zur Bestreitung der sonstigen laufenden Ausgaben (§§ 1385—1387) als wesentlicher Bestandteil des Nutznießungsverhältnisses angesehen werden.

Dagegen ist nach der Seite der Verwaltung Recht und Pflicht überhaupt nicht zweierlei, sondern die Verwaltungspflicht ist nur die

[1]) Mot. IV S. 166. — Vgl. dagegen Bericht der RTKomm. S. 118 ff., sowie Mot. IV S. 796 und § 1647 mit § 1419 BGB.

Pflicht des Mannes, sein Verwaltungs*recht* „ordnungsmäßig" auszuüben. Treffend sagen schon die Motive (IV S. 269): Der Mann sei für die „*ordnungsmäßige* Verwaltung Sorge zu tragen *berechtigt*". Ein Recht, das Ehegut nur insoweit zu verwalten, als es dem Manne gerade beliebe, konnte und kann nicht statuiert werden.[1] Wer fremdes Vermögen ausschließlich verwalten *darf*, *muß* es auch verwalten, denn die Rechtsordnung kann vielleicht Vermögen ohne Subjekt, aber nicht Vermögen ohne Verwalter dulden (vgl. § 1914). Im übrigen enthält ja nun das Verwaltungsrecht sehr mannigfache Befugnisse: Zum Begriff des *selbständigen* Verwaltungsrechtes gehört davon u. E. nur die grundsätzliche Befugnis zur Vornahme aller rein wirtschaftlichen Verwaltungshandlungen[2]) (im Rahmen ordnungsmäßiger Verwaltung!) und zur Vornahme aller erforderlichen Rechtsgeschäfte im *eigenen Namen* (wenn auch mit Zustimmung der Frau bzw. des Gerichtes); letztere Befugnis insbesondere ist u. E. ein charakteristisches Merkmal der selbständigen Natur des Verwaltungsrechtes, wie sie durch die Beschlüsse der II. Kommission in Anlehnung an die historische Entwicklung und entgegen dem „engherzigen" Geschäftsführungs-Standpunkt des Entwurfs I geschaffen wurde.[3]) Im einzelnen mögen auch hier, wenigstens in der ersten Beziehung, Ausnahmen nicht unzulässig sein, es wird sich dabei aber meist nur um eine nähere Interpretation des Begriffs der „ordnungsmäßigen" Verwaltung handeln. *Nicht* zum begrifflichen Inhalt des Verwaltungsrechtes gehört das Prozeßführungsrecht des Ehemannes aus § 1380, dessen Ausschließbarkeit, soweit Interessen Dritter in Frage stehen, schon bejaht wurde (vgl. oben S. 46 und besonders N. 1). Denn die Notwendigkeit einer prozessualen Verfolgung überhaupt ist nur eine Ausnahme von den regelmäßigen Verwaltungshandlungen und auch hier wird man anerkennen müssen, daß durch die Beschränkung der Selbständigkeit in diesem Ausnahmefall die Regel der selbständigen Verwaltung nicht beseitigt werde.

III. Innerhalb des durch die Begriffserfordernisse der Nutzverwaltung bezeichneten Rahmens steht es nun wieder grundsätzlich im Belieben der Ehegatten, nähere Bestimmungen über die daraus sich ergebenden Rechte und Pflichten zu treffen.

---

[1]) Wenn mehrfach gelehrt wird, die Verwaltungs*pflicht* des Mannes könne durch Ehevertrag ausgeschlossen werden (*Ullmann* S. 37; *Ehrlich* S. 199; *Schmidt-H.* Vorbem. IV 1c vor § 1373), so kann das nur heißen, daß seine Haftung nach § 276 II herabgesetzt werden, bzw. die nähere Regelung der Verwaltungspflicht in §§ 1377, 1378, 1382 geändert werden kann.

[2]) Hierzu ist der Mann ohne Zustimmung der Frau befugt. Die gegenteilige Ansicht von *Jastrow* in Buschs Z. 25 S. 132 ff. übersieht, daß die Grenze immer die „*ordnungsmäßige*" Wirtschaft bildet. Zu darüber hinausgehenden Maßnahmen könnte ihn auch bei Anwendung von *Jastrows* Ansicht das Vormundschaftsgericht auf Grund des § 1379 niemals ermächtigen. *Jastrows* Beispiele sind ganz unzutreffend (Verbrennen der Möbel, Niederreißen eines Hauses).

[3]) Vgl. namentlich *Planck* S. 130 ff.

1. Die Bestimmungen, welche die im Nutzverwaltungsrecht enthaltenen Befugnisse und die aus dem Gebote ordnungsmäßiger Verwaltung entspringenden Verpflichtungen des Mannes im einzelnen ausführen, können grundsätzlich sowohl verschärft als abgemildert werden. Schlechthin zwingend sind nach früher entwickelten Grundsätzen[1]) einerseits diejenigen Vorschriften, welche dem Mann die zur Durchführung seiner Verwaltung unentbehrlichen Befugnisse und Ansprüche zusichern, anderseits diejenigen, welche den Schutz der Frau gegen Mißbrauch des Verwaltungsrechtes bezwecken, endlich solche, welche nach allgemeinen Grundsätzen oder aus Rücksicht auf Dritte nicht abänderlich sind.

a) Zur ersten Gruppe gehören folgende Rechte des Mannes:

1. Das Recht, die eingebrachten Sachen in Besitz zu nehmen (§ 1373).
2. das Recht, Feststellung des Bestandes des eingebrachten Gutes zu verlangen (§ 1372 I) und den Zustand der zum eingebrachten Gut gehörenden Sachen durch Sachverständige feststellen zu lassen (§ 1372 II).[2])

Richtiger Ansicht nach kann aber das Verlangen jederzeit gestellt werden.[3]) Daraus folgt für den Ehevertrag wohl als zweifellos die Zulässigkeit zeitweiligen Verzichtes auf den Feststellungsanspruch des Abs. I,[4]) insbesondere in Gestalt einer Vereinbarung von regelmäßig wiederkehrenden Terminen für die Aufnahme bzw. Revision des Bestandsverzeichnisses. Aus wichtigen Gründen der Verwaltung wird jedoch auch diesfalls der Ehemann Bestandsaufnahme verlangen können. Vereinbarungen über die Art der Feststellung, die Person des beizuziehenden Urkundbeamten usw. bedeuten keine Veränderung der güterrechtlichen Verhältnisse und sind daher nicht Ehevertrag im eigentlichen Sinn.

3. ist als grundsätzlich unverzichtbar der Anspruch[5]) des Mannes auf Zustimmung der Frau zur Vornahme der für die ordnungsmäßige Verwaltung des Eingebrachten erforderlichen Rechtsgeschäfte zu nennen (§ 1379).

Die Vorschrift ist so eng gefaßt und wird auch in der Praxis so strikte ausgelegt, daß es schon ganz dringliche Lagen sein müssen, in denen sie überhaupt zur Anwendung kommen kann. Ihre Ausschließung

---

[1]) Vgl. oben S. 44, 45.

[2]) Uebereinstimmend: Ehrlich S. 197 N. 80; Staudinger zu § 1372 N. 6 erklärt einen generellen Verzicht „als mit dem Wesen der Ehe in Widerspruch stehend“ für unzulässig; was hier aus dem Wesen der Ehe zu beweisen sein soll, ist unerfindlich.

[3]) Dernburg IV S. 138; Staudinger zu § 1372 N. 3 gegen Planck zu § 1372 N. 2; Schmidt-H. N. 3a.

[4]) Staudinger zu § 1372 N. 6. — Eine Eintragung des Ehevertrages ins Güterrechtsregister ist nicht erforderlich, da die Ansprüche aus § 1372 Dritten nicht zugänglich sind; Staudinger N. 5.

[5]) § 1379 spricht zweifellos implicite dem Mann einen Anspruch zu; Abs. I benimmt dem Streit hierüber den Charakter der „bürgerlichen Rechtsstreitigkeit“; Abs. II sieht „eine eigenartige Form der Abwesenheitspflegschaft“ (Jastrow) vor.

würde die Verwaltung vielfach illusorisch machen. — Dem Verzicht auf das Recht, die Zustimmung zu verlangen, würde der Verzicht auf Ersetzung durch das Vormundschaftsgericht gleichkommen; eine Verweisung auf den Prozeßweg wäre schon deshalb unzulässig, weil die Zuständigkeitsausscheidung zwischen freiwilliger und streitiger Gerichtsbarkeit absolut bindend ist. An Stelle des Vormundschaftsrichters einen Schiedsrichter zu setzen, scheint gleichfalls unstatthaft, jedenfalls wäre es kein Ehevertrag.

4. sind endlich unverzichtbar die Befugnisse, welche den Mann in den Stand setzen, sich gegen die aus der unbeschränkbaren Fähigkeit der Frau zur Annahme einer Erbschaft erwachsenden Gefahren zu schützen (vgl. bes. KO. § 218, ZPO. § 999, BGB. § 2008, im übrigen: Staudinger zu § 1406 N. 2 a α).

b) Von den Normen, welche das Erfordernis ordnungsmäßiger Verwaltung näher regeln, sind folgende dem Schutz der Frau gegen Mißwirtschaft des Mannes oder Mißbrauch seiner Befugnisse zu dienen bestimmt:

1. Der Anspruch der Frau auf Bestandsaufnahme und Zustandsfeststellung des Eingebrachten (§ 1372),
2. der Auskunftsanspruch (§ 1374, 2).[1])

Für beide Ansprüche gilt in bezug auf die Verzichtbarkeit ähnliches wie für die Ansprüche des Mannes aus § 1372 (oben S. 68, vgl. auch §§ 716 II BGB., 118 II HGB.).

3. Der Anspruch auf Erteilung der Zustimmung zu einem Rechtsgeschäft, das zur ordnungsmäßigen Besorgung der persönlichen Angelegenheiten der Frau erforderlich ist (§ 1402); [2]) über die Ausschließung des Vormundschaftsgerichtes s. oben unter a, 3 am Ende.
4. Das Recht der Frau, im Falle des § 1391 auch während bestehender Verwaltungsgemeinschaft ihre Ansprüche aus der Verwaltung und Nutznießung geltend zu machen (§ 1394, 1); [3]) die unter denselben Voraussetzungen zulässige Klage auf Aufhebung des Güterstandes (§ 1418 Ziff. 1) würde kein Aequivalent bieten, da die Ansprüche der Frau erst nach Erledigung dieser Klage geltend gemacht werden könnten.
5. Wohl auch die Ansprüche der Frau auf Sicherheitsleistung unter den Voraussetzungen des § 1391 gemäß dem Schutzzwecke dieser Norm.[4])

c) Eine Sonderbetrachtung beanspruchen endlich noch die aus der ehemännlichen Verwaltungspflicht entspringenden Verpflichtungen des Mannes zur Tragung gewisser Lasten des Eingebrachten (§ 1385—1388),

---

[1]) Opet zu § 1374 N. 4 a. E.; Ehrlich S. 203.
[2]) Ehrlich S. 207 N. 119; Staudinger zu § 1402 N. 8.
[3]) Ehrlich S. 202 ff.
[4]) Ehrlich S. 202; Staudinger zu § 1391 N. 8. — Dagegen Opet zu § 1391 N. 4 f.

in Rücksicht darauf, daß hier die Interessen Dritter beteiligt sind. Regelmäßig dürfte die Zulässigkeit einer Ueberwälzung dieser Lasten auf das Frauenvermögen — besonders in Anbetracht der Möglichkeit umfangreichen Vorbehaltsgutes — keinem Zweifel unterliegen, soweit es sich nur um das Verhältnis unter den Ehegatten handelt.[1]) Bedenken haben sich nur in bezug auf die Vorschrift des § 1387 Ziff. 2 erhoben, wonach der Mann die den Umständen nach gebotenen Kosten der Verteidigung der Frau in einem Strafverfahren — wenigstens zunächst — aus seinem Vermögen zu tragen hat.[2])

Da diese Vorschrift nicht — wie Opet meint — auf der Stellung des Mannes als des „natürlichen Beschützers der Frau" beruht, sondern auf der Zugehörigkeit solcher Lasten zu den aus laufenden Einnahmen zu deckenden Ausgaben (Mot. IV S. 124, 203), so erscheint ihre Ausschließung im Verhältnis unter den Ehegatten nicht notwendig als sittenwidrig. Freilich erhält sie eine besondere Bedeutung durch § 1388 (Außenhaftung des Mannes), indem hierdurch der mittellosen Frau unter Umständen die Gewinnung eines Verteidigers ihrer Wahl erleichtert wird.

Im Verhältnis zu Dritten aber — hier also speziell zum Verteidiger der Frau — halten wir die Verpflichtungen des Mannes aus den §§ 1385—1387 überhaupt nicht für ausschließbar. Die Gründe hierfür haben wir schon oben entwickelt (S. 47 ff.). Es ist hier nur deshalb nochmals hierauf zurückzukommen, weil die Fassung des § 1388 die Meinung aufkommen lassen könnte, daß mit dem Verzicht der Frau auf ihre Ansprüche aus den §§ 1385—1387 auch die der Frauengläubiger gegenstandslos werden; § 1388 setzt eine Außenhaftung des Mannes nur fest, „soweit er nach den §§ 1385—1387 der Frau gegenüber deren Verbindlichkeiten zu tragen hat." U. E. wäre ein Schluß hieraus in dem gedachten Sinn nicht nur eine nicht zu billigende Buchstabeninterpretation, sondern er würde sogar dem Wortlaut des Gesetzes widersprechen; denn „soweit er nach den §§ 1385 ff. haftet" heißt keineswegs „soweit er auf Grund dieser §§ haftet", sondern nur: „soweit diese §§ eine Haftung des Mannes anordnen". Es entspricht durchaus der Systematik des ehelichen Güterrechts, für die Frage nach der zwingenden Natur einer Norm einen Unterschied zwischen dem Innen- und Außenverhältnis zu machen.[3])

Es möchte nun den Anschein haben, als ob durch die verhältnismäßig große Zahl bindender Vorschriften[4]) die Möglichkeit vertrags-

[1]) Ehrlich S. 199 N. 83, 84; Opet zu § 1384 N. 8, § 1385 N. 6, § 1386 N. 5, § 1387 N. 10; Staudinger entsprechend N. 6, N. 4, N. 4, N. 6; Schmidt-H. zu § 1432 N. 5a Abs. 1.

[2]) Ehrlich S. 201 N. 92 und Opet zu § 1387 N. 10 halten die Vorschrift für schlechthin zwingend, dagegen Staudinger zu § 1387 N. 6.

[3]) Die zwingende Natur des § 1388 bejaht Schmidt-H. zu § 1388 N. 4, § 1432 N. 5a, leugnet schlechthin Opet zu § 1388 N. 1 Abs. 2, und soweit die Frau auf ihre Ansprüche verzichtet hat, Ehrlich S. 210 N. 135.

[4]) Hier eine Uebersicht: zwingend sind: §§ 1373, 1374, 1379, 1380 2, 1383, 1388, 1394 1, Halbs. 2; — nicht zwingend: §§ 1375—1378, 1380 1, 1381, 1382, 1384—1387, 1390, 1391—1393; 1389 ist gesondert zu betrachten.

mäßiger Anpassung des Nutzverwaltungsverhältnisses an die Bedürfnisse des konkreten Falles ganz erheblich beschränkt sei. Tatsächlich aber sind die von uns als zwingend bezeichneten Normen fast durchweg solche, die bei geordneten Verhältnissen als selbstverständlich erfüllt werden oder überhaupt nicht in Betracht kommen; sie beschränken nicht eine richtig verstandene Vertragsfreiheit, sondern nur die Möglichkeit eines Mißbrauchs derselben. Durch Modifikationen der übrigen Vorschriften läßt sich allen Verhältnissen, auf welche das System des ordentlichen gesetzlichen Güterstandes paßt, wünschenswerte Rechnung tragen. Durch vollständigen Ausschluß der selbständigen Verfügungsbefugnis des Ehemannes über Eingebrachtes (§ 1376)[1]) und des Prozeßführungsrechtes im eigenen Namen (§ 1380,1) kann der von unserem Gesetz zum Leitmotiv erhobene Gedanke der „Verfügungsgemeinschaft" zu vollster Durchführung gebracht werden.[2]) Anderseits kann auch dem Mann — was z. B. bei Führung eines eingebrachten Erwerbsgeschäftes durch den Mann vielfach unentbehrlich sein wird — eine weit freiere Stellung eingeräumt werden, als das Gesetz sie gewährt, insbesondere indem die nach § 1375 erforderliche Zustimmung generell zu allen im Rahmen ordnungsmäßiger Verwaltung liegenden obligatorischen und Verfügungsgeschäften im Ehevertrag erteilt wird.[3])

In der Erteilung der Einwilligung durch Ehevertrag liegt ein bindender Verzicht auf das Recht zum Widerruf der Einwilligung (§ 183), s. oben S. 3. Besonders bedeutungsvoll ist dies, wenn man mit Planck (zu § 1375 N. 1 Abs. 2)[4]) der Zustimmung die Wirkung beilegt, den Mann zur Vornahme obligatorischer Geschäfte im Namen der Frau zu ermächtigen — was freilich mit der unserer Ansicht nach unverzichtbaren Widerruflichkeit einer auf Auftrag beruhenden Vollmacht in gewissen Widerspruch tritt.[5]) Eine sittenwidrige Bindung der freien Selbstbestimmung der Frau läge jedenfalls nur in der unwiderruflich erteilten Zustimmung zu allen Rechtsgeschäften, auch soweit sie nicht für die ordnungsmäßige Verwaltung erforderlich sind.[6]) Zulässig dagegen ist natürlich auch ehevertragsmäßige Zustimmung zu einzelnen Verwaltungsgeschäften, die den Rahmen des „Ordnungsmäßigen" überschreiten, z. B. zu Börsenspekulationen u. dgl. (vgl.

---

[1]) Für die Abänderlichkeit: Ehrlich S. 196 N. 75, S. 210 N. 133; Schmidt-H. zu § 1432 N. 5a; Planck S. 228 a. E.

[2]) In beiden Fällen ist zur Wirkung gegen Dritte Registereintrag erfordert.

[3]) Dem deutlichen Wortlaut des § 1375 gegenüber kann dies nicht bezweifelt werden. Es kann auch keinen Unterschied machen, ob eine generelle Zustimmungserteilung oder eine anders gefaßte Aenderung des § 1375 vorliegt. Damit werden alle Einwände Ehrlichs (S. 204 ff.) hinfällig.

[4]) Ebenso Staudinger zu § 1375 N. 2 Abs. 3 gegen Hellwig, A. u. Kl. S. 300; Neumann zu § 1375.

[5]) Vgl. die Kommentare zu § 168: Planck, Hölder gegen Staudinger.

[6]) Aehnlich Opet zu § 1375 N. 4; Bollenbeck, Recht 1904 S. 32.

§ 1377). Ob durch ehevertragsmäßige Ermächtigung zu Verfügungen über Eingebrachtes auch die Rechtskraftwirkung eines darüber geführten Rechtsstreites erweitert wird[1]) und ob bzw. inwieweit der Prozeßführung des Ehemannes aus § 1380 1 durch die Zustimmung hierzu Wirkung gegenüber der Frau beigelegt werden kann,[2]) — das sind Fragen, welche nicht speziell für die Wirksamkeit des Ehevertrages, sondern überhaupt für jeden Fall der Zustimmung in Betracht kommen, und daher hier nicht zu untersuchen sind. — Eine umfassendere Zustimmung der Frau wird namentlich in der Form vorkommen, daß für die Verwaltung des Eingebrachten oder einzelner Teile desselben ein bestimmter Wirtschaftsplan aufgestellt wird; dadurch wird der Mann einerseits zu allen auf Grund des Planes vorgenommenen Rechtsgeschäften mit dem nötigen Verfügungsrecht ausgestattet, anderseits natürlich auch an feste Regeln der Bewirtschaftung gebunden. Auslegungsfrage ist es freilich immer, ob der Vertrag nicht bloß eine nicht schlechthin verbindliche Erläuterung des Begriffs der ordnungsmäßigen Verwaltung geben will, und dann natürlich nicht der Ehevertragsform bedarf.

2. Die negative Seite des Nutzverwaltungsrechtes, d. h. die Reflexwirkungen desselben auf die Stellung der Frau zu ihrem so belasteten Vermögen, regeln im Gesetz die §§ 1395—1405. Nach unseren früheren Ausführungen, namentlich denen über die Wirkung absoluter Rechte überhaupt, und der Nutzverwaltung im besonderen (s. oben S. 28 ff.) sind die hier in Frage stehenden Normen einer nach außen wirksamen Abänderung nur in der Richtung einer Ausdehnung der Verfügungsbefugnisse der Frau fähig.[3]) Aber auch ein nach § 137, 2 zulässiger nur obligatorisch wirkender Verzicht der Frau auf die ihr hier gewährten Befugnisse wird regelmäßig unzulässig sein. Nicht unzulässig ist natürlich eine derartige Verpflichtung zur Unterlassung von einzelnen Verpflichtungsgeschäften oder von solchen bestimmter Art, wodurch der Mann die Bewirtschaftung und Erhaltung des Vorbehaltsgutes unter Umständen beeinflussen kann. Als Normen zum Schutze der Frau gegen ehemännliche Mißwirtschaft bzw. zur Wahrung eines Minimums wirtschaftlicher Selbständigkeit sind der

---

[1]) Eine wörtliche Auslegung von § 1380 Satz 2 müßte hierzu führen: U. E. trifft diese Auslegung aber schon deshalb nicht zu, weil dann auf Umwegen die Frau denselben Erfolg herbeiführen könnte, den sie nach Hellwig mit der Zustimmung zum Rechtsstreit selbst erzielen kann, eine Ansicht, die wir nicht teilen.

[2]) Dies verneint namentlich Planck zu § 1380 N. 7 Abs. 2, bejaht insbesondere Hellwig, RKr. § 69, A. u. Kl. S. 307 ff.

[3]) Mit Rücksicht auf Dritte unabänderlich sind §§ 1396 II, 1397, 1399 II, 1403 I und II, 1, 1407[1], auch § 1405, sofern die Einwilligung zum Gewerbebetrieb nicht unter Beschränkung der Verfügungs- oder Schuldverstrickungsmacht der Frau geschehen kann (s. oben S. 47 N. 2).

Abänderung entzogen die Vorschriften der §§ 1401, 1402, 1406,[1]) 1407 Ziff. 2—4 (über § 1407, Ziff. 1, siehe S. 72 N. 3).

Eine größere Selbständigkeit der Frau neben dem Manne ist möglich durch ehevertragsmäßige Erteilung der Einwilligung des Mannes zu Verfügungs- und obligatorischen Geschäften wie zur Prozeßführung.[2]) Nur darf der Umkreis der so genehmigten Geschäfte nicht so groß und unbestimmt sein, daß die ordnungsmäßige Verwaltung durch den Mann beeinträchtigt würde.

Eine besondere Stellung nehmen die für den Verkehr so wichtigen Vorschriften des § 1405 über den selbständigen Betrieb eines Erwerbsgeschäftes durch die Frau ein. Es fragt sich hier einerseits, ob trotz der ehemännlichen Einwilligung die Verfügungs- und Schuldverstrickungsmacht der Ehefrau beschränkt werden, anderseits ob auf das Recht des Mannes zum Widerruf der Einwilligung bindend verzichtet werden kann. Die erste Frage wurde schon früher aus Gründen der Verkehrssicherheit verneint (s. oben S. 47, β); zulässig ist natürlich die Beschränkung im Verhältnis der Ehegatten untereinander, z. B. die Vereinbarung, daß die Ehefrau nur bis zu einem gewissen Betrag Geschäftsschulden machen dürfe (soweit infolge einer Ueberschreitung dann das Eingebrachte gemindert wird, hat das Vorbehaltsgut Ersatz zu leisten). Bei der Beantwortung der zweiten Frage ist von dem Verhältnis des § 1405 zu dem Bestimmungsrecht des Mannes nach § 1354 auszugehen: Zunächst bedeutet § 1405 nur die Verbindung einer besonderen güterrechtlichen Wirkung mit der Ausübung eines dem Manne auf Grund seiner personenrechtlichen Vorstellung zustehenden Rechtes. Das Recht des Mannes zur Versagung und zum Widerruf der Einwilligung nach § 1405 geht aber über dieses personenrechtliche Recht hinaus, insofern nämlich auch eine mißbräuchliche Ausübung die güterrechtlichen Wirkungen erzeugt (vgl. dagegen § 1354 II), dann auch insofern, als das Widerrufsrecht, anders als das Kündigungsrecht aus § 1358, niemals durch die Aufhebung der häuslichen Gemeinschaft beeinflußt wird. Insoweit handelt es sich um ein Recht rein güterrechtlicher Natur, dessen Verzichtbarkeit völlig unabhängig von personenrechtlichen Bestimmungen zu beurteilen ist.[3]) Und da nun dürfte sich kaum ein Grund finden lassen, warum der Mann nicht auf die mißbräuchliche Ausübung dieses Güterrechts sollte verzichten können, und zwar verzichten mit unmittelbarer Wirkung nach

---

[1]) Staudinger zu § 1432 N. 3c α, Planck N. 3a; Ehrlich S. 200 hält für zulässig eine Verpflichtung der Frau, ohne Zustimmung des Mannes kein Inventar über eine an sie gefallene Erbschaft zu errichten. Mit Wirkung nach außen ist das sicher nicht möglich, ob mit Wirkung nach innen, ist im einzelnen Fall zu unterscheiden.

[2]) Planck zu § 1432 N. 3a; Staudinger N. 3c, α.

[3]) Nur insoweit ist den Schriftstellern zuzustimmen, welche das Einwilligungs- und Widerrufsrecht als im Güterrecht „wurzelnd" darstellen; Gildemeister in Z. f. HandR. 54 S. 130 N. 40; Wieruszowski II S. 256 N. 1.

außen, so daß auch die Eintragung eines Widerrufs ins Güterrechtsregister nicht die Ungültigkeit der Verfügungen der Geschäftsfrau bewirken kann. Unverzichtbar, weil aus dem Wesen der Ehe folgend, ist zunächst nur das in § 1354 ausgesprochene Recht, die Unverzichtbarkeit erstreckt sich aber notwendig auch auf die mit der Ausübung dieses Rechtes verbundenen und zu seiner wirksamen Durchführung bestimmten güterrechtlichen Wirkungen. Ein ehevertragsmäßiger Verzicht des Mannes auf das Widerrufsrecht des § 1405 wäre demnach nicht schlechthin nichtig, aber nur insoferne wirksam, als die Ausübung desselben eine mißbräuchliche zu nennen ist.[1]) Eine Eintragung des Verzichtsvertrages ins Güterrechtsregister ist nicht zulässig, denn dies könnte ja nur für den Registerrichter selbst Bedeutung haben, nämlich dann, wenn der Mann später einen Widerruf einzutragen beantragt; es kann aber dem Registerrichter nicht die Aufgabe zugeschoben werden, die Rechtmäßigkeit oder Mißbräuchlichkeit der Ausübung des Widerrufsrechtes nachzuprüfen. Dritten gegenüber kommt eine Eintragung nicht in Betracht, weil der mit der Geschäftsfrau kontrahierende Dritte sich zum Beweise der *Ungültigkeit* oder *beschränkten* Wirksamkeit einer Rechtshandlung der Frau niemals auf einen Verläßlichkeitsschutz berufen könnte (s. unten S. 119).

3. Der besondere familienrechtliche Gehalt des Nutzverwaltungsrechtes äußert sich einerseits in seiner *Unübertragbarkeit* (§ 1408), anderseits in der *Beschränkung des Klagerechtes der Ehefrau* während der Dauer des Güterstandes (§ 1394, 1). Die zwingende Natur des § 1408[2]) folgt schon daraus, daß das Gesetz nur ein Nutzverwaltungsrecht des Ehemannes kennt (vgl. auch oben S. 25 N. 2 a. E.).[3]) Die Zulässigkeit einer Befreiung der Frau von der Beschränkung des § 1394, 1 ist unbestreitbar, wenn man — wie oben geschehen (s. S. 26) — die Hemmung der zwischen Ehegatten laufenden Verjährung (§ 204) für ausschließbar erklärt.[4])

4. Die Normen, welche den Einfluß des Nutzverwaltungsrechtes auf die *Vollstreckung in das eingebrachte Gut* regeln, gehören nach unseren früheren Ausführungen durchweg dem zwingenden

---

[1]) Aehnlich *Neumann* zu § 1405 N. II, 3 ff.: „Die durch Ehevertrag gesicherte Einwilligung des Mannes kann zwar aus dem Gesichtspunkt der §§ 1353 ff., nicht aber aus Gründen des ehelichen Güterrechts zurückgenommen werden". Für die *Unverzichtbarkeit schlechthin*; *Planck* zu § 1405 N. 5; *Opet* N. 10; *Staudinger* N. 8; *Schmidt-H.* N. 5a, 7a; *Lehmann-Ring* S. 12; *Staub* S. 34 N. 91; *Düringer-Hachenburg* S. 9 ff.; für die *Verzichtbarkeit schlechthin*: Die S. 73 N. 3 Genannten und *Cosack*, Handelsrecht S. 54. — Für das rheinische Recht wurde das Widerrufsrecht als Ausfluß aus der dem Manne über die Person der Frau zustehenden Gewalt (a. 1388 C. c) vom RG. 27 S. 5 für unverzichtbar erklärt.

[2]) Vgl. Mot. IV S. 213; *Ehrlich* S. 207.

[3]) Die *Ausübung* ist übertragbar und diese Uebertragbarkeit kann mit Wirkung gegen Dritte nicht ausgeschlossen werden.

[4]) *Opet* zu § 1394 N. 4; *Staudinger* N. 9; *Ehrlich* S. 196 N. 75. Vgl. auch Prot. IV S. 201 ff.

Recht an. Erweiterung der Haftung des eingebrachten Gutes ist mittelbar möglich durch Erteilung der Einwilligung des Mannes zu Verpflichtungsgeschäften der Frau, für die Ehevertragsform nur erforderlich, wenn die Einwilligung unwiderruflich sein soll.

Dagegen besteht nach dem früher Gesagten im allgemeinen kein Grund gegen die Zulässigkeit von Modifikationen der Vorschriften über die Schuldenträgerschaft (im Gegensatz zur Schuldenhaftung) des eingebrachten bzw. des Vorbehaltsgutes (§§ 1415, 1416). Sowohl Uebernahme von Schulden, die gesetzlich dem Eingebrachten zur Last fallen, auf das Vorbehaltsgut als umgekehrt von solchen, die dem Vorbehaltsgut zur Last fallen, auf das Eingebrachte ist für den einzelnen Fall wie generell[1]) möglich.[2]) Auch soweit es sich um Verbindlichkeiten der Frau aus unerlaubten Handlungen und diesbezügl. Rechtsstreitigkeiten handelt (§ 1415 Ziff. 1 u. 3), kann in einer Uebernahme auf das eingebrachte Gut keine Förderung eines sittenwidrigen Tuns erblickt werden, da ja die Ehefrau durch die Minderung des Eingebrachten immer selbst getroffen wird, wenn auch vielleicht nicht so empfindlich wie durch eine Minderung des Vorbehaltsgutes; dieser oft nur geringe Unterschied berechtigt nicht zur Aufstellung eines allgemeinen Satzes, wie Ehrlich S. 196 ff. will, es muß die Entscheidung über die Sittenwidrigkeit des Vertrages der Beurteilung des Einzelfalles überlassen bleiben.[3])

Schwieriger wiegt das Bedenken Ehrlichs gegen eine Ueberwälzung der Kosten gewisser Rechtsstreitigkeiten der Frau auf das Vorbehaltsgut. Insoweit nämlich der Frau das Prozeßführungsrecht mit Wirkung auf das eingebrachte Gut zum Schutze gegen Benachteiligung durch den Mann oder zur Wahrung ihrer Selbständigkeit gegeben ist (§§ 1407 Ziff. 2—4), dürfte es auch in der Regel nicht zulässig sein, dieses Recht dadurch zu „verkümmern", daß entgegen § 1416 I, 1 die Prozeßkosten dem Vorbehaltsgut aufgebürdet werden.[4]) Doch sind auch hier Ausnahmefälle im Hinblick auf die Möglichkeit umfangreichen Vorbehaltsgutes nicht undenkbar.

Die Uebernahme von Prozeßkosten, die im Verhältnis der Ehegatten untereinander dem Eingebrachten zur Last fallen, auf das Vorbehaltsgut kann den Mann nicht von der Haftung aus § 1388 mit § 1387 Ziff. 1 entbinden (vgl. oben S. 70); anderseits wird dadurch, daß Prozeßkosten, die dem Vorbehaltsgut zur Last fallen, auf das Eingebrachte übernommen werden, unseres Erachtens noch nicht eine persönliche Haftung des Mannes nach außen begründet, wie es wohl eine wörtliche Auslegung des § 1387 Ziff. 1 und des § 1388 folgern ließe.

---

[1]) Daß in beiden Fällen Ehevertrag vorliegt, siehe oben S. 8.

[2]) Staudinger zu § 1415 N. 5, § 1416 N. 8; Schmidt-H. zu § 1415 N. 8; Planck N. 6; Opet N. 6.

[3]) Müller in Bl. f. RA. 66 S. 27 weist mit Recht darauf hin, daß „Rücksichten auf den Anstand nicht selten die Uebernahme gebieten" können; zustimmend Staudinger und Opet an den N. 2 a. a. O. O.

[4]) Ehrlich S. 204 mit S. 202 N. 99.

Von der vertragsmäßigen Uebernahme von Verbindlichkeiten einer Vermögensmasse auf die andere ist die Vereinbarung zu unterscheiden, daß zur Vermeidung lästiger Auseinandersetzungen, Ausgleichungen zwischen Vorbehaltsgut und eingebrachtem Gut (§ 1417) nicht stattfinden sollen. Auch dies ist zulässig,[1]) entbindet aber natürlich nicht von der Ersatzpflicht für Aufwendungen, welche aus einer Vermögensmasse gemacht wurden, um Verbindlichkeiten, von deren Tragung die andere Masse nach dem eben Gesagten nicht befreit werden kann, zu berichtigen.

B. Der Verteilung der ehelichen Lasten beim ordentlichen gesetzlichen Güterstand liegt der Gedanke zugrunde, der ja eigentlich das leitende Prinzip des ganzen Güterstandes ist,[2]) daß „der Ertrag des beiderseitigen Vermögens und der beiderseitigen Arbeit zur Bestreitung der ehelichen Lasten verwendet und zu diesem Zweck das Vermögen der Frau mit dem des Mannes in der Hand des letzteren als des Hausherrn und Hauptes der Familie vereinigt werden soll", mit anderen Worten daß der dem ehelichen Genossenschaftsprinzip entsprechende Beitrag der Frau zur Bestreitung des ehelichen Aufwandes in Form der „Einbringung" ihres Vermögens geleistet wird. Dieses Prinzip erleidet eine Modifikation durch die Zulassung von Vorbehaltsgut. Soweit solches vorhanden, gelten die oben S. 52 ff. entwickelten Sätze ganz entsprechend.

Dort wurde auch schon erwähnt (S. 54), daß aus dem „Wesen" des ordentlichen gesetzlichen Güterstandes sich keine Einwände gegen unsere Ansicht herleiten lassen. Wir selbst haben an der Spitze dieses Paragraphen bei der Kennzeichnung des Prinzips des ordentlichen gesetzlichen Güterstandes die ehemännliche Aufwandspflicht erwähnt. Aber soweit dem Mann die Nutzverwaltung nicht zusteht, ist eben das ganze Prinzip des Güterstandes außer Geltung gesetzt, und nur insoweit wird von uns auch eine Ausnahme von der prinzipiellen Regelung der Aufwandspflicht als zulässig betrachtet.

Unzweifelhaft ist die Unverzichtbarkeit des Anspruchs der Frau aus § 1389 II auf Verwendung des Reinertrages ihres Eingebrachten zur Bestreitung des Unterhaltes des engsten Familienkreises;[3]) selbstverständlich kann auch die Geltendmachung dieses Anspruchs nicht entgegen § 1394, 2, zeitlich beschränkt werden.

C. Als güterstandsbeendende Tatbestände kennt das Gesetz außer der Auflösung der Ehe das Urteil auf Grund einer Aufhebungsklage der Frau (§ 1418), Rechtskraft des Eröffnungsbeschlusses im Konkurs des Mannes (§ 1419), Todeserklärung des Mannes (§ 1420).

Da die Geltung jedes Güterstandes befristet oder bedingt werden kann, so können diesen Endigungsgründen beliebige andere hinzugefügt

[1]) Staudinger zu § 1417 N. 7.
[2]) Vgl. Mot. IV S. 156, 163.
[3]) Ehrlich S. 201.

werden. Sittenwidrig wäre ein Vertrag, der die Endigung in die mera voluntas eines Ehegatten stellen würde, denn stünde dies der Frau zu, so wäre die selbständige Stellung des Mannes entwürdigt, stünde es dem Manne zu, so läge die Gefahr einer Ausbeutung des Interesses der Frau an der Fortführung der Verwaltung durch den Mann allzu nahe. Dagegen würde es wohl zulässig sein, jedem Ehegatten ein Kündigungsrecht aus bestimmten Gründen und event. unter Innehaltung einer angemessenen Frist einzuräumen, so namentlich dem Ehemann für den Fall, daß die Lasten der Nutzverwaltung die Erträgnisse übersteigen (vgl. Entwurf I § 1297 IV; Prot. VI S. 273 ff.). Als auflösende Bedingung können insbesondere Tatbestände bestimmt werden, welche nach dem Gesetz (§ 1418) nur eine Aufhebungsklage der Frau begründen.

Ein festerer Bestand kann dem ordentlichen gesetzlichen Güterstand nicht dadurch gegeben werden, daß die Endigungsgründe des § 1418 eingeschränkt würden. Die hier der Frau gegebenen Klagerechte sind durchweg unverzichtbar, teils weil sie dem Schutz der Frau gegen Mißbrauch des Verwaltungsrechtes und Verletzung der ehemännlichen Pflichten dienen (Ziff. 1 und 2), teils weil die Verpflichtung der Frau, sich der Ausübung des Nutzverwaltungsrechtes durch jedwelchen in Zukunft bestellten gesetzlichen Vertreter zu unterwerfen, eine dem Wesen dieses Rechtsverhältnisses zuwiderlaufende Willensbindung enthielte.[1] Zulässig wäre dagegen wohl ein Verzicht der Frau auf ihr Aufhebungsrecht für die Dauer der gesetzlichen Vertretung durch eine bestimmte Persönlichkeit.

Die güterstandsbeendende Wirkung des rechtskräftigen Eröffnungsbeschlusses im Konkurse des Mannes ist lediglich im materiellen Interesse der Frau bestimmt und kann daher vertragsmäßig außer Kraft gesetzt werden.[2] Mit Rücksicht auf § 1418 Ziff. 1 und § 1391 ist eine Gefährdung der Vermögensinteressen der Frau hier wohl kaum zu befürchten.

Ein Registereintrag des letztgenannten Vertrages ist überflüssig, da der Dritte nur gegen Abweichungen vom gesetzlichen Güterstand, nicht gegen dessen Fortdauer gesichert ist. Eintragung eines vertragsmäßigen Auflösungsgrundes kann nur dann Bedeutung haben (und daher nur dann zugelassen werden), wenn der Eintritt des Auflösungsgrundes für jedermann so offensichtlich sein wird, daß es einer besonderen Eintragung dieses Eintrittes nicht bedarf. Dies dürfte nur beim Termin der Fall sein. — Im übrigen kann erst die auf Grund des Vertrages eingetretene Auflösung eingetragen werden.

Welcher Güterstand nach Auflösung des gesetzlichen eintreten soll, können die Ehegatten nur für den Fall nicht im voraus bestimmen, daß es sich um einen zwingenden Aufhebungsgrund handelt. Für die

---

[1]) Ehrlich S. 203; Opet zu § 1418 N. 10; Staudinger N. 8; Müller in Bl. f. RA. 66 S. 25.

[2]) Ehrlich S. 200.

Ueberleitung in einen Gemeinschaftsgüterstand gibt das Gesetz nur mittelbar Vorschriften, indem es die Haftung für vor Eintritt der Gemeinschaft entstandene Schulden und die Fortführung vorher begonnener Rechtsstreite regelt. Besondere Anordnungen darüber, ob bisheriges Vorbehaltsgut vorbehalten bleiben soll, ob diesfalls die bisher dem Vorbehaltsgut überbürdeten Verbindlichkeiten auch künftig diesem zur Last fallen sollen u. dgl., sind dem Ehevertrage überlassen. Direkte Gesetzesbestimmungen finden sich nur für den Fall der Auflösung der Ehe oder des Eintritts der Gütertrennung (§§ 1421—1424). Dieselben sind größtenteils zwingend: § 1421 mit § 593 im Interesse der Landeskultur, § 1423 mit § 1056 zum Schutze des Mieters oder Pächters eines eingebrachten Grundstücks, § 1422 zum Schutze der Frau, § 1424 I im Interesse Dritter, § 1424 II im Interesse der Erben.[1]) § 1422 über die Herausgabe des Eingebrachten ist natürlich dann zwingend, wenn die Gütertrennung auf Grund des § 1418 eintritt.[2]) Im übrigen können über die Herausgabe des Eingebrachten schon vor Eintritt der Güterstandsendigung beliebige Bestimmungen getroffen werden. Die Vereinbarung, der Ehemann solle das Eingebrachte, z. B. gegen Ersatz seines Wertes, „behalten" dürfen, begründet regelmäßig nur eine (durch Retention erzwingbare) Forderung auf Uebertragung der betreffenden Gegenstände; ohne weiteres vollzieht sich der Rechtsübergang nur, wenn in der Ehevertragsbestimmung schon eine bedingte Uebertragung erblickt werden kann, z. B. bei Mobilien, die im Besitz des Mannes sind. Da aber das Eingebrachte nichts anderes ist als das Vermögen der Frau mit Ausnahme des Vorbehaltsgutes, so verstößt die Vereinbarung gegen § 310 und ist daher gemäß § 139 wohl im ganzen für nichtig zu halten (anderer Ansicht scheinbar Ehrlich S. 211).

§ 9. c) Modifikationen der allgemeinen Gütergemeinschaft.

I. Für die Feststellung des Begriffes der allgemeinen Gütergemeinschaft im Gegensatz zu den partikulären ist vor allem zu berücksichtigen, daß das Beiwort „allgemein" das Vorhandensein von Vorbehaltsgut so wenig ausschließt wie das Erfordernis der Nutzverwaltung „am Vermögen" der Frau beim ordentlichen gesetzlichen Güterstand; das charakteristische Merkmal der partikulären Gemeinschaftsgüterstände liegt vielmehr in der Zulassung vertragsmäßigen Sondergutes (eingebrachten Gutes). Begrifflich erfordert somit die allgemeine Gütergemeinschaft das Bestehen des Gesamtgutverhältnisses am Vermögen beider Ehegatten (§ 1438 I), d. h. — in Anwendung des zum Begriff des ordentlichen gesetzlichen Güterstandes Gesagten — die theoretisch un-

[1]) Müller in Bl. f. RA. 66 S. 27.

[2]) Nach Eintritt der Gütertrennung kann der Herausgabeanspruch beliebig abgeschwächt werden, es handelt sich dann nicht mehr um einen Ehevertrag.

begrenzte Möglichkeit des Bestehens von Gesamtgut.[1]) In entsprechender Weise wie beim gesetzlichen Güterstand sind auch hier Ausnahmen vom Prinzip zulässig, so lange sie die Regel als solche bestehen lassen. Die vertragsmäßige Ausnahme beschränkt sich auf Vorbehaltsgut, sei es des Mannes oder der Frau (§ 1440). Vertragsmäßige Begründung eines Nutzverwaltungsrechtes am Vermögen der Frau zugunsten des Mannes oder am Vermögen eines Ehegatten zugunsten des Gesamtgutes ist unzulässig, weil die Nutzverwaltung nur unter den gesetzlich bestimmten Voraussetzungen eintreten kann, das Bestehen allgemeiner Gütergemeinschaft aber — von § 1439 abgesehen — nicht zu diesen Voraussetzungen gehört (s. oben S. 38 f.). Daher kann insbesondere auch nicht — entgegen § 1439 — die Surrogationsvorschrift des § 1524 für anwendbar erklärt werden. Wie weit ein dem Nutzverwaltungsrecht ähnliches Verhältnis durch Verträge über die Gestaltung der Rechtsverhältnisse des Vorbehaltsgutes erreicht werden kann, bemißt sich nach Sachen- und Obligationenrechtsgrundsätzen; da das Vorbehaltsgut nicht „Vermögen" im Sinne des § 310 ist (s. oben S. 32), so wird meist an Stelle des beabsichtigten Nutzverwaltungsrechtes eine Verpflichtung der Frau zur Nießbrauchbestellung zu setzen sein. — Einer Verwandlung des Sondergutes in Vorbehaltsgut steht nichts im Wege.[2])

Bei der Anwendung der für den ordentlichen gesetzlichen Güterstand gefundenen Sätze über die vertragsmäßige Begründung von Vorbehaltsgut und die Einschränkung der vom Gesetz zugelassenen sonstigen vorbehaltbegründenden Tatsachen ergeben sich aus der Natur der allgemeinen Gütergemeinschaft einige abweichende Konsequenzen. Es wurde schon mehrfach betont, daß nur Gegenstände, die im Vermögen eines Ehegatten sind oder sein werden, ohne weiteres zu dessen Vorbehaltsgut bestimmt werden können. Da nun das Gesamtgut nicht im Alleinvermögen eines Ehegatten steht, so kann sich die Verwandlung von vorhandenem Gesamtgut in Vorbehaltsgut nur unter gleichzeitiger Uebertragung des betreffenden Rechtes (Zession, Uebereignung) vollziehen.[3]) Analoges gilt für die Umwandlungen von vorhandenem Vorbehaltsgut in Gesamtgut.[4]) Wie aber steht es mit den erst zu erwerbenden Gegenständen? Können Gegenstände, die kraft Gesetzes beim Erwerb durch einen Ehegatten an sich dem Gesamtgut zuwachsen würden, mit unmittelbarer Wirkung zu Vorbehaltsgut, können umgekehrt Gegenstände, die zum gesetzlichen Vorbehaltsgut gehören würden, mit unmittelbarer Wirkung zu Gesamtgut bestimmt werden?[5]) — Die Begründung eines

[1]) So auch Staudinger zu § 1438 N. 2 b.

[2]) Schmidt-H. zu § 1440 N. 3 b.

[3]) Planck zu § 1440 N. 3, darüber war man sich auch in der II. Kommission einig; Protokolle IV S. 377. Nicht sehr deutlich RG. in RJA. VI S. 54.

[4]) Planck zu § 1438 N. 3; Schmidt-H. N. 3 c. — Der Ehevertrag läßt sich hier u. E. ganz vermeiden durch Zuwendung an den andern Gatten, wo dann § 1438 II eingreift.

[5]) Aus den in Note 4 angeführten Stellen der Kommentare geht nicht hervor, ob dort nur die Verwandlung vorhandenen Vermögens gemeint sei.

Mitrechtes an Gegenständen, die eine andere Person erwirbt, erfordert nach den Grundsätzen des Sachen- bezw. Obligationenrechtes (§§ 398, 431) einen Uebertragungsakt. Für die allgemeine Gütergemeinschaft macht nun das Gesetz hiervon eine Ausnahme dahin, daß im Augenblick des Erwerbes durch einen Ehegatten das Gesamthandsrecht beider in Kraft treten solle, so daß also z. B. Fahrnismiteigentum ohne Mitbesitz, Miteigentum an Grundstücken ohne Buchung entstehen kann (§ 1438 II); hiervon stipuliert das Gesetz eine Unterausnahme (§ 1440 I), indem die Regeln über Gesamtgut, also auch § 1438 II, auf die in § 1440 II aufgeführten Vermögensbestandteile keine Anwendung finden sollen. Hierzu gehört auch, was durch Ehevertrag für vorbehalten erklärt wird; auch hierauf findet also § 1438 II keine Anwendung, der Erwerb vollzieht sich nach sonstigen Rechtsregeln. Ein im voraus zu Vorbehaltsgut bestimmter Erwerb fällt nicht etwa zuerst in das Gesamtgut, um erst aus diesem in das Alleinvermögen des eigenen Namens erwerbenden Ehegatten übertragen zu werden.

In bezug auf künftigen Erwerb hat also auch hier der Vorbehaltsvertrag unmittelbare Wirkung. In der II. Kommission (Prot. IV S. 377) wurde zwar „von mehreren Seiten" die Frage „entschieden" verneint, ob man bei Fahrnisgemeinschaft in der Weise einen Ehevertrag schließen könne, daß mit „dinglicher" (d. h. unmittelbarer) Wirkung von Anfang an bestimmt werde, der Erwerb gewisser „errungener" Immobilien solle in das Sondergut oder in das Vorbehaltsgut fallen. „Dies sei, nahm man an, nicht eine Frage nach der Wirkung der Eheverträge, sondern der Verträge überhaupt." Es scheint hier aber doch eine Verwechselung unterlaufen zu sein mit dem umgekehrten Fall, daß bei Fahrnisgemeinschaft ein erwarteter unentgeltlicher Immobiliaranfall zu Gesamtgut bestimmt würde. Denn es ist doch nicht „eine Frage nach der Wirkung der Verträge überhaupt", ob eine güterrechtliche Ausnahmevorschrift über den Rechtserwerb außer Kraft gesetzt werden kann, sondern nur die Frage wäre so zu bezeichnen, ob eine güterrechtliche Ausnahmevorschrift dieser Art erweitert werden kann. Prinzipiell haben wir diese Frage schon verneint (s. oben S. 21), und für die partielle Gütergemeinschaft kann daran nicht gezweifelt werden. Nur bei der allgemeinen Gütergemeinschaft kann man im Zweifel sein, ob hier, was sonst Regel ist, nicht deshalb, weil es hier nur als Unterausnahme (§ 1440 I) von der Regel des Güterstandes (§ 1438 II) erscheint, derart beseitigt werden könne, daß die Regelvorschrift des Güterstandes für alle Fälle innerhalb dieses Güterstandes gelte. Man wird dies wohl annehmen dürfen, praktische Bedeutung wird dies aber nur selten gewinnen, da nur in bezug auf einen einzelnen erwarteten Schenkungserwerb und auf die Surrogation vorhandenen Vorbehaltsgutes eine Vorausabänderung des § 1440 II zulässig ist. Eine generelle Bestimmung der nach § 1369 zugewendeten Schenkungen oder Erbschaften ꝛc. zu Gesamtgut ist ja nach unseren früheren Ausführungen nicht möglich (s. oben S. 60) und eine unmittelbar wirkende Uebertragung eines einzelnen erwarteten Erbanfalls an das Gesamtgut gegen den ausdrücklichen Willen des Erblassers wäre auch hier in analoger Anwendung des § 312 wohl stets zu verwerfen (vgl. oben S. 60 N. 3); für eine einzelne Schenkung aber kommt dem Unterschied zwischen obligatorischer Verpflichtung zu Gesamtgutsbestellung und unmittelbar wirkender Bestimmung regelmäßig keine besondere Bedeutung zu.

Die beim ordentlichen gesetzlichen Güterstand (oben S. 63) aufgeworfene Frage nach der Zulässigkeit der Vereinbarung, daß ein Ehegatte darüber bestimmen dürfe, was Vorbehaltsgut werden soll, ändert sich bei allgemeiner Gütergemeinschaft für das schon vorhandene Gesamtgutvermögen dadurch, daß hier stets ein Uebertragungsakt notwendig ist. Die Vereinbarung kann hier nur mit der Auslegung Geltung haben, daß der Ehemann zur Uebertragung von Gesamtgut an die Frau verpflichtet bzw. zur Uebertragung an sich selbst berechtigt und das Uebertragene mit der Uebertragung Vorbehaltsgut werden solle; das Bestimmungsrecht bezieht sich dann darauf, was der Ehemann zu übertragen habe, also auf den Gegenstand einer Leistung, so daß die Vorschriften über den obligatorischen Vertrag direkte Anwendung finden (§§ 315 ff.). Es kann also z. B. durch Ehevertrag vereinbart werden, daß der Mann der Frau zu bestimmten Zwecken einen von der Frau nach billigem Ermessen festzusetzenden Betrag, z. B. einen jährlichen Beitrag zur Erziehung ihrer Vorkinder, aus dem Gesamtgut an ihr Vorbehaltsgut zu schenken verpflichtet sein solle. Dagegen kann nicht vereinbart werden, daß „alles, was ein Ehegatte dem andern aus dem Gesamtgut schenken werde", Vorbehaltsgut sein solle.[1]) — In ganz anderm Boden wurzelt die Zulässigkeit der Vereinbarung, daß Vorbehaltsgut alles sein solle, was ein Ehegatte dem andern aus seinem Vorbehaltsgut schenken werde;[2]) in bezug auf ihr beiderseitiges Vorbehaltsgut stehen die Ehegatten einander grundsätzlich wie Fremde gegenüber. So gut unentgeltlicher Erwerb überhaupt genügender Bestimmungsgrund für den Vorbehaltsvertrag ist,[3]) kann dies auch unentgeltlicher Erwerb von dem andern Ehegatten als Inhaber seines Vorbehaltsgutes sein.[4])

Besonderes Interesse verdient bei allen Gemeinschaftsgüterständen die Frage, welcher Umfang des Vorbehaltsgutes (bzw. auch des Eingebrachten) noch mit dem „Wesen" des betreffenden Güterstandes vereinbar ist, da sich hiernach die Abwandelungsmöglichkeit der verschiedenen Güterstände, d. h. der Grad der Annäherung der von den verschiedenen Güterständen ausgehenden „Zwischenformen" aneinander

---

[1]) RJA. VI S. 53 ff.

[2]) Ebenda S. 54.

[3]) S. oben S. 63 N. 3.

[4]) Ueber die Notwendigkeit oder Entbehrlichkeit eines Ehevertrages zu Schenkungen von Vorbehaltsgut an das Gesamtgut s. oben S. 21 N. 4.

beurteilt.[1]) Für die allgemeine Gütergemeinschaft nun dürften auf das Vermögen beider Ehegatten die beim ordentlichen gesetzlichen Güterstand für das Vermögen der Frau ermittelten Sätze ausnahmslos anzuwenden sein, wie wir zu Eingang dieses Paragraphen (S. 79 N. 1) schon hervorgehoben. Insbesondere liegt auch hier kein Grund vor, die Ausschließung des ganzen gegenwärtigen Vermögens, und zwar beider Ehegatten, von dem Gesamtgut für unvereinbar mit den begrifflichen Erfordernissen des Güterstandes zu halten.[2]) Freilich erregt dies starke Zweifel an der Richtigkeit des früher aufgestellten Satzes, daß die Haftung des Gesamtgutes und des Mannes für voreheliche Schulden der Frau (§ 1459 I, II) nicht ausgeschlossen werden könne; denn für eine derartig modifizierte allgemeine Gütergemeinschaft liegen die Verhältnisse im wesentlichen kaum anders als bei Errungenschaftsgemeinschaft, bei welcher den vorehelichen[3]) Frauengläubigern der Zugriff auf das Gesamtgut versagt ist. Gleichwohl wird man auch für eine derartig modifizierte allgemeine Gütergemeinschaft einen teilweisen Ausschluß des gesetzlich gewährleisteten Gläubigerzugriffs auf das Gesamtgut für unwirksam erklären müssen.[4]) Wollen die Ehegatten eine andere Art der Haftungsregelung haben, so müssen sie eben den entsprechenden Güterstand einführen, den sie ja durch Modifikationen im übrigen dem ursprünglichen Güterstand nahe bringen können. Im vorliegenden Fall bleibt freilich immer der Unterschied, daß die Nutznießung des Gesamtgutes am Eingebrachten des Mannes bei Errungenschaftsgemeinschaft nicht ganz ausgeschlossen werden kann. Es zeigt sich eben hier, daß nach der jetzigen Gestaltung der Gütergemeinschaft im Gesetz die 3 Systeme nicht bloße Beispiele aus einer kontinuierlichen Skala vertragsmäßig möglicher Gemeinschaftsgüterstände sind, sondern daß auf der Mitte des Weges zwischen allgemeiner Gütergemeinschaft und Errungenschaftsgemeinschaft sozusagen eine unausfüllbare Kluft offen bleibt. Und dasselbe zeigt sich im Verhältnis von allgemeiner Gütergemeinschaft zu Fahrnisgemeinschaft: Die Tatbestände, welche bei Fahrnisgemeinschaft die Eigenschaft als eingebrachtes Gut begründen (§§ 1551—1554), tragen durchweg den für vorbehaltbestimmende Tatbestände erforderlichen Ausnahmecharakter gegenüber dem übrigen Vermögen, sie können also bei allgemeiner Gütergemeinschaft zur Be-

---

[1]) Wir betrachten deshalb hier, soweit tunlich, auch gleich den Vorbehaltsvertrag bei den zwei Formen partieller Gütergemeinschaft. Praktisch wichtig ist die Unterscheidung namentlich wegen der verschiedenen Haftungsregelung, dann z. B. auch in Rücksicht auf die Frage, ob zu einer gewissen Umgestaltung der bestehenden Gütergemeinschaftsform die gesetzliche Vertretungsmacht genügt, bzw. ob Zustimmung des Vormundschaftsgerichtes erforderlich (§§ 1437, 1549).

[2]) Staudinger zu § 1440 N. 2a, α; Planck zu § 1432 N. 3c a. E.; anderer Ansicht Ehrlich S. 194.

[3]) Wir bezeichnen als „voreheliche" Gläubiger alle diejenigen, deren Rechte vor Eintritt des betreffenden Güterstandes entstanden sind.

[4]) So auch Planck zu 1432 N. 3c a. E.

stimmung des Vorbehaltsgutes verwendet werden; anderseits bilden sie Vermögenskomplexe, innerhalb deren sich — eben wegen ihrer eigenen festen Umgrenzung — keine Grenze zwischen Regel und Ausnahme ziehen läßt, so daß nichts hindert, das ganze eingebrachte Gut der Frau bei Fahrnisgemeinschaft zu Vorbehaltsgut zu erklären.[1]) Das eingebrachte Gut des Mannes aber kann nach § 1555 nicht zu Vorbehaltsgut und auch — wie schon erwähnt — nicht mit der unmittelbaren Wirkung des § 1438 II[2]) zu Gesamtgut bestimmt werden. So bleibt der Punkt, wo modifizierte allgemeine Gütergemeinschaft und modifizierte Fahrnisgemeinschaft nicht ineinander übergehen können, das eingebrachte Gut des Mannes.[3]) Sobald solches im Ehevertrag nicht anerkannt wird, kann es sich nicht mehr um eine modifizierte Partikulargemeinschaft handeln, sondern nur um modifizierte allgemeine Gütergemeinschaft; womit dann die Zulässigkeit von vertragsmäßigem Eingebrachten der Frau ausgeschlossen ist. — Weder zwischen allgemeiner Gütergemeinschaft und Errungenschaftsgemeinschaft, noch zwischen der ersteren und Fahrnisgemeinschaft gibt es also eine Zwischenform, welche als Modifikation sowohl des einen wie des andern Güterstandes aufgefaßt werden könnte. Was dagegen das Verhältnis zwischen Fahrnis- und Errungenschaftsgemeinschaft betrifft, so ließe sich allerdings die Verteilung der Vermögensmassen, wie sie das Gesetz bei der letzteren vornimmt, auch durch Modifikationen der ersteren herstellen. Doch ist auch hier die Abgrenzung ganz bestimmt durchzuführen, da nur eine das Gesamtgut mindestens in diesem Umfang ausschließende Modifikation der Fahrnisgemeinschaft als Errungenschaftsgemeinschaft behandelt werden kann; denn bei Errungenschaftsgemeinschaft gilt § 1438 II nicht für vertragsmäßiges Gesamtgut. — Niemand wird leugnen, daß die Schranken für die freie Uebergangsmöglichkeit zwischen den drei Gütergemeinschaftsformen des Gesetzes wenig innere Berechtigung haben. Sie beruhen lediglich auf dem Verbot von Vorbehaltsgut des Mannes bei partikulärer und von vertragsmäßigem Eingebrachten bei allgemeiner Gütergemeinschaft, mithin auf „rein technischen“ Vorschriften. Der Vorteil, daß dadurch feste Anhaltspunkte für den Eintritt der erweiterten oder beschränkteren Haftung des Gesamtgutes für Frauenschulden geboten werden, wäre, wie das Verhältnis von Fahrnis- zu Errungenschaftsgemeinschaft zeigt, auch ohnedies gesichert gewesen, da jede Gütergemeinschaftsform, welche Gesamtgut in umfassenderer Weise als die nächst beschränktere gesetzliche Form aufstellt, nur als Modifikation der umfassenderen Gemeinschaftsform angesehen werden kann.

---

[1]) § 1553 Ziff. 2 dürfte in Richtung auf den Vorbehaltsvertrag nicht zwingend sein; s. unten S. 94 N. 2.

[2]) Und in Rücksicht auf § 1553 Ziff. 2 niemals ganz!

[3]) Durch den bloßen „Ausschluß“ alles unbeweglichen Vermögens wird daher die allgemeine Gütergemeinschaft noch nicht zur Fahrnisgemeinschaft, wie Ehrlich annimmt (s. oben S. 42 N. 4); denn was vom Gesamtgut ausgeschlossen wird, ist nach § 1440 I Vorbehaltsgut.

Da das Gesamtgut der allgemeinen Gütergemeinschaft begrifflich das Vermögen beider Ehegatten umfaßt, die für den ordentlichen gesetzlichen Güterstand ermittelten Sätze also, wie schon betont, für das Vermögen jedes einzelnen Ehegatten gelten, kann wohl das gegenwärtige, nicht aber auch das künftige oder ganze Vermögen eines Ehegatten vorbehalten werden. Dies wäre nicht mehr eine Zwischen-, sondern eine Mischform: Kombinierung von Gütergemeinschaft und Gütertrennung.[1]) Das trifft auch dann zu, wenn aus dem Vermögen eines Ehegatten nur einzelne Gegenstände zu Gesamtgut bestimmt würden, das Vermögen als Regel aber davon ausgeschlossen sein sollte. Solche Vereinbarungen sind nichtig und durch keine Konversion aufrecht zu erhalten.

II. Eine Definition des zum Begriff der Gütergemeinschaft gehörigen Gesamthandverhältnisses hat das Gesetz in der versteckten Form der §§ 1438 II und 1442 I gegeben, ausführlicher noch die Motive IV S. 330. Wesensmerkmale sind danach der Ausschluß von quotenmäßigen Anteilsrechten und die jeweilige Entstehung des Gesamtrechtes kraft Gesetzes. Die Vereinbarung, jeder Ehegatte solle über seinen Anteil an bestimmten Gesamtgutsgegenständen verfügen können, könnte nur als Verwandlung dieser Gegenstände in Vorbehaltsgut, das den beiden Ehegatten nach dem gewöhnlichen Gemeinschaftsrecht zustehen solle, Wirksamkeit haben; dazu gehört aber ein Uebertragungsakt (der freilich bei Fahrnis und Forderungen vielfach durch den Ehevertrag als betätigt anzusehen sein wird). Dieselbe Vereinbarung in bezug auf das ganze Gesamtgut getroffen wäre nichtig, auch nicht etwa konvertierbar in Gütertrennung mit der Verpflichtung, allen nach Gütergemeinschaftsrecht in das Gesamtgut fallenden Erwerb dem andern Ehegatten zu Mitrecht nach Bruchteilen zu übertragen (§ 310). Eine vertragsmäßige Beseitigung des § 1438 II, die mit dem Wesen der Gütergemeinschaft unvereinbar wäre, kann wohl nicht in Frage kommen. Die Einräumung eines Anspruchs auf Teilung des Gesamtgutes (§ 1440 II) käme der Einräumung eines Kündigungsrechtes gleich und wäre daher nur mit den für die Zulässigkeit eines solchen aufgestellten Beschränkungen (s. oben S. 77) wirksam.

III. A. 1. a. Diese Grundsätze bedeuten aber nur eine Kennzeichnung der Art, in welcher alle zum Gesamtgut gehörigen Rechte den Gatten zustehen. Der Inhalt dieser Rechte bleibt durch ihre Vergemeinschaftung natürlich unverändert. Nur die Ausübung derselben wird vom Güterstand beeinflußt, und zwar prinzipiell nicht nach Gesamthandsgrundsätzen, sondern so, daß alle Rechte der Ehemann allein geltend zu machen befugt ist (§ 1443). Die Frage, ob dieses dem Ehemann am Gesamtgut zustehende Verwaltungsrecht zum Begriff der Gütergemeinschaft gehört, ist bedeutungslos, da schon ausführlich die Unzulässigkeit einer Einschränkung desselben nach außen dargetan

[1]) Für unzulässig erklärt in Rspr. d. OLG. II S. 485.

wurde (s. oben S. 50). Im Verhältnis der Ehegatten untereinander ist eine Einschränkung der weitgehenden ehemännlichen Rechte jedenfalls bis auf das zu ordnungsmäßiger Verwaltung erforderliche Maß, also insbesondere eine Haftungsverschärfung (§ 1456) zulässig. Das Recht, das Gesamtgut insoweit selbständig — wenn auch auf Grund ehevertragsmäßig festgelegter Wirtschaftspläne rc. — zu verwalten, wird man aber als unverzichtbar betrachten müssen, da das eigene Vermögen des Mannes im Gesamtgut ununterscheidbar aufgegangen, eine Unterordnung unter den Willen der Frau in dieser Richtung daher der Stellung des Mannes als des zur Entscheidung bei allen Meinungsverschiedenheiten berufenen Hauptes der Ehe zuwiderlaufen würde.[1]) Daher gilt auch von dem Recht des Mannes, die Gesamtgutssachen in Besitz zu nehmen, Entsprechendes wie beim ordentlichen gesetzlichen Güterstand (vgl. oben S. 68).[2]) Ebendeshalb muß auch bei Gütergemeinschaft das für die Fälle der Verfügungsbeschränkung des Mannes über Gesamtgut (§§ 1444—1446) vorgesehene Recht auf Erteilung bezw. Ersetzung der Zustimmung der Frau zu Rechtsgeschäften, die zur ordnungsmäßigen Verwaltung des Gesamtguts erforderlich sind (§ 1447), für unverzichtbar gelten.[3])

Die bezeichneten Grenzen für die Einschränkung des ehemännlichen Verwaltungsrechtes müssen auch dann gelten, wenn durch Ehevertrag bestimmt wird, das Gesamtgut solle als Gesellschaftsvermögen einer unter den Ehegatten zu eröffnenden offenen Handelsgesellschaft behandelt werden.[4]) Nach Gildemeister bedürfte es hierzu gar keines Ehevertrages; allein wenn das weitgehende Verwaltungsrecht des Mannes, sei es auch nur nach innen, beschränkt werden soll, so ist immer Ehevertrag notwendig. Der mögliche Inhalt eines Gesellschaftsvertrages reduziert sich durch die entwickelten Grundsätze ganz erheblich (vgl. z. B. die §§ 115 I Halbs. 2, II, 125 II III, 127 HGB.). Bemerkenswert ist auch, daß ein extraneus zwar in diese offene Handelsgesellschaft aufgenommen werden kann, die Vereinbarung über das Gesellschaftsvermögen aber, soweit sie das zukünftige Gesamtgut betrifft, nach § 310 nichtig wird.[5])

Bezüglich einer **Erweiterung der ehemännlichen Befugnisse**

---

[1]) Vgl. SächsArch. XXX N. 38; Mot. IV S. 350: „Diese Bestimmung (über die Verwendung des Gesamtgutes) kann bei der ehelichen Genossenschaft im Hinblick auf die Stellung des Mannes als des Hauptes der Ehe **nur** dem letzteren übertragen werden."

[2]) **Ullmann** S. 237 erklärt einen Verzicht des Mannes auf das Recht zur Inbesitznahme für nichtig, weil dadurch der Gläubigerzugriff erschwert wird (§ 809 mit § 740 ZPO.); eine so mittelbare Gläubigerbenachteiligung kann u. E. die Vorschrift selbst nicht zu einer schlechthin zwingenden machen.

[3]) **Opet** zu § 1447 N. 3; **Ehrlich** S. 197.

[4]) Vgl. die gute Darstellung dieser Materie von **Gildemeister** in Goldschmidts Z. 54 S. 97 ff.

[5]) **Goldmann**, HGB. zu § 130 N. 6 erklärt die Bestimmung des Gesamtguts zu Gesellschaftsvermögen immer für nichtig nach § 310. Dazu liegt keinerlei Anlaß vor.

über die durch die §§ 1444—1446 gezogenen Grenzen ist zu sagen, daß sie stets als eine in Ehevertragsform erteilte und somit unwiderrufliche Einwilligung der Frau erscheinen wird. Die Zulässigkeit einer solchen Einwilligung ist in bezug auf Verfügungen über das Gesamtgut im ganzen und auf Schenkungen (sowie natürlich auch die entsprechenden Verpflichtungsgeschäfte) jedenfalls zu verneinen, wenn es sich um eine generelle Erteilung handelt.[1]) Im übrigen ist es Sache der Entscheidung des einzelnen Falles, über die Vereinbarkeit des Vertrages mit der wirtschaftlichen Selbständigkeit der Frau zu befinden. Vollends muß dies der Fall sein bezüglich der Einwilligung zu Verfügungen über Gesamtgutsgrundstücke (§ 1445). Die Bedenken Ehrlichs (S. 204) gegen jede Erweiterung der ehemännlichen Verfügungs- bezw. Verpflichtungsbefugnisse treffen hier ebensowenig zu wie bei Verfügungen über eingebrachtes Gut der Frau (s. oben S. 71 N. 3), dagegen ist eine über die §§ 1444 ff. hinausgehende Beschränkung des ehemännlichen Verfügungs- und Verpflichtungsrechtes auch nicht in irgend welcher Anlehnung an diese Paragraphen möglich.[2])

Die Möglichkeit, die Frau durch seine Verwaltungshandlungen persönlich zu verpflichten (§ 1443 II), kann dem Manne hier jedenfalls nur durch Vollmacht verschafft werden.

Eine Befreiung von den dem Manne bei der Verwaltung des Gesamtgutes gesetzlich auferlegten Pflichten kann nicht in Betracht kommen, da diese schon vom Gesetz auf ein Minimum reduziert sind (§§ 1456 II, 1451).

b) Die Befugnisse, Ansprüche und Pflichten des Mannes als Verwalters des eingebrachten Gutes der Frau zu Nutzen und Lasten des Gesamtgutes (§ 1439, § 1525 II) sind in analoger Weise vertragsmäßiger Regelung zugänglich wie die im Nutzverwaltungsrecht des ordentlichen gesetzlichen Güterstandes enthaltenen. Auch hier handelt es sich um ein einheitliches Recht, so daß nicht etwa die Nutzungen, statt dem Gesamtgut, dem Vorbehaltsgut der Frau zugewiesen werden könnten.[3])

Als Verwalter seines Eingebrachten zu Nutzen und Lasten des Gesamtgutes haftet der Ehemann nur nach § 1456, eine Entbindung auch von dieser Haftung müßte als Vorbehaltsvertrag aufgefaßt werden.

2. Was die Stellung der Frau zum Gesamtgut anlangt, so ist diese durch das Alleinverwaltungsrecht des Mannes in ähnlicher Weise beschränkt wie ihre Stellung zum Eingebrachten durch die Nutzverwaltung. Die wenigen Fälle, in welchen die Ehefrau zu selbständigem

---

[1]) Opet zu § 1444 N. 8, § 1446 N. 8; Ehrlich S. 202.

[2]) Anderer Ansicht Opet zu § 1445 N. 8; Ehrlich S. 210, auf den sich Opet beruft, geht nur so weit, die Verfügungsmacht des Mannes für beschränkbar zu halten. Gründe, die der Widerlegung bedürften, fehlen.

[3]) Auch nicht dem Vorbehaltsgut des Mannes, denn bei Gütergemeinschaft gibt es keine Nutzverwaltung des Mannes, sondern nur des Gesamtgutes.

Handeln mit Wirkung für das Gesamtgut ermächtigt ist, können auch hier nicht beschränkt werden (§§ 1449—1454).[1]) In Frage könnte höchstens ein Ausschluß des Vertretungsrechtes der Frau im Falle des § 1450 kommen; wir halten einen solchen aber schon mit Rücksicht auf Dritte, noch mehr mit Rücksicht auf die Frau generell jedenfalls für unzulässig.

Eine größere Verselbständigung der Frau ist auch in bezug auf das Gesamtgut zulässig; insbesondere kann ihr auch neben dem Ehegatten das Recht zur Vornahme einzelner oder aller im Rahmen ordnungsmäßiger Verwaltung liegenden Handlungen eingeräumt werden. In bezug auf Rechtsgeschäfte geschieht dies durch Erteilung mehr oder weniger genereller Einwilligung im Ehevertrag. Ob dies auch für Rechtsstreitigkeiten möglich ist, d. h. ob die Einwilligung des Mannes die Frau zu Rechtsstreitigkeiten über Gesamtgut legitimiert, ist bestritten;[2]) mit der Zulässigkeit des Ehevertrages hat die Frage aber nur mittelbar zu tun, insofern der Ehevertrag nicht eine Sachlegitimation verleihen kann, für welche die bloße Einwilligung nicht zureicht. Zweifellos erlangt übrigens durch die Bestimmung des Gesamtgutes zu Gesellschaftsvermögen der unter den Ehegatten bestehenden offenen Handelsgesellschaft die Frau das Prozeßführungsrecht, sofern sie nicht durch den Gesellschaftsvertrag von der Vertretung ausgeschlossen ist (§ 125 I HGB.). Kann sich nun auch die Stellung der Frau zum Gesamtgut bis zu einer Art Mitverwaltungsrecht steigern, so dürfen dadurch doch nicht die als unverzichtbar bezeichneten Rechte des Mannes beeinträchtigt werden, bei Meinungsverschiedenheiten wird ihm namentlich stets das Entscheidungsrecht zustehen. — Auch für den Fall einer Vormundschaft oder Pflegschaft für den Mann kann das Verwaltungsrecht nicht ganz auf die Frau übertragen werden, so daß der gesetzliche Vertreter des Mannes nicht zur selbständigen Vornahme der erforderlichen Verwaltungshandlungen befugt wäre. Ein Verzicht des Mannes auf die Verwaltung für den Fall seiner etwaigen Entmündigung wäre eine sittenwidrige Entäußerung noch nicht übersehbarer Vermögensrechte, ein Verzicht seines gesetzlichen Vertreters aber eine so schwere Amtspflichtverletzung, daß der Vertrag nichtig sein müßte. Durch Bevollmächtigung der Frau kann alles Erforderliche erreicht werden, und wenn die Frau wirklich zur selbständigen Verwaltung befähigt und geeignet erscheint, so wird sie ja vom Vormundschaftsgericht selbst als gesetzliche Vertreterin bestellt werden (vgl. Mot. IV S. 364).

Ueber die Stellung der Frau zu ihrem Eingebrachten ist den zum ordentlichen gesetzlichen Güterstand gemachten Ausführungen nichts hinzuzufügen.

3. Ueber Schuldenhaftung und Schuldenträgerschaft

---

[1]) Ehrlich S. 207 N. 119; Opet zu § 1449 N. 5, § 1450 N. 7.

[2]) Dafür namentlich Hellwig A. u. Kl. S. 341. Planck, zu § 1443; — dagegen Schmidt-H. zu § 1443, Seuffert zu § 52 N. 7.

gilt auch bei allgemeiner Gütergemeinschaft der Grundsatz, daß Normen über Schuldenhaftung[1]) zugunsten der Gläubiger zwingend, Normen über Schuldenträgerschaft[2]) nicht zwingend sind. Zwar entspricht es dem eigentlichen Zweck der allgemeinen Gütergemeinschaft, daß das Gesamtgut auch im Verhältnis nach innen grundsätzlich alle beiderseitigen Schulden trägt; aber in Rücksicht auf die Möglichkeit umfangreichen Vorbehaltsgutes kann kein Zwang anerkannt werden, das Gesamtgut wirklich seinem vom Gesetzgeber gedachten Zweck zu widmen. Wird es z. B. zu Gesellschaftsvermögen bestimmt, so wird es auch durchaus sinngemäß sein, etwa die einen bestimmten Prozentsatz übersteigenden Gewinnanteile zu Vorbehaltsgut zu bestimmen, aus dem dann jeder Ehegatte seine Privatschulden zu decken habe. Umgekehrt steht grundsätzlich nichts im Wege, auch alle Vorbehaltsschulden dem Gesamtgut zu überbürden. Nur bedingt der Umstand, daß im Gesamtgut sich Vermögen beider Ehegatten verkörpert, eine Einschränkung: Es wäre ein Verstoß gegen die guten Sitten, von vorneherein dem Gesamtgut die aus allen oder einzelnen unerlaubten Handlungen eines Ehegatten entstehenden Ausgaben zu überbürden[3]) (§ 1463 Ziff. 1 und 3). Wenn der analoge Fall im Verhältnis zwischen Eingebrachtem und Vorbehaltsgut (§ 1415 Ziff. 1) in gegenteiligem Sinne entschieden wurde (s. oben S. 74), so beruht dies eben darauf, daß Eingebrachtes und Vorbehaltsgut Alleinvermögen der Ehefrau sind, das Gesamtgut aber auch dem andern Ehegatten mitgehört. Ferner ist — wie analog beim ordentlichen gesetzlichen Güterstand — eine Ausnahme zu machen für die den Umständen nach gebotenen Aufwendungen in einem von der Frau nach §§ 1449, 1450 geführten Rechtsstreit (§ 1464 II, 2)[4]).

Wie beim ordentlichen gesetzlichen Güterstand kann auch vereinbart werden, daß Ausgleichungen zwischen den verschiedenen Gütermassen[5]) — soweit es sich nicht um dolose Schädigungen oder zwingende Schuldentragungsnormen handelt — nicht stattfinden sollen. Anderseits kann auch Vornahme etwaiger Ausgleichungen vor Endigung der Gemeinschaft (§ 1467 I, 1, II) vereinbart werden; dadurch erlangt zwar der Mann das Recht, die Ausgleichung zwischen dem Gesamtgut und seinem Vorbehaltsgut unter Beschränkung seiner Verantwortlichkeit auf den Fall absichtlicher Minderung des Gesamtgutes vorzunehmen, allein eine weitergehende Haftung kann ja stets erlassen werden (§ 276 II).

B. Die ehelichen Lasten sind bei allgemeiner Gütergemeinschaft in der Weise verteilt, daß der „eheliche Aufwand" dem Gesamtgut zur Last fällt, beide Ehegatten in den Nutzungen ihres Eingebrachten und die Frau eventuell auch aus den Erträgnissen ihres Vorbehaltsgutes

[1]) §§ 1459—1462, 1439 mit 1531—1534.
[2]) §§ 1463—1465.
[3]) Ehrlich S. 196 ff. A. A. Staudinger zu § 1463 N. 5.
[4]) Ehrlich S. 202 N. 101.
[5]) § 1466.

einen Beitrag entrichten. Eine Beitragspflicht des Mannes ist nicht ausgesprochen, es dürfte aber nicht zu bestreiten sein, daß bei fehlendem Gesamtgut und Vorhandensein von Vorbehaltsgut des Mannes dieser nicht nur seiner Unterhaltspflicht aus § 1360 und § 1601 mit Vorbehaltsmitteln nachzukommen,[1]) sondern auch den „Mehraufwand" hieraus — wie aus dem Beitrag der Frau — zu bestreiten hat.[2]) Das ergibt sich einfach daraus, daß den „Mehraufwand" lediglich der Mann zu bestimmen hat. Doch hat der Mann bei späterer Suffizienz des Gesamtgutes auf Grund des § 1458 einen Ausgleichsanspruch gegen das Gesamtgut (§§ 1466 II, 1467).

Wie fast alle Ausgleichsansprüche dürfte auch dieser generell verzichtbar sein. Dann muß eine Uebernahme des ehelichen Aufwandes auf das Alleinvermögen des Mannes aber auch zulässig sein für den Fall, daß Gesamtgut ausreichend vorhanden, aber z. B. durch Ehevertrag anderen Zwecken gewidmet ist. Soweit freilich das Vorbehaltsvermögen des Mannes nicht ausreicht, müßte trotz entgegenstehender Vereinbarungen das Gesamtgut herangezogen werden; hätten z. B. die Ehegatten eine offene Handelsgesellschaft gebildet und das Gesamtgut zu Gesellschaftsvermögen bestimmt, so könnte die Frau der Entnahme des zum Unterhalt erforderlichen Betrages aus dem Gesamtgut nicht widersprechen. Es kann also die Tragung des ehelichen Aufwandes in gewissen Grenzen dem Vorbehaltsgut des Mannes zugewiesen werden.[3]) Erkennt man aber an, daß der eheliche Aufwand nicht eine notwendigerweise vom Gesamtgut zu tragende Last ist, so liegt kein Grund vor, die für Gütertrennung bzw. ordentlichen gesetzlichen Güterstand vertretenen Sätze über vertragsmäßige Regelung der Aufwandtragung nicht auch auf die Gemeinschaftsgüterstände anzuwenden.

C. Eine **Beendigung** der allgemeinen Gütergemeinschaft **kraft Gesetzes** kennt das BGB. im Gegensatz zur Errungenschaftsgemeinschaft und dem ordentlichen gesetzlichen Güterstand bei fortbestehender Ehe nicht. Es gibt nur jedem Ehegatten unter gewissen Voraussetzungen ein Recht, auf Aufhebung des Güterstandes zu klagen (§§ 1468, 1469). Diese Voraussetzungen sind durchweg der Art, daß die Vereinbarung eines Fortbestehens der Gütergemeinschaft für den Fall ihres Eintrittes in der Zukunft zweifellos den guten Sitten zuwiderlaufen würde.[4]) Auch ein Verzicht auf das schon begründete Klagerecht wird, solange der Klagegrund noch besteht, niemals zulässig sein.

Die Vereinbarung anderer Auflösungsgründe — regelmäßig auflösender Bedingungen — steht unter denselben Regeln wie bei den

---

[1]) Hierauf will **Wieruszowski** I S. 66 N. 23 die Pflicht des Mannes beschränken.

[2]) **Dernburg** IV S. 182 a. E.; **Ehrlich** S. 201 N. 91; vgl. Mot. IV S. 152.

[3]) A. A. Opet zu § 1458 N. 5.

[4]) **Opet** zu § 1468 N. 13, § 1469 N. 3; **Staudinger** N. 7 bzw. N. 5; **Ehrlich** S. 203.

übrigen Güterständen. Selbstverständlich gelten für die Vereinbarung einer auflösenden Bedingung dieselben Erschwerungen in bezug auf Vertretung und Genehmigung des Vormundschaftsgerichtes wie für den eigentlichen Aufhebungsvertrag (§ 1437).[1])

2. Endigt die Gütergemeinschaft durch Auflösung der Ehe, so tritt entweder fortgesetzte Gütergemeinschaft ein (§ 1483) oder es erfolgt Auseinandersetzung zwischen den Ehegatten, bezw. ihren Erben; endigt die Gütergemeinschaft bei fortbestehender Ehe, so tritt regelmäßig Gütertrennung ein (§§ 1436, 1470 I 2). Für den Fall der Endigung der Gütergemeinschaft infolge Ehevertrages ist die dispositive Natur des Eintritts der Gütertrennung ausdrücklich hervorgehoben (§ 1436). An Stelle der nach § 1470 I mit § 1468 eintretenden Gütertrennung kann ein anderer Güterstand, der ja immer dem Manne Einfluß auf das Vermögen der Frau gewähren würde, nicht im voraus festgesetzt werden. Dagegen könnte für den Fall der Aufhebung nach § 1469 auch ordentlicher gesetzlicher Güterstand als künftiges Regime vereinbart werden.

Tritt Gütertrennung ein oder wird die Ehe gelöst, ohne daß fortgesetzte Gütergemeinschaft stattfindet, so gelten für die Auseinandersetzung zunächst die Sätze der §§ 1471—1479. Danach endet ipso iure nur die Nutzverwaltung am Eingebrachten und das selbständige Verwaltungsrecht des Mannes am Gesamtgut; die gesamte Hand selbst bleibt bestehen, bis eine Uebertragung der einzelnen Gesamtgutsrechte in das Alleinvermögen der Ehegatten bezw. ihrer Erben vollzogen wird. Die Uebertragung der ihm gebührenden Bestandteile kann jeder Ehegatte verlangen, sobald die fälligen und unbestrittenen Gesamtgutsverbindlichkeiten berichtigt sind. Es ist klar, daß dieser Teilungsanspruch für den Fall der Endigung des Güterstandes zufolge einer Aufhebungsklage nicht im vorhinein ausgeschlossen oder befristet werden kann.[2]) Es kann aber, nach unseren früheren Ausführungen über die Bedeutung der „definierenden" Güterrechtsnormen als Voraussetzungen der Begründung bestimmter güterrechtlicher Verhältnisse, keinem Zweifel unterliegen, daß eine Fortdauer des Gesamthandverhältnisses nach Auflösung des Güterstandes — sofern nicht eine andere Gütergemeinschaftsform, insbesondere auch fortgesetzte Gütergemeinschaft, eingreift — nicht durch Vertrag ermöglicht werden kann.[3]) Denn ist der neue Güterstand der ordentliche gesetzliche oder die Gütertrennung, so ist, wie ausführlich dargelegt wurde, das Bestehen eines ehelichen Gesamthandverhältnisses hiermit nicht vereinbar und ein auf die Herstellung eines solchen gerichteter Ehevertrag nichtig. Nichts anderes aber würde ein Ehevertrag

---

[1]) Wird als auflösende Bedingung der Konkurs des Ehemannes bestimmt, so greift gleichwohl § 2 I KO. ein.

[2]) So auch Opet zu § 1471 N. 5 und Endemann II § 186 N. 13.

[3]) Weder zwischen dem Ueberlebenden und den Erben des Verstorbenen noch zwischen Ehegatten, welche nur den Güterstand wechseln. Wir fassen vorzugsweise den letzteren Fall ins Auge.

bedeuten, welcher den gegenseitigen Auseinandersetzungsanspruch ausschließen wollte. Konversion in irgend eine modifizierte Gütergemeinschaftsform wäre nicht möglich, da bei allen drei Formen des Gesetzes die Vergemeinschaftung des künftigen Vermögens — wie zum Teil noch zu zeigen — nicht ausgeschlossen werden kann, aber auch die übrigen für den Uebergangszustand geltenden Grundsätze dem Wesen der ehelichen Gütergemeinschaft widersprechen oder aus sonstigen Gründen innerhalb des Rahmens derselben nicht zulässig sind: So die Pfändbarkeit der Anteile (§ 860 II ZPO.), der Ausschluß der Gesamtgutshaftung für neueingegangene Schulden, das Erfordernis der Zustimmung für jede Verfügung des Ehemannes. All diese Vorschriften weisen so deutlich auf den transitorischen Charakter des durch sie geregelten Rechtsverhältnisses, daß diese Erwägung allein jeden Zweifel über die Zulässigkeit einer vertragsmäßigen Erhaltung dieser „Gütergemeinschaft in Liquidation" (Lehmann) beseitigen sollte.[1] Nicht ausgeschlossen ist natürlich eine — der Ehevertragsform nicht bedürftige — Vereinbarung zwischen den Ehegatten über den Vollzug der Liquidierung, wobei eventuell auch eine zeitweise Erhaltung des Liquidationszustandes unvermeidlich. Sollen aber Gesamtgutsgegenstände dauernd gemeinsam bleiben, so ist ihre Uebertragung zu Miteigentum nach Bruchteilen erforderlich (vgl. Oberneck, Reichsgrundbuchrecht, 3. Aufl. Bd. I S. 460), was freilich meist nur bei Buchrechten zutage treten wird.[2] Ein Ehevertrag ist diese Uebertragung nicht. Ein solcher läge nur dann vor,

---

[1]) In Ergebnis und Begründung im wesentlichen übereinstimmend nur Planck zu § 1471 N. 2 und Rspr. d. OLG. VI S. 261. — Wer bestreitet, daß die absoluten Rechtsverhältnisse des Güterrechts nur im Rahmen der gesetzlich zugelassenen betreffenden Güterstände möglich sind, dürfte auch die Zulässigkeit einer Erhaltung des Gesamtgutes nach Ueberleitung der Gütergemeinschaft in Gütertrennung nicht verneinen. Hier zeigen sich aber die Konsequenzen dieser Grundauffassung so unangenehm, daß kein einziger der oben (S. 40) genannten Schriftsteller sie zieht. — Staudinger zu § 1471 N. 1 Abs. II schließt sich völlig Planck an. Aehnlich Schmidt-H. zu § 1471 N. 1c. — Endemann II S. 452 N. 42 hält zwar Fortbestehen von Gesamtgut für zulässig, weil Gütertrennung den Fortbestand eines tatsächlich (!) vereinigten Vermögens nicht ausschließe (§ 1430) — aber diese Begründung zeigt, daß er doch nur Bruchteilsgemeinschaft im Auge haben kann. — Opet zu § 1471 N. 5 versteigt sich zu der Aufstellung des Satzes, Gesamthandsverhältnisse könnten überhaupt beliebig begründet werden, und beruft sich dabei auf Gierke, Deutsch. PrR. I (1895!) S. 669, wo erstens das Recht des BGB. noch nicht berücksichtigt und zweitens die Zulässigkeit beliebiger Begründung von Gesamthandsrechten gar nicht behauptet ist (vgl. jetzt Bd. II (1905) S. 387). Opet selbst verläßt den von ihm eingeschlagenen Weg, indem er erklärt, ein „derart begründetes Gesamthandsverhältnis würde seinem Inhalt nach wesentlich mit einer communio incidens übereinstimmen", und daraus die Anwendbarkeit der Normen über die Beendigung der Zufallsgemeinschaft (§§ 749 ff.) ableitet.

[2]) Schmidt-H. zum § 1471 N. 1c Abs. 2 erklärt die Fortdauer des Gemeinschaftsverhältnisses an einzelnen Gegenständen für zulässig, „die betreffenden Gegenstände streifen aber den Gesamtgutscharakter ab und werden

wenn die Verpflichtung zur Uebertragung schon vor Endigung der Gütergemeinschaft vereinbart würde, wie dies für alle die Auseinandersetzung regelnden Verträge gilt. Ihre Zulässigkeit im allgemeinen ist naturgemäß davon abhängig, ob sie für den Fall einer Güterstandsbeendigung zufolge Aufhebungsklage oder Ehescheidung gelten oder nicht bezw. für welchen Ehegatten die Vereinbarung desfalls Vorteile bringt. Die Unzulässigkeit einer Abänderung der §§ 1478 und 1479 bedarf nach früher Ausgeführtem nur mehr eines Hinweises. Auch § 1480 wurde bereits als zwingend bezeichnet (s. oben S. 47), während eben in Rücksicht auf § 1480 eine Vereinbarung des Inhaltes, daß die Teilung des Gesamtgutes schon vor Berichtigung aller oder gewisser Gesamtgutsverbindlichkeiten erfolgen solle (entgegen § 1475), nicht unstatthaft wäre; § 1475 gibt nur den Ehegatten, nicht den Gläubigern Ansprüche.

Die Betrachtung all dieser Vereinbarungen für den Fall, daß sie auch oder nur auf die Endigung der Gütergemeinschaft durch Tod eines Ehegatten Anwendung finden sollen, liegt nicht im Rahmen unserer Aufgabe. Nur die Fortsetzung der Gütergemeinschaft zwischen dem überlebenden Ehegatten und den gemeinschaftlichen Abkömmlingen, bzw. der Ausschluß dieser Fortsetzung kann kraft positiver Ausnahmevorschrift Gegenstand des Ehevertrags sein (§§ 1508, 1549), der freilich materiell nicht mehr ein Rechtsgeschäft inter vivos darstellt.[1]) Durch eine weitere positive Vorschrift ist denn auch für diese Fälle der Grundsatz der Ehevertragsfreiheit aufgehoben (§ 1518). Die Eheleute können die fortgesetzte Gütergemeinschaft nur en bloc annehmen oder ablehnen. Auch der gesetzlich zugelassene Einfluß des vorversterbenden Ehegatten auf das Teilnahmerecht der Abkömmlinge kann nur in Form letztwilliger Verfügung geübt werden (§§ 1511—1516). — Kann dem Ehevertrag über die Fortsetzung der Gütergemeinschaft eine Bedingung beigefügt werden? Angesichts des § 1518 kann einer Bedingung jedenfalls nur dann Wirkung beikommen, wenn ihr Eintritt oder Ausfall sich vor oder spätestens mit dem Tode eines Ehegatten entscheidet, wenn also nicht die Fortsetzung der Gütergemeinschaft selbst aufschiebend oder auflösend bedingt ist, sondern nur die Wirksamkeit des Vertrages. Zulässig ist demnach auch die Vereinbarung, daß fortgesetzte Gütergemeinschaft im Falle der eine Ehegatte zuerst stirbt, eintreten, im Falle der andere zuerst stirbt, nicht eintreten solle. Da ferner — arg. a fort. § 1517 — Vereinbarungen zwischen den Ehegatten und einem Abkömmling nicht schlechthin unzulässig sind, so wird man auch die Vereinbarung der fortgesetzten Gütergemeinschaft unter der Bedingung zulassen, daß vor Eintritt des Todes eines Ehegatten eine bestimmte

---

gewöhnliches Miteigentum". — Ein Gegenstand kann seinen „Charakter" nicht wie eine Schlangenhaut „abstreifen", es bedarf eben eines Uebertragungsaktes.

[1]) Ueber besondere Erfordernisse in der Person der Abschließenden, s. oben S. 15.

— zulässige — Vereinbarung mit einem Abkömmling zustande kommt, namentlich daß einer von mehreren Abkömmlingen nach § 1517 Verzicht leistet.[1])

§ 10. d) Modifikationen der partikulären Gütergemeinschaftsformen.

Die beiden vom Gesetz aufgestellten Formen teilweiser Gütergemeinschaft regeln die Rechte der Ehegatten in bezug auf die einzelnen Gütermassen, die Beziehungen dieser Gütermassen untereinander, die Verteilung der ehelichen Lasten, die Endigung des Güterstandes und die Auseinandersetzung nach den entsprechenden Grundsätzen der allgemeinen Gütergemeinschaft und des ordentlichen gesetzlichen Güterstandes. Einer besonderen Betrachtung bedarf daher nur mehr die vertragsmäßige Abgrenzung der verschiedenen Gütermassen, worüber vieles schon bei der Besprechung der allgemeinen Gütergemeinschaft antizipiert wurde.

Was zunächst die Art der Uebertragung bzw. Ueberweisung von Gegenständen einer Gütermasse an eine andere betrifft, so wurde schon gesagt, daß Uebertragungen aus dem Einhandsvermögen eines Ehegatten in das des andern immer, Uebertragungen aus dem Einhandsvermögen in das Gesamtgut und umgekehrt, jedenfalls in bezug auf schon vorhandenes Vermögen eines besonderen Uebertragungsaktes bedürfen. Im Gegensatz hierzu ist ein solcher niemals erforderlich für Verschiebungen zwischen Eingebrachtem und Vorbehaltsgut desselben Ehegatten, sowie für Zuweisungen noch nicht angefallenen, aber gesetzlich dem Gesamtgut zuwachsenden Erwerbes an das Einhandsvermögen des erwerbenden Ehegatten (entgegen der Ansicht in Prot. IV S. 377).[2]) Von dem zur allgemeinen Gütergemeinschaft Ausgeführten (oben S. 80 a. E.) ergibt sich eine Abweichung nur in bezug auf die Frage nach der Zulässigkeit einer vertragsmäßigen Ueberweisung künftigen Erwerbes an das Gesamtgut mit der Wirkung des § 1438 II. Auch bei partikulärer Gütergemeinschaft kennzeichnen sich zwar die gesetzlichen Bestimmungsgründe für Eingebrachtes und Vorbehaltsgut durchweg als Ausnahmetatbestände im Gegensatz zu dem bei Errungenschaftsgemeinschaft die Hauptmasse des zukünftigen, bei Fahrnisgemeinschaft auch die des gegenwärtigen Vermögens umfassenden Gesamtgut. Das Verhältnis liegt aber doch anders als bei allgemeiner Gütergemeinschaft. Dort sind die gesetzlichen Ausnahmen auf ein Minimum beschränkt, hier liegt gerade das Charakteristische des Güterstandes in der gesetzlichen Beschränkung des Umfanges des Gesamtgutes. Es muß daher — in Uebereinstimmung mit den Mot. IV S. 496 — angenommen

---

[1]) Dieser Fall ist aber streng zu scheiden von der Entziehung des Teilnahmerechts eines Abkömmlings durch letztwillige Verfügung unter der Bedingung, daß sich der Abkömmling gewissen Beschränkungen fügt. — Vgl. hierüber: Hachenburg, DNotV. 1903 S. 40. Wäntig, ebenda S. 160. Zelter in JW. 1904 S. 250.

[2]) Siehe oben S. 80.

werden, daß der Grundsatz des § 1438 II nur insoweit Geltung hat, als der gesetzliche Umfang des Gesamtguts reicht.[1]) Eine vertragsmäßige Zuweisung noch zu erwerbender Gegenstände an das Gesamtgut begründet daher für den erwerbenden Ehegatten eine obligatorische Verpflichtung zur Uebertragung des Erworbenen an das Gesamtgut. Für die Erfüllung dieser Verpflichtung wird der einfache Uebertragungsakt genügen ohne nochmaligen Ehevertrag. Der Ehevertrag enthält eben dann nicht nur die obligatorische Verpflichtung, sondern auch schon die aufschiebend bedingte Gesamtgutsbestimmung. Ein Eintrag ins Güterrechtsregister kann aber jeweils erst nach Vornahme der Uebertragung an das Gesamtgut erfolgen. Daraus, daß die Zuweisung künftiger Vermögensbestandteile an das Gesamtgut zunächst nur obligatorische Wirkung hat, ergibt sich die unmittelbare Anwendbarkeit des § 312 auf jede Ueberweisung künftiger Erbschaften, Vermächtnisse und Pflichtteile an das Gesamtgut der Errungenschaftsgemeinschaft und der entsprechenden Vereinbarung in bezug auf Liegenschaften bei Fahrnisgemeinschaft (§§ 1521, 1551) — es sei denn, daß die Voraussetzungen des Abs. II von § 312 gegeben wären.[2])

Ueber den zulässigen Umfang vertragsmäßigen Einhandvermögens gilt Entsprechendes wie über den Umfang des Vorbehaltsgutes bei allgemeiner Gütergemeinschaft; das Verhältnis von Vorbehaltsgut zum eingebrachten Gut der Ehefrau ist aber hier nicht dasselbe wie beim ordentlichen gesetzlichen Güterstand. Denn dort umfaßt das eingebrachte Gut grundsätzlich das ganze Vermögen der Frau, hier aber nur durch bestimmte Tatbestände ausgezeichnete Vermögensteile. Innerhalb dieser ausgeschiedenen Teile einen Unterschied zu machen zwischen dem, was als Regel, und dem, was als Ausnahme anzusehen sein soll, erscheint nicht angängig. Es steht somit nichts im Wege, daß auch das ganze Eingebrachte der Frau zu Vorbehaltsgut erklärt wird. Die Möglichkeit des Bestehens von Eingebrachtem der Frau kann nicht als Begriffsmerkmal der partikulären Gütergemeinschaft angesehen werden, wie Staudinger will (Vorbem. 4b vor § 1419 und IV 2 vor § 1549, sowie zu § 1555 N. 3a); ein Anhalt dafür, wann dieses Begriffsmerkmal noch gegeben wäre, ließe sich nicht finden. Wesentlich ist, wie der Name besagt, nur die Möglichkeit des Vorhandenseins eines gemeinschaftlichen Vermögens, das grundsätzlich

---

[1]) Rspr. d. OLG. VII S. 55. Planck zu § 1521 N. 3, § 1551 N. 5; Staudinger zu § 1520 N. 4; Schmidt-H. zu § 1438 N. 3, c. — Selbstverständlich bedarf es keines besonderen Uebertragungsaktes mehr, wenn in dem Ehevertrag selbst schon eine aufschiebend bedingte Uebertragung erblickt werden kann, wie dies nach vielverbreiteter Meinung in bezug auf Forderungen und ihnen gleichstehende Rechte generell der Fall ist.

[2]) Die abweichende Ansicht von Planck zu § 1521 N. 3 kann nur auf Uebersehen beruhen. — Zulässig wäre bei Fahrnisgemeinschaft die Vereinbarung, daß auch erblich anfallende Mobilien Eingebrachtes oder daß alles Ererbte Vorbehaltsgut sein solle. Denn hier wirkt der Ehevertrag unmittelbar. § 1553, Ziff. 2 steht einer Bestimmung zu Vorbehaltsgut nicht entgegen.

die zukünftige Errungenschaft bzw. das mobile Vermögen umfaßt. Die Eigenschaft der Einhandsgüter der Frau ist demgegenüber sozusagen ein Internum.

Ueber die Bedeutung des Verbotes von Vorbehaltsgut des Mannes für die Abgrenzung der drei Gütergemeinschaftsformen wurde schon gehandelt. Hier ist nur noch die Bemerkung der Protokolle zu prüfen, wonach es „den Ehegatten unbenommen sei, gewisse Einkünfte durch Vereinbarung dem Mann zuzuweisen". Ehrlich S. 208 faßt dies geradezu als einen Hinweis darauf, wie das Verbot von Vorbehaltsgut „in einer Weise, die der Technik des Gesetzes Rechnung trägt", umgangen werden könne. Mit solchen Vorwürfen gegen die Gesetzestechnik sollte man etwas vorsichtiger sein; und gerade hier, beim Vorbehaltsvertrag, für den allgemein anerkannt ist, daß es nicht auf die Bezeichnung im Ehevertrage ankommt, sondern lediglich auf die nach Ausweis des Ehevertrages gewollten Rechtsfolgen, gerade hier darf man doch nicht einfach auf eine flüchtige Bemerkung „von einer Seite" in den Protokollen hin annehmen, daß das Gesetz durch bloße Wahl eines andern Wortlautes umgangen werden köune. Würden sämtliche Nutzungen eines zum Eingebrachten des Mannes gehörigen Gegenstandes vom Gesamtgut ausgeschlossen, so läge hierin ein augenscheinlicher Verstoß gegen das Verbot des § 1526 II (bzw. 1555). Zulässig dagegen ist auch hier, ohne Beseitigung des Charakters als eingebrachtes Gut, die Zuweisung einzelner Nutzungen (§ 1030 II) an das Eingebrachte. Ebenso wäre es zulässig zu vereinbaren, daß die Nutzungen eines solchen Gegenstandes zwar Gesamtgut werden, aber bei der Auseinandersetzung dem Manne allein überwiesen werden sollten; der Mann hat dann von den bei der Auseinandersetzung vorhandenen Früchten nichts herauszugeben, haftet jedoch nach § 1480 den Frauengläubigern. Insofern kann man sagen, der Ausschluß der Nutzungen vom Gesamtgut sei im Verhältnis der Ehegatten zueinander zulässig.[1]) Jedenfalls erleidet also die erwähnte Aeußerung der Protokolle eine wesentliche Einschränkung.

§ 11. C. „Kodifikationsvertrag"[2]) und Verweisungsverbote.

Das deutsche Recht des Mittelalters und weitaus die Mehrzahl der späteren Partikularrechte kannten keine gesetzliche Regelung vertragsmäßiger Güterstände. Sobald daher die Freiheit des Ehevertrages sich über das Stadium bloßer Einzelmodifikationen des gesetzlichen Systems entfaltet hatte, bedeutete dies die Zulässigkeit vertragsmäßiger Güterstände, die dem herrschenden Rechte fremd waren, sei es, daß die Ehegatten ein Nachbarrecht kodifizierend oder verweisend übernahmen, sei es, daß sie — was nur sehr selten nachweisbar — die vermögensrechtlichen Wirkungen der Ehe selbständig neu regelten. Freilich handelte

[1]) Opet zu § 1526 N. 3.
[2]) Ueber die Terminologie s. oben S. 19.

es sich auch letzterenfalls entweder um eine „Fixierung eines im Fluß befindlichen Gewohnheitsrechtes“ oder doch nur um selbständige Kombinierung auch im sonstigen Rechtsverkehr vorkommender Rechtsverhältnisse. Das BGB. nun hat mit der Aufstellung der fünf besprochenen Güterstände über die Frage der Zulässigkeit eines „Kodifikations-“ wie eines verweisenden Vertrages volle Klarheit geschaffen, für letzteren zudem noch einige positive Vorschriften aufgenommen.

Versteht man unter selbständiger Kodifikation eines Güterstandes einen Ehevertrag, der einen Güterstand unter Zugrundelegung anderer güterrechtlicher Verhältnisse als der im 6. Titel des Eherechts geregelten zu konstruieren beabsichtigt, so gibt es einen Kodifikationsvertrag überhaupt nicht mehr. Denn „güterrechtliche Verhältnisse“ im Sinne des Gesetzes (§ 1432) sind ja nur die in diesem 6. Titel geordneten Rechtsverhältnisse (s. oben S. 5). Ein Ehevertrag im Sinne des Gesetzes wäre daher nur die zur Unabhängigkeit von der gesetzlichen Regelung immer erforderliche Ausschließung der an sich eintretenden güterrechtlichen Wirkungen der Ehe. Alle positiven Bestimmungen eines solchen Kodifikationsvertrages sind auf ihre Zulässigkeit lediglich nach sonstigen Rechtsgrundsätzen und nach ihrer Vereinbarkeit mit den niemals auszuschließenden Wirkungen der Gütertrennung (vgl. oben S. 57) zu beurteilen. Es handelt sich eben in Wahrheit nur um eine modifizierte Gütertrennung, verbunden mit Abreden nicht güterrechtlicher Natur.[1])

Versteht man aber unter „Kodifikation“ eines Güterstandes die Kombinierung eigentlich güterrechtlicher Verhältnisse zu einem „freien“, d. h. nicht als Modifikation eines gesetzlich normierten Güterstandes aufzufassenden System — so ist ein solcher Kodifikationsvertrag, wie nun wohl schon zur Genüge dargetan, immer nichtig und nicht einmal wie der zuvor besprochene durch Konversion aufrechtzuerhalten. In jeder nach BGB. zu beurteilenden Ehe kann also — wenn wir von § 1433 II absehen — nur einer der fünf vom Gesetze geregelten Güterstände gelten, vielleicht mit weitgehenden Modifikationen namentlich in der Verteilung der Gütermassen, aber im Prinzip doch immer erkennbar.[2])

Damit, kann man wohl sagen, schwinden alle Bedenken gegen eine angeblich zu weitgehende inhaltliche Freiheit des Ehevertrages, wie sie namentlich von Endemann unter den düstersten Prophezeiungen geäußert wurden. Es kann keine Rede sein von einer „Gefahr leidvoller Rechtszersplitterung“, von einer „Reproduktion alter Gesetzesnormen“, mit welcher auch die „Schwierigkeiten und Streitigkeiten der Auslegung neu erstehen“ (Endemann II S. 763 N. 17).

Daraus ergibt sich zugleich auch, wie es mit der Zulässigkeit eines auf eine bestimmte, schon geregelte Güterordnung verweisenden Vertrages steht: Nur auf eine solche Regelung kann verwiesen werden,

---

[1]) So auch Ehrlich S. 218.

[2]) Vgl. Schweizer Entwurf 201 II: „Sie haben dem Vertrag einen der Güterstände dieses Gesetzes zugrunde zu legen.“

welche als zulässige Modifikation eines der im BGB. geregelten Güterstände aufgefaßt werden kann. Würden also die Ehegatten auf einen Güterstand eines ausländischen oder eines bisher geltenden Rechtes verweisen, so wäre an sich jeweils zu untersuchen, ob sich alle Bestimmungen dieses Rechtes mit den Grundsätzen des BGB. vereinigen ließen. Dem hat nun das BGB. nach dem Vorgang des Code civil a. 1390 und zum Teil über dieses Gesetz hinausgehend, kurzerhand einen Riegel vorgeschoben, indem es in § 1433 I verbietet, den Güterstand durch Verweisung auf ein nicht mehr geltendes oder ein ausländisches „Gesetz" zu regeln; in Abs. II freilich wird diesem Verbot im Interesse Auslanddeutscher eine Einschränkung gegeben, die, unter Durchbrechung der Grundsätze des Gesetzes über die Zulässigkeit des Ehevertrages, positiv die Annahme ausländischer Güterstände gestattet.

Regel und Ausnahme bedürfen näherer Betrachtung.

Abs. I verbietet zunächst Regelung des Güterstandes durch Verweisung auf ein nicht mehr geltendes Gesetz.

Ein „nicht mehr geltendes Gesetz" im Sinne dieses Verbotes ist jede Rechtsnorm (a. 2 EG.) — Gewohnheits- oder Gesetzesrecht — welche spätestens mit dem 1. Januar 1900 außer Kraft getreten ist. Für die nach dem Inkrafttreten des BGB. geschlossenen Ehen gehören schlechthin alle älteren deutschen Rechte hierher. Auch ältere Rechte, die nach a. 200 EG. noch gegenwärtig für irgend welche Ehen zu Recht bestehen, sind für neurechtliche Ehen nicht mehr „geltende Gesetze", denn sie bleiben nur „für den Güterstand einer zur Zeit des Inkrafttretens des BGB. bestehenden Ehe" maßgebend.

Analoges gilt für Verweisung auf ein landesrechtliches Ueberleitungsgesetz, da ja diese Gesetze selbst sich auf schon bestehende Ehen beschränken wollen, meist auch für alle nach 1. Januar 1900 geschlossenen Eheverträge nur das Recht des BGB. für zuständig erklären.

Eine „Verweisung" im Sinne des Gesetzes ist nicht nur dann anzunehmen, wenn das einschlägige Gesetz selbst zitiert ist, sondern auch dann, wenn der Vertrag einen altrechtlichen Güterstand oder ein früher geltendes Rechtsinstitut nennt, das dem BGB. fremd ist: Die Vereinbarung, es solle Dotalrecht oder Gemeinschaft des Zugewinnstes gelten, fällt ebenso unter § 1433 wie die Verweisung auf aa. 1540—1573 Code civil oder auf die Gütergemeinschaft nach kurhessischer Rechtspraxis — abgesehen davon, daß ersterenfalls dem Vertrag wohl meist die nötige Bestimmtheit mangeln würde. Es wird nicht immer leicht sein zu unterscheiden, ob ein nach der Verkehrssitte auszulegender Rechtsausdruck oder eine Verweisung auf Gewohnheits- oder Gesetzesrecht vorliegt. Jedenfalls ist für die Anwendbarkeit des § 1433 Voraussetzung, daß sich die Beziehung auf ein bisher geltendes Recht erkennen läßt. Die Bestimmung z. B., der Bauernhof des einen Ehegatten solle dem andern „angeheiratet" sein, dürfte als Verweisung auf das in Ober- und Niederbayern früher bestehende gewohnheitsrechtliche Institut der

„Gutsanheiratung" nichtig sein. Dagegen wird man an der Zulässigkeit einer Vereinbarung, wie: der „Brautschatz" solle vorbehalten sein, nicht zweifeln können.

Da das BGB. unter „Gesetz" jede „Rechtsnorm" versteht, da ferner „Regelung des Güterstandes" nach Ausweis der Entstehungsgeschichte [1]) nichts anderes bedeutet als „Regelung güterrechtlicher Verhältnisse" in § 1432, so kann auch nicht auf eine Einzelvorschrift eines früheren Gesetzes oder Gewohnheitsrechtes verwiesen werden, selbst wenn ihr Inhalt durchaus zulässig und klar bestimmt ist. Eheleute, für welche die Errungenschaftsgemeinschaft des bayerischen Landrechts in den ordentlichen gesetzlichen Güterstand des BGB. übergeleitet ist, können z. B. nicht vereinbaren, daß dem Ehegatten dieselben Verfügungsrechte „wie bisher", d. h. wie nach bayerischem LR. I 6 § 26 zustehen sollen. Das Verhältnis liegt auch nicht etwa so, daß der Richter nur die Verweisung unberücksichtigt zu lassen und im übrigen den Vertrag nach freier Würdigung auszulegen hätte; die Verweisung bildet hier nicht einen „Teil des Vertrages" (§ 139), sondern sie bestimmt den Vertragsinhalt und eben dies ist verboten.

Selbstverständlich ist die wörtliche oder nur inhaltliche Reproduzierung älterer Gesetze, deren Inhalt den Grundsätzen des BGB. über die Zulässigkeit des Ehevertrages nicht widerstreitet, kein Verstoß gegen § 1433. Es wird sich aber kaum — wie es Dernburg IV S. 175, Opet zu § 1433 N. 1 und Endemann II S. 763 N. 17 anzunehmen scheinen — irgend eine altrechtliche Güterordnung finden, die in all ihren Bestimmungen wirksam übernommen werden könnte.

In zweiter Linie verbietet § 1433 I die Verweisung auf ein ausländisches Gesetz, d. h. auf jedes vom Inkrafttreten des BGB. an nicht mehr innerhalb des Reichsgebietes geltende Recht. Hiervon macht nun Abs. II eine bedeutsame Ausnahme im Interesse der im Ausland wohnenden Deutschen, [2]) wohl auch zur Vermeidung von Konflikten durch Verschiedenheit der Kollisionsnormen. Voraussetzung ist, daß der Mann seinen Wohnsitz im Ausland hat (hat er mehr-

[1]) S. oben S. 5 Z. 14. — Daraus folgt übrigens auch, daß eine Verweisung auf bisheriges Güterrecht, die nach BGB. nicht Ehevertrag ist, nicht unter § 1433 fällt, z. B. das Versprechen eines „Wittums" nach bayerischem LR. I 6 § 15, welches nach BGB. Vermächtnisvertrag ist.

[2]) Für Ausländer kann § 1433 II naturgemäß nur in Betracht kommen, wenn nach deutschen Kollisionsgrundsätzen deutsches Recht auf die vermögensrechtlichen Wirkungen ihrer Ehe Anwendung findet. Da nach dem Grundsatz des a. 15 EG. das Nationalstatut des Ehemannes zur Zeit der Eheschließung stets maßgebend ist und eine Rückverweisung auf das Recht des Wohnsitzes nur berücksichtigt wird, wenn der Wohnsitz in Deutschland liegt (a. 27), so hat der von Staudinger (zu § 1433 N. 3 b δ) und Schmidt-H. (N. 3 b ε) den Motiven (IV S. 311) nachgesprochene Satz, daß § 1433 II auch praktisch werden könne, wenn das am Wohnsitz deutscher Ehegatten geltende Recht das Recht des Heimatstaates für anwendbar erklärt, für das geltende Recht keinerlei Bedeutung.

fachen Wohnsitz, so genügt ein ausländischer, hat er mehrfachen ausländischen Wohnsitz, so besteht Wahlrecht). Und zwar ist beim vorehelichen Ehevertrag die Zeit der Eheschließung, bei späterem Ehevertrag die Zeit des Vertragsabschlusses entscheidend. Beabsichtigen also in Deutschland wohnende deutsche Verlobte ihren Ehewohnsitz im Ausland zu begründen, so können sie in einem in Deutschland geschlossenen Ehevertrag auf das Recht des Staates verweisen, in dem sie zur Zeit der Eheschließung zu wohnen gedenken. Ein solcher Ehevertrag steht unter der aufschiebenden Bedingung, daß der Mann im Augenblick der Eheschließung seinen Wohnsitz in dem betreffenden Lande hat. Zulässig ist nur die Verweisung auf das an dem Wohnsitz geltende Recht, und zwar muß es in Geltung sein zur selben Zeit, zu welcher auch der Wohnsitz begründet sein muß. „Geltendes Güterrecht" ist nicht nur der gesetzliche Prinzipalgüterstand, sondern auch eine „subsidiär kodifizierte" Güterordnung, nicht aber das Recht eines dritten Gebietes, auf welches nach den Grundsätzen des am Wohnsitze geltenden Rechts verwiesen werden kann; sonst könnten deutsche Ehegatten in jedem Staat, der das Verbot der Verweisung auf ausländisches Recht nicht kennt, auf jedes Recht irgend eines Staates der Welt verweisen, und es müßte nun erst jeweils geprüft werden, ob das so angezogene Güterrecht in dem Wohnsitzstaat auch materiell zulässig, also durch Verweisung eingeführt werden kann. Die abweichende Ansicht von Opet zu § 1443 N. 2 wird dem Geist und dem Wortlaut[1]) des § 1433 II nicht gerecht.

Während das Verbot des Abs. I rein formellen Charakter trägt und von der materiellen Zulässigkeit oder Unzulässigkeit der angezogenen Bestimmungen völlig absieht, gestattet Abs. II nicht nur die einfache Form der Verweisung unter der Voraussetzung inhaltlicher Zulässigkeit, sondern befreit auch von den Schranken der Vertragsfreiheit in bezug auf den materiellen Inhalt der Güterstandsregelung. Dies geht zwar aus dem Wortlaut des Abs. II nicht hervor, ja der unmittelbare Zusammenhang mit dem zweifellos nicht auf den materiellen Inhalt zu beziehenden Abs. I ließe darauf schließen, daß Abs. II die inhaltliche Zulässigkeit des vereinbarten Güterstandes nach deutschem Recht voraussetze. Dies würde jedoch fast regelmäßig zu einer mehr oder minder umfassenden Unwirksamkeit des nach Abs. II auf ein ausländisches Recht verweisenden Vertrages führen, jedenfalls den Paciszenten vorherige Prüfung aller Einzelbestimmungen des betreffenden Auslandrechtes zur Notwendigkeit machen; damit hätte die ganze Vorschrift tatsächlich nur sehr geringe Bedeutung. Die Mot. IV S. 311 lassen denn auch keinen Zweifel darüber, daß hier eine materielle Ausnahme von den sonstigen Grundsätzen des Gesetzes beabsichtigt war, und Entwurf I § 1334 brachte dies deutlich zum Ausdruck. Da der Wortlaut des Gesetzes

---

[1]) Deutlicher gefaßt war noch Entwurf I § 1334: „. . . . ein durch dieses Recht geregelter Güterstand".

dieser Auslegung nicht entgegensteht, wird man sie auch für das geltende Recht anzunehmen haben.[1])

Ob auch hier die Verweisung auf eine Einzelvorschrift der Verweisung im ganzen gleich zu behandeln ist, scheint nach dem Wortlaut des Gesetzes — „ein an diesem Wohnsitz geltendes Güterrecht" — fraglich. Entwurf I verneinte die Frage deutlich durch den Gegensatz der Ausdrücke „Gesetz" in Abs. I und „gesetzlich geregelten Güterstand" in Abs. II. Bei der jetzigen Fassung kann nur dann Unanwendbarkeit der angezogenen Bestimmung angenommen werden, wenn die so entstehende Güterstandskombination nach dem ausländischen Recht nicht zulässig ist. Im übrigen sind naturgemäß innerlich widerspruchsvolle Vereinbarungen unwirksam, ebenso stets — auch wenn ein ausländischer Güterstand in toto übernommen wird — solche Bestimmungen, welche unter a. 30 EG. fallen.

Die Zulässigkeit der Einführung eines nach BGB. unzulässigen, ausländischen Güterstandes auf dem Wege der Verweisung bedingt selbstverständlich auch die gleiche Zulässigkeit für den Fall einer wörtlichen oder nur inhaltlichen Reproduzierung des betreffenden ausländischen Gesetzes. Immer aber muß es sich um Einführung gesetzlich geregelter Güterrechtsverhältnisse handeln; eine vertragsmäßige Regelung, die nach deutschem Recht unzulässig, nach dem ausländischen Gesetz aber zulässig ist, ohne jedoch in letzterem selbst kodifiziert zu sein, wird durch § 1433 II nicht gedeckt. Doch wird man gesetzlich vorgesehene Modifikationen des ausländischen Güterstandes gestatten müssen.

Gleichgültig für die Anwendbarkeit des § 1433 II ist es, ob das Recht des Domizilstaates Eheverträge überhaupt oder nach der Ehe verbietet oder nicht. Deutsche Ehegatten können auch nach der Eheschließung, im Falle sie in Frankreich wohnen, ihren Güterstand durch Verweisung auf den Code civil abändern. Im übrigen aber gilt für alle Fragen des Güterrechts das ausländische Recht so lange, bis die Ehegatten wieder einen deutschen Güterstand einführen. Das ausländische Recht gilt auch dann für alle Einzelfragen, wenn die Ehegatten ihren Wohnsitz wieder nach Deutschland verlegen, jedoch stets nur im Rahmen des gewählten Güterstandes. Haben also z. B. in Frankreich wohnende deutsche Ehegatten die Mobiliargemeinschaft des Code civil vereinbart, so können sie nach einer später eingetretenen Verlegung des Wohnsitzes nach Deutschland nur mehr einen der Güterstände des BGB., nicht etwa französisches Dotalrecht einführen. Auch Modifikationen, die nach deutschem Recht nicht zulässig sind, können sie jetzt jedenfalls nicht mehr vornehmen, z. B. nicht mehr der Frau das Recht einräumen, ihr Eingebrachtes franc et quitte zurückzunehmen.

---

[1]) Uebereinstimmend: Staudinger zu § 1433 N. 3b, γ; Schmidt-H. N. 3b, ε.

Wie das Verbot des Abs. I, so gilt auch die Ausnahme des Abs. II nicht für Verträge, welche nicht den Güterstand regeln, wenn auch das ausländische Recht den Begriff des Ehevertrages weniger scharf umgrenzt. Zu beachten ist jedoch, daß die Frage, was als Wirkung des Güterstandes zu betrachten sei, nach dem jeweils maßgebenden, im Falle der Verweisung also nach dem dadurch angenommenen Güterrecht zu beurteilen ist. So können Gegenstand eines nach § 1433 II geschlossenen Ehevertrages auch Beschränkung der Geschäftsfähigkeit, Abschichtung, Folgen der Wiederverheiratung, erbrechtliche Verhältnisse sein.

V. Abschnitt.

§ 12. Die Anfechtbarkeit des Ehevertrages.[1]

Die gesetzgeberischen Gründe für die Zulassung einer obligatorisch wirkenden Anfechtung — Benachteiligungsabsicht beim Vertragsschluß und Unbilligkeit einer unentgeltlichen Bereicherung aus einem zur Befriedigung der Gläubiger nicht zureichenden Vermögen — treffen erfahrungsgemäß bei Rechtsgeschäften zwischen Ehegatten besonders häufig zu — eine Erfahrung, der auch der Gesetzgeber durch Sonderbestimmungen Rechnung getragen hat. Für den Ehevertrag insbesondere enthielt § 25 KO. a. F. (und entsprechend § 3 Nr. 4 Halbs. 2 Anf.G.) die Sondervorschrift, daß die nicht geschuldete Sicherstellung oder Rückgewähr des „Heiratsgutes" oder des gesetzlich in die Verwaltung des Mannes gekommenen Frauenvermögens an die Frau in allen Fällen wie eine Freigebigkeit anfechtbar sein solle — ausgenommen allein den Fall, daß der Mann zur Sicherstellung bzw. Rückgewähr durch Gesetz oder mindestens 2 Jahre zurückliegenden Vertrag verpflichtet war. Nachdem nun aber das BGB. in §§ 1391, 1418 Ziff. 1, 1468 Ziff. 5 eine solche Verpflichtung gerade unter solchen Umständen eintreten ließ, in denen die Anfechtung für bedrohte Gläubiger besonders wichtig ist, entschloß man sich bei der Neufassung der KO. zur Streichung dieser Spezialvorschrift. Hierdurch wurden aber Literatur und Praxis insofern von dem Hauptproblem abgelenkt, als man die Meinung bekämpfen zu müssen glaubte, es seien durch diese Streichung Eheverträge der be-

---

[1]) Literatur: Die Kommentare zu §§ 30 ff. der KO. von Jaeger (2. Aufl. 1904), Sarwey-Bossert (4. Aufl. 1901), Kurlbaum-Kühne (6. Aufl. 1906), Petersen-Kleinfeller (4. Aufl. 1900), und zum Anfechtungsgesetz von Jaeger (1905) [in diesem Paragraph nur als „Jaeger" zitiert gegenüber „Jaeger KO."] und Hartmann-Meikel (5. Aufl. 1904); Jaeckel, Die Anfechtung von Rechtshandlungen (2. Aufl. 1889); Steinbach-Ehrenzweig, Kommentar z. österr. AnfG. (3. Aufl. 1905); Krasnopolski, Anfechtungsrecht (1889); Ullmann in JW. 1904 S. 129, S. 351; Franke, Bl. f. RA. 70 S. 161; Meikel ebda. S. 369 und BayNotZ. 1904 S. 59 ff.; K. Meyer in ZBlFG. 5 S. 1 ff.; Planck in DJZ. 1905 S. 561 ff.

zeichneten Art der Schenkungsanfechtung oder gar der Anfechtung überhaupt entzogen worden.[1]) Im Gegensatz hierzu hat namentlich Ullmann die Frage nach der Möglichkeit einer die Anfechtung begründenden Benachteiligung der Gläubiger in den Vordergrund gerückt und neuestens hat Jäger[2]) mit gewohnter Schärfe und Klarheit die Untersuchung in dieser Richtung bis zu einem gewissen Abschluß geführt.

Mit ihnen ist davon auszugehen, daß nach geltendem Recht die Anfechtbarkeit des Ehevertrages lediglich nach den für alle Rechtsgeschäfte unter Ehegatten geltenden Bestimmungen des konkursmäßigen und außerkonkursmäßigen Anfechtungsrechtes zu beurteilen und demgemäß vor allem die allgemein erforderliche Voraussetzung einer Benachteiligung der Gläubiger zu prüfen ist. Denn von einer Anfechtung kann nicht die Rede sein, wenn der Gläubiger nicht in seiner Befriedigung verkürzt ist. Nun bezieht sich der „Befriedigungsanspruch" des Gläubigers seinem Wesen nach stets auf das jeweils vorhandene Vermögen. Dagegen hat der Gläubiger nie ein Recht darauf, daß der Schuldner die Summe dieser Vermögensrechte vergrößere, daß er einen noch nicht — auch nicht etwa durch Anwartschaftsrechte irgend welcher Art — in seinen Vermögenskreis gelangten Erwerb mache. Danach liegt eine Benachteiligung in jeder Minderung der in den Vermögensbereich des Schuldners gelangten pfändbaren Rechte,[3]) nicht aber in der Unterlassung eines (noch nicht einmal bedingt gemachten) Erwerbes.

Besonders wichtig für den Ehevertrag ist, daß es sich bei der Gläubigerbenachteiligung nicht notwendig um eine Rechtsverletzung handeln muß, vielmehr auch künftige Gläubiger, also Personen, die zur Zeit der Vornahme einer vermögenmindernden Handlung noch keinerlei Rechte gegen den Schuldner haben, geschädigt werden können.[4]) So kann die Einführung eines neuen Güterstandes, welche die bisherigen Gläubiger nicht benachteiligt, weil das Gesetz diesen den Zugriff auf das Schuldnervermögen auch künftig gewährleistet (vgl. z. B. §§ 1411, 1459), unter Umständen doch von den später auftretenden Gläubigern angefochten werden, denen dieser Zugriff verschlossen ist (z. B.

---

[1]) Gegen diese in der Literatur nirgends vertretene Meinung eröffnet den Kampf Kleinfeller in BuschsZ. 25 S. 90; dann folgen: Petersen-Kleinfeller S. 184; Sarwey-Bossert S. 171; Jaeger, KO. S. 300; RG. in JW. 1901 S. 385; RG. 57 S. 81; OLG. Dresden im Sächs. Archiv 13 S. 121; Rspr. d. OLG. 7 S. 57 (Colmar).

[2]) AnfG. S. 182—191. — In KO. S. 300 ist die Frage noch wenig ausgeprägt.

[3]) Ullmann spricht hier von „Verbringung", übersieht aber dabei, daß in den Fällen „mittelbarer" Benachteiligung der vermögenmindernde Rechtsvorgang nicht erst die wirkliche „Verbringung", sondern diese zusammen mit der sie ermöglichenden Rechtshandlung des exequendus ist, der ganze Vorgang also Anfechtungsgrund ist; s. unten S. 108 a. A.

[4]) Das RG. 9 S. 14 spricht allerdings von „zivilrechtlicher Verbotswidrigkeit", woraus das OLG. Karlsruhe (Recht 1903 S. 186 Nr. 1066) die Unzulässigkeit einer Anfechtung durch künftige Gläubiger wegen Mangels der „objektiven Rechtswidrigkeit" herleitet. Das RG. (JW. 1904 S. 152 = Recht 1904 S. 167) hob die Entscheidung auf.

§ 1412 I). Daraus, daß bei der Güterstandsregelung im BGB. besondere Sorgfalt auf die Wahrung der Gläubigerinteressen verwandt ist, kann doch nicht etwa geschlossen werden, daß die Einführung eines im Gesetz geregelten Güterstandes niemand benachteiligen könnte; oder gar, daß den Ehegatten durch die Bereitstellung von jederzeit frei wählbaren Güterständen ein Recht zur Herbeiführung dieser sozusagen vom Gesetz selbst vorgesehenen Benachteiligung zustehe.[1]) Mit Recht bemerkt Jäger S. 185, die Gläubigeranfechtung treffe ja gerade solche Rechtsänderungen, deren Herbeiführung an sich in der Macht des Schuldners stehe.

Auch der durch das Güterrechtsregister gewährte Verläßlichkeitsschutz schließt die Möglichkeit einer Gläubigerbenachteiligung keineswegs aus; dies ist nur insoferne der Fall, als durch die Fiktion des § 1435 eine unmittelbare Haftung des begünstigten Ehegatten begründet wird (§§ 1459, 1480), so daß der Gläubiger des andern Ehegatten ohne „Rückgewähr" im Sinne des § 7 AnfG. den Zugriff auf das Vermögen des begünstigten nehmen kann. Im übrigen — und das ist weitaus die Mehrzahl der Fälle — versagt der Registerschutz gerade bei der Zwangsvollstreckung (worüber ausführlich unten!) und der Gläubiger ist auf die Anfechtung angewiesen.

Im einzelnen kann die Benachteiligung auf die verschiedenste Weise gegeben sein, so namentlich durch Verwandlung beschlagsfähigen Vermögens in beschlagsunfähiges. Ferner, was auch für den Ehevertrag von besonderer Wichtigkeit auf mittelbare Weise — wobei allerdings Anfechtung nach § 30 Ziff. 1 Fall 1 und § 31 Ziff. 2 KO. § 3 Ziff. 2 AnfG. ausgeschlossen[2]) — durch die Ermöglichung der Verschleuderung. Dagegen wird das dem Gläubiger verhaftete Vermögen dadurch nicht gemindert, daß infolge einer Güterstandsänderung die Vollstreckung noch eines weiteren Titels gegen den Ehegatten des exequendus bedarf (§§ 739 ff. ZPO.), denn auch wenn der Vertrag angefochten wird, ist zur Vollstreckung wider den Anfechtungsgegner — den Ehegatten — noch ein besonderer Titel erforderlich, dessen Kosten hier wie in den Fällen der §§ 739 ff. ZPO. dem unterliegenden Ehegatten zur Last fallen.[3])

Was insbesondere die Voraussetzungen der Schenkungsanfechtung (§ 32 KO., § 3 Ziff. 3, 4 AnfG.) betrifft, so kommt für den Ehevertrag namentlich in Betracht, daß objektiv, d. h. vom

[1]) So scheinbar K. Meyer a. a. O. S. 4 ff. — Noch weiter geht das OLG. Karlsruhe in der N. 4 angeführten Entscheidung, wo die Anfechtbarkeit eines Vorbehaltvertrages durch künftige Gläubiger des Mannes deshalb verneint wird, weil das Gesetz der Ehefrau „geradezu die Möglichkeit eröffnen will, ihr Beibringen gegen künftige Gläubiger des Mannes sicherzustellen."

[2]) Vgl. Jaeger S. 93 ff.

[3]) Jaeger S. 189 N. 68 gegen Meikel, BayNotZ. 1904 S. 66, welch letzterer die Vereinbarung allgemeiner Gütergemeinschaft aus diesem Grund unter Umständen für anfechtbar durch die Frauengläubiger erklärt.

Standpunkt der Gläubiger aus, eine „entgeltliche Verfügung“ nur bei Gewährung eines zur Zwangsbefriedigung in demselben Maße wie das aufgegebene Recht geeigneten Vermögensrechtes als Gegenleistung vorliegt; ist dies der Fall, so fehlt eben die Benachteiligung, ist es nicht der Fall, so ist erst noch zu prüfen, ob dem „Verfügenden“ eine nach dem wirklichen Willen der Parteien als gleichwertig angesehene Gegenleistung gewährt oder versprochen wird.[1]) Der Uebergang zu einem neuen Güterstand bedingt nun allerdings immer ein beiderseitiges Aufgeben und Neuerwerben von Vermögensrechten. Aber die konkreten Verhältnisse — namentlich die Höhe der beiderseitigen Aktiva und Passiva — sind doch viel zu verschieden, als daß sich der gesetzgeberische Gedanke gleichmäßiger Belastung des beiderseitigen Vermögens jemals rein verwirklichen könnte. Objektiv wird also wohl immer der eine oder andere Teil durch den Güterstandswechsel bevorzugt sein. Nach der subjektiven Seite aber ist es zwar möglich, daß hierbei beiden Teilen vollkommen gleichwertig erachtete Vorteile verschafft werden sollen, sehr häufig wird dies aber auch nicht der Fall sein. Sehr häufig wird z. B. die Gütertrennung lediglich im Interesse der Frau eingeführt werden, oder die allgemeine Gütergemeinschaft lediglich oder doch vorzugsweise im Interesse des Mannes. Es geht daher zu weit, wenn Planck a. a. O. die Ersetzung eines Güterstandes durch einen andern für schlechthin der Schenkungsanfechtung entzogen hält, weil dabei jeder Ehegatte stets Rechte aufopfere und Verpflichtungen übernehme. Richtig ist daran nur, daß der Güterstandswechsel zum Teil immer objektiv eine entgeltliche Verfügung darstellt, und daß daher niemals eine einzelne Wirkung der Aenderung herausgerissen und für sich zum unentgeltlichen Geschäft gestempelt werden darf — wie es RG. 57 S. 81 tut.

Selbstverständlich ist die Schenkungsanfechtung dann stets ausgeschlossen, wenn die vertragsmäßige Aufhebung des Güterstandes unter Umständen erfolgt, welche einen der Ehegatten zur Aufhebungsklage (§§ 1418, 1468, 1469, 1542, 1549) berechtigen, und der Vertrag nichts anderes festsetzt, als was der klagberechtigte Gatte vom Richter verlangen könnte.[2])

I. Betrachten wir nun an der Hand der entwickelten Grundsätze einzelne Ehevertragsinhalte, deren Anfechtbarkeit eine besondere Prüfung erfordert, so sind in erster Linie Wandlungen des Güterstandes

---

[1]) Cosack, Anfechtungsrecht (1884) S. 135; Jaeger, KO. S. 294, AnfG. S. 174.

[2]) Befriedigung eines „Anspruchs“ liegt in solchem Vertrage allerdings nicht, denn das Gesetz gibt in den angezogenen Paragraphen nicht (auch nicht implicite) einen Anspruch auf Abschluß eines Ehevertrages, vielmehr wie Kohler in Buschs Z. 29 S. 25 zutreffend bemerkt, eine Art durch Klage zu verfolgendes Kündigungsrecht. Das Entgelt für den Ehevertrag liegt also in dem Verlust des Klagerechtes des andern Teiles. Die Anfechtung als entgeltliches Rechtsgeschäft ist nicht schlechthin ausgeschlossen. — RG. in Gruchots Beitr. 48 S. 959 hält die Frage für „zweifelhaft“.

in toto sowie die entsprechenden Verschiebungen zwischen den einzelnen Gütermassen ins Auge zu fassen, wobei zunächst davon ausgegangen wird, daß es sich um Veränderung schon bestehender Zustände handelt (also nicht um den vorehelichen Ehevertrag).

1. Durch die Einführung der Gütertrennung an Stelle des ordentlichen gesetzlichen Güterstandes endet einerseits die Nutznießung des Mannes am eingebrachten Gut und die zeitliche Beschränkung der gerichtlichen Geltendmachung von Ansprüchen der Frau aus der Verwaltung und Nutznießung (§ 1394), anderseits die Haftung des Mannes für die Verbindlichkeiten der §§ 1384—1387, die Beschränkung der Beitragspflicht der Frau auf das in § 1371 bezeichnete Maß, sowie der Ausschluß der Vorbehaltsgläubiger von dem Zugriff auf das Eingebrachte. — Die drei letztgenannten Vertragswirkungen, welche die Gläubiger der Frau betreffen, werden nicht als Anfechtungsgründe verwendet werden können. Es fehlt die Benachteiligung: Denn die Haftung des Mannes aus § 1388 besteht nur unter der Voraussetzung der Fortdauer der ehemännlichen Nutznießung, der Befriedigungsanspruch der Frauengläubiger gegen den Mann endet also mit der Aufhebung des Güterstandes, sie sind insofern nicht mehr Gläubiger und können auch nicht irgendwelche Gläubigerrechte haben. Die Erhöhung der Beitragspflicht der Frau findet in dem Anfall der Nutzungen des Eingebrachten an ihr Vermögen mehr als ein Aequivalent, denn nur nach Maßgabe des Wertes dieser Nutzungen erhöht sich die Beitragspflicht. Die Konkurrenz der bisher auf das Vorbehaltsgut beschränkten Gläubiger aber müssen sich die Gläubiger aus Vollschulden gefallen lassen, weil „nicht ihr Recht, sondern das Recht des Mannes es ist, auf welchem die Beschränkung der Vorbehaltsgläubiger auf das Vorbehaltsgut beruht".[1]) Eine Benachteiligung der Gläubiger des Mannes ist zunächst nicht gegeben durch die Endigung der zeitlichen Schranke des § 1394; denn dieser Paragraph vertagt nur die Zulässigkeit gerichtlicher Geltendmachung der dort erwähnten Ansprüche, läßt aber ihre Fälligkeit unberührt. Eine Erfüllung dieser Forderungen vor Endigung des Güterstandes ist daher auch — soweit nicht die Forderung selbst aus sonstigen Gründen befristet ist — nur als „kongruente" Deckung nach § 30 Ziff. 1 Fall 2 § 31 KO. (§ 3 Ziff. 1, 2 AnfG.), nicht aber nach § 30 Ziff. 2 KO. anfechtbar.[2])

Noch weniger kann natürlich darin ein Anfechtungsgrund liegen, daß durch die Aufhebung des Güterstandes der Mann zur „Herausgabe" des eingebrachten Gutes verpflichtet wird, denn die Herausgabe

[1]) Planck zu § 1368 a. E.; ihm folgen: Jaeger S. 187 Anm. 65; Ullmann, JW. 1904 S. 134, Güterrecht S. 20; Schmidt-H. zu § 1368, N. 2b; Staudinger N. 3. — Die Sachlage ist natürlich dieselbe bei Verwandlung von eingebrachtem Gut in Vorbehaltsgut.

[2]) Jaeger S. 187 Anm. 64 scheint § 1394 als Beispiel für eine inkongruente Deckung zu betrachten. — Mit dem Text im wesentlichen übereinstimmend Ullmann a. a. O. S. 130 Spalte 2 a. E.

selbst benachteiligt ja die Gläubiger nicht, da sie das Vermögen des Mannes nicht vermindert.[1])

Die Hauptfrage ist, ob die Ersetzung des ordentlichen gesetzlichen Güterstandes durch Gütertrennung wegen Entziehung der künftigen Nutzungen des Eingebrachten aus dem Vermögen des Mannes durch dessen Gläubiger anfechtbar ist. — Zweifellos kann in dem Verzicht auf diese Nutzungen eine „unentgeltliche Verfügung" liegen. Nach der Ansicht von Ullmann, Jäger und Meikel fehlt es aber an dem Erfordernis der Benachteiligung, weil nur die Nutzungen selbst (auch diese übrigens nur mit der Beschränkung des § 871, 2 ZPO.), nicht aber auch das Recht auf die Nutzungen zum beschlagsfähigen Vermögen des Mannes gehört (§ 1408). Dem ist beizustimmen: Die Anfechtung richtet sich immer gegen Verminderung der schon im beschlagsfähigen Vermögen des Schuldners vorhandenen Vermögensrechte, seien sie auch nur bedingte oder befristete Rechte oder sonst rechtlich geschützte und beschlagsfähige Anwartschaften, z. B. ein übertragbares Okkupationsrecht (s. oben S. 102). Ein solches Recht ist aber das ehemännliche Nutzungsrecht nicht (§ 1408). Ein Verzicht auf dieses Recht selbst könnte als solcher nicht angefochten werden, weil der Gläubiger nicht verlangen kann, daß ihm (oder der Masse) das Recht als solches zur Befriedigung „zurückgewährt" werde — worin allein ja der Inhalt des Anfechtungsanspruches besteht. Die Früchte dieses Rechtes aber, d. h. die Nutzungen des Eingebrachten, können niemals für sich „zurückgewährt" werden, da sie noch nicht im Vermögen des Schuldners waren. Künftige Früchte eines nicht beschlagsfähigen Rechtes stehen für die Anfechtung mit dem beschlagsfähigen Vermögen des Schuldners in keinem andern Zusammenhang wie etwa eine nach der Legalordnung zu erwartende Erbschaft. Denn wenn der Gläubiger z. B. den Verzicht auf eine künftige Mietzinsrate anficht, so verlangt er ja nicht „Rück"gewähr dieser Rate, sondern Rückgewähr der (bedingten) Mietzinsforderung; in Wahrheit ist ja auch nur diese der eigentliche Gegenstand des Verzichtes. Genau so ist es beim ehemännlichen Nutzungsrecht: Nicht auf die — einmal angefallenen und beschlagsfähigen — Früchte selbst, sondern auf den im Nutzungsrecht enthaltenen bedingten Anspruch hierauf wird verzichtet. Dieser bedingte Anspruch nur könnte „zurück"gewährt werden — er aber ist eben nicht beschlagsfähig.[2]) Es fehlt also am Gegenstand eines Rückgewähranspruches: Der Verzicht auf das ehemännliche

---

[1]) Ullmann an dem S. 105 N. 2 angegebenen Ort.

[2]) Dieses Verhältnis steht nicht vereinzelt da. Genau so gelagert ist z. B. der Fall, daß auf eine nach § 844 BGB. geschuldete Rente verzichtet wird (§ 850 I Ziff. 2 ZPO.) — Das Verdienst Ullmanns ist es, für die Nutznießung des Ehemannes dieses Verhältnis klargelegt zu haben. (Ihm folgen Jaeger S. 186 Anm. 64 und Meikel, BayNotZ. 1904 S. 66.) — Es nicht erkannt zu haben, ist der grundlegende Fehler in den Entscheidungen des RG. 57 S. 81 und in JW. 1901 S. 385 (RG.), SächsArch. 13 S. 121 (Dresden), Rspr. d. OLG. VII S. 57 (Colmar).

Nutznießungsrecht ist der Anfechtung der Gläubiger des Mannes entzogen, mag es sich um einen Gütertrennungs- oder einen Vorbehaltsvertrag,[1]) mag es sich um schon vorhandene oder erst künftig zu erwerbende Gegenstände des Frauenvermögens handeln. Ebenso ist der Uebergang von Errungenschafts- oder Fahrnisgemeinschaft zur Gütertrennung nicht deshalb anzufechten, weil den Gläubigern des Mannes dadurch der künftige Zugriff auf die sonst in das Gesamtgut fallenden Nutzungen des eingebrachten Gutes der Frau abgeschnitten wird.[2])

2. Der Uebergang vom ordentlichen gesetzlichen Güterstand zu allgemeiner Gütergemeinschaft oder zu Fahrnisgemeinschaft entzieht zwar beschlagsfähige Gegenstände aus dem Einhandsvermögen jedes Ehegatten, ohne jedoch den Zugriff der bisherigen Gläubiger auszuschließen. Für diese ist also unmittelbar eine Benachteiligung nicht gegeben.[3])

Darum ist aber die Einführung dieser Güterstände noch nicht schlechthin unanfechtbar, wie K. Meyer annimmt. Vielmehr kann eine unmittelbare Benachteiligung der künftigen Vorbehaltsgläubiger der Frau (§§ 1460—1462, 1549) und der auf das eingebrachte und Vorbehaltsgut der Frau beschränkten Gläubiger (vgl. Planck S. 245!) sehr wohl vorliegen.[4]) Zweitens kann auch der Fall einer mittelbaren Benachteiligung, sowohl der Gläubiger des Mannes als der der Frau, dadurch eintreten, daß die Gläubiger des einen der Konkurrenz der Gläubiger des — vielleicht überschuldeten — andern Ehegatten ausgesetzt sind.[5]) Im ersten Fall richtet sich die Anfechtung gegen den Ehemann, im zweiten wohl regelmäßig gegen die begünstigten Gläubiger des andern Ehegatten. Letzterenfalls wird die Benachteiligung freilich erst vollendet, wenn durch freiwillige oder zwangsweise Befriedigung der begünstigten Gläubiger das den Anfechtenden haftende Vermögen vermindert ist. Die freiwillige Befriedigung kann unter Umständen selbständig anfechtbar sein (aber dann nicht als unentgeltliche Verfügung!), bei der Zwangsbefriedigung aber wird die Benachteiligung durch den Ehevertrag zusammen mit der dadurch erst ermöglichten Vollstreckung bewirkt, d. h. wie bei jeder mittelbaren Zuwendung ist weder die Willensbetätigung des Schuldners für sich noch die „Verbringung" aus dem Vermögen des Schuldners allein Gegenstand der

---

[1]) Jaeger S. 187 Anm. 65; Dernburg IV S. 132; anderer Ansicht ohne Begründung Wieruszowski II S. 547.

[2]) Ullmann a. a. O. S. 131 gegen OLG. Colmar (S. 106 N. 2) und RG. 57 S. 81.

[3]) Ueber das besondere Titelerfordernis (§ 740 ZPO.) s. oben S. 103 bei N. 3.

[4]) Diese Möglichkeit läßt auch Ullmann a. a. O. S. 133 Spalte 1 unberücksichtigt; hiegegen Jaeger S. 188. — Vgl. oben S. 102 bei N. 4.

[5]) Dagegen müssen sich die bisherigen Vollschuld-Gläubiger der Frau die durch den Uebergang zu allgemeiner Güter- oder Fahrnisgemeinschaft eintretende Konkurrenz der bisherigen Vorbehaltsgläubiger (vgl. Planck zu § 1411 N. 2 Abs. 3) gefallen lassen (vgl. oben S. 105 bei und in N. 1).

Anfechtung — sondern anfechtbar ist die „Zuwendung auf Umwegen", die ganze benachteiligende Manipulation. Eine Anfechtung durch die Gläubiger der Frau insbesondere kann im Konkurs über das Vermögen des Mannes in Betracht kommen. Zwar sind auch die Gläubiger der Frau nach § 1459 II Konkursgläubiger des Mannes, sie können aber, bei Vorliegen eines besonderen Anfechtungsgrundes, den übrigen Konkursgläubigern gegenüber durch Geltendmachung ihres Anfechtungsrechtes teilweise „Rückgewähr" des vergemeinschafteten Frauenvermögens zu ihrer Befriedigung verlangen. — Der Konkurs der Ehefrau hingegen begründet trotz § 2 II KO. noch nicht die Anfechtbarkeit für die Gläubiger der Frau, denen durch den Konkurs der Zugriff auf das Gesamtgut nicht benommen wird.

Bei der Vergemeinschaftung einzelner Gegenstände des Eingebrachten (und ebenso des Vorbehaltsgutes) eines Ehegatten ergeben sich analoge Möglichkeiten der Benachteiligung. Nur kommt hier noch hinzu, daß auch bisherige Gläubiger der Frau — nämlich die in ihrem Zugriff auf das Vorbehaltsgut oder auf Vorbehalts- und eingebrachtes Gut beschränkten — unmittelbar benachteiligt werden können.

3. Beim Uebergang vom ordentlichen gesetzlichen Güterstand zu Errungenschaftsgemeinschaft wird die Stellung der bisherigen Gläubiger jedes Ehegatten zu dem vorhandenen Vermögen nicht verändert. Wohl aber wird den bisherigen, sowie als Regel auch den späteren Gläubigern der Frau der Zugriff auf den künftigen (entgeltlichen) Erwerb der Frau entzogen. Nun richtet sich zwar, wie einleitend bemerkt, die Gläubigeranfechtung nicht gegen die Ablehnung eines Erwerbes, wohl aber liegt eine anfechtbare Gläubigerbenachteiligung darin, daß ein Erwerb nicht ausgeschlagen, sondern im Augenblick des Erwerbsvollzuges vergemeinschaftet, also wieder veräußert wird. Da aber dieser Vorgang, der sich ja selbst ohne besonderes Parteizutun vollzieht, nur auf Grund des Ehevertrages stattfindet, so muß, im Falle einer dadurch bewirkten Verminderung des an sich beschlagsfähigen Vermögens, der Ehevertrag selbst zusammen mit der ipso-iure-Veräußerung Gegenstand der Anfechtung sein. Es wäre eine rein formale Auffassung, zu sagen, die Errungenschaft der Frau gelange nie in ihr Alleinvermögen und dieses werde also nie verkürzt durch den Anfall an das Gesamtgut.[1])

Von Einzelverschiebungen im Rahmen der Errungenschaftsgemeinschaft gilt über die Uebertragungen vorhandenen Einhandvermögens an das Gesamtgut Entsprechendes wie im gleichen Falle bei allgemeiner Gütergemeinschaft. Vertragsmäßige Bestimmung künftigen eingebrachten oder Vorbehaltsgutes zu Gesamtgut wirkt, wie oben gezeigt, in der Regel zunächst nur obligatorisch; eine Benachteiligung durch den Vertrag selbst ist daher nur möglich, wenn es sich um eine Verpflichtung der Frau handelt und zwar für diejenigen ihrer Gläubiger,

[1]) So in der Tat Ullmann a. a. O. S. 133.

denen der Zugriff auf das Gesamtgut verschlossen ist. Die Vertragserfüllung ist dagegen möglicherweise auch dann anfechtbar, wenn es sich um Verpflichtungen des Mannes handelt, nach Maßgabe der oben S. 107 a. E. entwickelten Gesichtspunkte.

4. Der Uebergang von Gütertrennung zum ordentlichen gesetzlichen Güterstand benachteiligt zunächst weder die Gläubiger des Mannes noch die bisherigen Gläubiger der Ehefrau. Denn die Verpflichtungen des Mannes sind in der Regel nur Aequivalent der an ihn fallenden Nutzungen und anderseits schließt das Nutzverwaltungsrecht den Zugriff der bisherigen Gläubiger nicht aus (§ 1411). Undenkbar ist aber eine Gläubigerbenachteiligung nicht, wie es Ullmann a. a. O. S. 134 annimmt. Die Gläubiger des Mannes können durch dessen Haftung aus § 1388 benachteiligt werden, wenn die Lasten des Eingebrachten den Wert der Nutzungen übersteigen.[1]) Die bisherigen Gläubiger der Frau können in ihrer Befriedigung verkürzt werden, insofern ihnen die Nutzungen beschlagsfähigen Vermögens entzogen werden. Noch mehr aber werden die künftigen Vorbehaltsgläubiger der Frau benachteiligt.

Analog ist die Stellung der Gläubiger des Mannes bei Verwandlung von Vorbehaltsgut in eingebrachtes. Von den Frauengläubigern werden nur die Vorbehaltsgläubiger benachteiligt, diese aber ohne Rücksicht auf Entstehung ihres Rechtes vor oder nach Vollzug des Umwandlungsvertrages. (Abzulehnen ist die Ansicht von Opet S. 187 und Endemann II § 179 N. 18, welche die §§ 1411 ff. analog anwenden wollen. Denn wenn auch der von den Mot. IV S. 307 gezogene Vergleich mit dem Fall der Uebereignung stark hinkt, so trifft doch sicher die Analogie der Nießbrauchbelastung einzelner Gegenstände zu, wobei ebenfalls, im Gegensatz zur Nießbrauchbestellung an einem ganzen Vermögen, das Recht des Nießbrauchers dem Gläubigerzugriff entgegensteht.[3])

5. Soweit durch den Uebergang von Gütertrennung zu einer Gütergemeinschaftsform Frauenvermögen in eingebrachtes Gut umgewandelt wird, ist das Verhältnis nicht anders zu beurteilen als beim Uebergang zum ordentlichen gesetzlichen Güterstand. Die Vergemeinschaftung des beiderseitigen Vermögens wirkt hier nicht anders als wenn bisher ordentlicher gesetzlicher Güterstand gegolten (s. unter 2 und 3), die Anfechtungsmöglichkeiten sind daher die gleichen.

6. Die vertragsmäßige Aufhebung eines Gemeinschaftsgüterstandes bedeutet bei Innehaltung der gesetzlichen Auseinander-

---

[1]) Zweifellos kann die Uebernahme einer fremden Schuld, wie sie §§ 1385—1388 bedingen, Anfechtungsgrund sein. Der Fall scheint Jäger S. 187 Anm. 65 entgangen zu sein.

[2]) Jaeger S. 187 Anm. 65; Ullmann S. 134; anderer Ansicht ohne Begründung Dernburg IV S. 132.

[3]) Im Ergebnis übereinstimmend: Schmidt-H. zu § 1411 N. 2 a γ; Planck N. 2 Abs. 2; Staudinger, Vorbem. 4 vor § 1410.

setzungsvorschriften (namentlich § 1475!) regelmäßig keine Benachteiligung der bisherigen oder künftigen Gläubiger eines Ehegatten. Insbesondere haben u. E. die Gesamtgutsgläubiger der Frau kein Anfechtungsrecht wegen der Endigung der ehemännlichen Personalhaftung (§ 1459 II 2), so wenig wie die Endigung der ehemännlichen Haftung aus § 1388 Grund zur Anfechtung des Ueberganges vom ordentlichen gesetzlichen Güterstand zu Gütertrennung gibt (s. unter 1!). In beiden Fällen wird nicht ein auf ein bestimmtes Vermögen gerichteter Befriedigungsanspruch durch Verminderung dieses Vermögens geschädigt, sondern der Befriedigungsanspruch selbst wird ohne Zutun des Berechtigten aufgehoben. Hiergegen gibt das Gesetz kein Mittel. Die Anfechtung hätte keinen Gegenstand: es fehlt ein exequendus, an den zurückzugewähren wäre, und es fehlt ein Recht, welches zurückzugewähren wäre.

Zu einer Anfechtung wegen der unter Umständen in der Aufhebung der Gütergemeinschaft liegenden Schädigung von unterhaltsberechtigten Verwandten eines Ehegatten (§ 1604 II BGB.) kann es schon deshalb nicht kommen, weil für den zukünftigen Unterhaltsanspruch der nach § 5 AnfG. erforderliche Vollstreckungstitel nicht beschafft werden kann und eine Beteiligung im Konkurse ausgeschlossen ist (§ 3 II KO.); selbst wenn durch die Aufhebung der Gütergemeinschaft und Zuteilung des ganzen Gesamtgutes an den andern Ehegatten der Unterhaltsverpflichtete sich der Erfüllung seiner Verbindlichkeit entzieht, hat der Unterhaltsberechtigte nur die Möglichkeit einer Deliktsklage nach §§ 826, 840 BGB.[1])

Häufig wird zwar nicht die Aufhebung der Gütergemeinschaft selbst, wohl aber die Art der Auseinandersetzung zur Gläubigerbenachteiligung führen. Dann ist nur die Auseinandersetzung anfechtbar. Eine von der gesetzlichen Regelung abweichende Art der Auseinandersetzung benachteiligt die bisherigen Gesamtgutsgläubiger jedenfalls nicht unmittelbar, da sie ja auch bei Nichtbeachtung des § 1475 und bei ungleichmäßiger Verteilung der Gesamtgutsbestände (§ 1476 I) den Zugriff auf das Gesamtgut haben (§ 1480). Sie können mit der Anfechtungsklage gegen den begünstigten Ehegatten nicht mehr verlangen, als das Gesetz ihnen ohnehin gewährleistet: Die Gestattung der Zwangsvollstreckung in das zugeteilte Gesamtgut.[2]) Mittelbar ist eine Benachteiligung der bisherigen Gläubiger nicht undenkbar. Namentlich aber ist eine unmittelbare Benachteiligung der künftigen Gläubiger eines Ehegatten möglich durch unentgeltliche Zuweisung von mehr als den geschuldeten Gesamtgutsbeständen an den andern Ehegatten; vgl. Jäger S. 190.

Die Verwandlung von Gesamtgut in Einhandsgut in stehender Gütergemeinschaft — mag sie schon vorhandenes oder künftig

[1]) Rspr. d. OLG. VI S. 157 Hamburg, IX S. 448 Köln: Jaeger S. 110; Dernburg IV S. 194 N. 2; Neukamp, Recht VIII S. 514; a. A. Hamm, DJZ. 10 S. 54; Francke, Bl. f. RA. 70 S. 161.

[2]) Vgl. RG. in Gruchots Beitr. 48 S. 958 ff.

zu erwerbendes Vermögen betreffen — enthält eine unmittelbare Benachteiligung nur, soweit es sich um Konstituierung von eingebrachtem oder von Vorbehaltsgut der Frau handelt und nur gegenüber den Gläubigern des Mannes.

Konstituierung von Vorbehaltsgut des Mannes bei allgemeiner Gütergemeinschaft bezw. von ehemännlichem Eingebrachtem bei Errungenschaftsgemeinschaft und Fahrnisgemeinschaft beeinträchtigt die bisherigen Gläubiger der Frau nicht unmittelbar (§ 1459 II, 1), wohl aber können diese dadurch benachteiligt werden, daß nach Beendigung der Auseinandersetzung der Mann ihnen insoweit nicht nach § 1480 haftet; man denke etwa an den Fall, daß kurz vor Aufhebung der Gemeinschaft das ganze vorhandene Gesamtgut in das Vorbehaltsgut des Mannes übertragen wird.[1]) Freilich ist hier die Anfechtung nur möglich von seiten der als Vollstreckungsgläubiger des Mannes auftretenden Gesamtgutsgläubiger der Frau, da ja nur „Rückgewähr" aus dem haftungsfreien an das verhaftete Vermögen des Mannes selbst verlangt werden kann; also eine Anfechtung gegen den exequendus selbst? Ich glaube nicht, daß man sich hieran stoßen kann, da der Ehemann eben nur in bezug auf das verhaftete Vermögen exequendus ist, mit seinem haftungsfreien Vermögen also die Stellung eines Dritten einnimmt.

II. Auf die Anfechtung ehevertragsmäßiger Einzelabreden näher einzugehen, ist keine Veranlassung, da diese Fälle nur in concreto und dann wie andere Verträge unter Ehegatten zu beurteilen sind. Hingewiesen sei nur darauf, daß die Erweiterung des Verfügungsrechtes über eigenes Vermögen (§ 1375) auch nicht als mittelbare Benachteiligung anfechtbar sein kann, aus demselben Grunde, der gegen die Anfechtbarkeit des Vorbehaltsvertrages durch Vollschuldgläubiger der Frau angeführt wurde (oben S. 105 bei N. 1). Die Beschränkung der Ehefrau beruht lediglich auf dem Rechte des Mannes, ein Verzicht auf dieses Recht kann nicht durch Gläubiger der Frau angefochten werden. Umgekehrt kann jede Erweiterung der Verfügungsbefugnis des Mannes über das Gesamtgut oder das eingebrachte Gut der Frau den Gläubigern der Frau mittelbar Zugriffsobjekte entziehen und somit zur Anfechtung Anlaß geben.[2]) Bemerkt sei ferner noch, daß der unentgeltliche Verzicht auf entstandene oder künftige Ausgleichsansprüche (§§ 1415—1417, 1466/67), sofern er gegenseitig erfolgt, der Schenkungsanfechtung regelmäßig entzogen sein wird, da der Verzicht des einen wohl meist als Aequivalent für den Verzicht des andern Ehe-

---

[1]) Diesen Fall scheint Planck zu § 1523 N. 2 zu übersehen.

[2]) Da die Anfechtung gegen den Mann zu richten ist, kommt sie für Gesamtgutsgläubiger erst nach Auflösung der Gütergemeinschaft in Betracht. Daß nicht erst die „Verbringung" aus dem Gesamt- bezw. eingebrachten Gut, sondern diese zusammen mit dem Ehevertrage anfechtbar ist, hat große Bedeutung in Rücksicht auf die Fälle, in denen nur eine Handlung des exequendus anfechtbar ist.

gatten anzusehen sein wird. Im allgemeinen aber wird bei solchen Einzelabreden die Schädigung von Gläubigern — wenn sie auch weniger schwer ins Gewicht fällt — meist eher „Benachteiligung“ im technischen Sinne darstellen und der besondere Anfechtungsgrund, insbesondere die Unentgeltlichkeit, meist leichter nachweisbar sein als bei Totaländerung des Güterstandes oder Verschiebung zwischen den einzelnen Gütermassen, wo der einen Wirkung immer eine ganze Reihe anderer, oft wenig sichtbarer Wirkungen gegenüber steht.

Als praktisches Ergebnis der angestellten Betrachtungen kann man wohl die Tatsache aufstellen, daß bei richtiger Beurteilung der Rechtslage die Anfechtung gerade der wichtigsten Eheverträge, welche namentlich die auf die Eintragung ins Güterrechtsregister vertrauenden Gläubiger tatsächlich empfindlich schädigen können, ganz ausgeschlossen oder doch an die Erbringung komplizierter Beweise geknüpft ist, daß namentlich der Nachweis der Unentgeltlichkeit in den meisten dieser Fälle gar nicht zu erbringen sein wird.

Es erübrigt nun noch zu prüfen, wie weit eine Sicherung der Gläubiger dadurch erreicht ist, daß die Vollwirksamkeit des Ehevertrages nur unter Innehaltung einer gewissen Publizität zugelassen wird. Bevor jedoch auf die eigentliche Schutzeinrichtung des Güterrechtes, das Güterrechtsregister, eingegangen wird, ist noch kurz auf die Bedeutung des Grundbuchrechtes für den Ehevertrag einzugehen.

VI. Abschnitt.

§ 13. Ehevertrag und Grundbuch.

Die Tatsache, daß ein Ehevertrag Liegenschaften zum Gegenstande hat, bedingt nur in einigen Fällen eine Einwirkung der grundbuchrechtlichen Grundsätze auf die volle Wirksamkeit des Vertrages. Möglich ist natürlich, daß die Buchung den Eintritt der Wirksamkeit des Ehevertrages erst ermöglicht, weil hierfür der Erwerb nach Liegenschaftsgrundsätzen Voraussetzung ist; daß z. B. ein Ehevertrag, der Liegenschaften des Mannes zu Vorbehaltsgut der Frau bestimmt, erst Bedeutung erlangen kann, wenn die betreffenden Liegenschaften durch Einigung und Eintragung auf die Frau übergegangen sind, das bedarf keiner Ausführung. Selbstverständlich ist auch, daß die Grundbuchvorschriften für den rein obligatorischen Ehevertrag keine besondere Bedeutung haben. Hier kommt nur in Frage, ob und wann die Eintragung einer Ehevertragsbestimmung konstitutive oder rechtsbestärkende Wirkung hat, ob sie notwendig und zulässig ist.

I. Letzteres ist dann **nicht** der Fall, wenn der Ehevertrag ein Rechtsverhältnis an Liegenschaften begründet oder aufhebt, welches **der Eintragung nicht fähig ist.** Ueber die Frage, welche Rechtsverhältnisse des ehelichen Güterrechts hierher gehören, hat sich bereits eine feste Praxis gebildet, die in der Literatur fast einhellige Zustimmung findet.

1. Das Rechtsverhältnis der Nutzverwaltung ist zur Eintragung nicht geeignet,[1]) schon deshalb, weil die Eintragung im Gesetz nicht vorgesehen ist; materiell aber deshalb, weil einer Eintragung in Anbetracht des § 1404 keine Bedeutung beikommen könnte.

2. Daraus folgt notwendig, daß auch die Ausnahme vom Wirkungsbereich der Nutzverwaltung — die Vorbehaltseigenschaft eines Liegenschaftsrechtes der Ehefrau — nicht eingetragen werden darf. Denn die Vorschrift des § 1404, die keinen Unterschied zwischen Liegenschafts- oder Fahrnisveräußerungen macht, ja gerade in Rücksicht auf den Liegenschaftsverkehr geschaffen wurde (Mot. IV S. 237), würde ja auch gegenüber einem unrichtigen Eintrag der Vorbehaltsqualität eingreifen.[2]) Es könnte der Buchung nur die Bedeutung einer Legitimation der Ehefrau gegenüber dem Grundbuchamt zukommen. Hierzu ist aber nach § 34 GBO. ein Zeugnis des Registerrichters erforderlich, das jedenfalls nicht durch einen schon länger zurückliegenden Grundbucheintrag ersetzt würde.[3]) Es ist also nicht abzusehen, wozu ein Eintrag in das Grundbuch dienlich sein sollte. Damit ist aber nach den Grundsätzen des Grundbuchrechts die Eintragungsfähigkeit ohne weiteres verneint.[4])

So wenig wie die Ausnahme von dem Rechtsverhältnis der Nutzverwaltung kann ferner die Endigung desselben durch Eintritt der Gütertrennung eingetragen werden.

3. Diese Sätze erleiden keine Aenderung dadurch, daß die Nutzverwaltung nicht das den Güterstand beherrschende Prinzip bildet, sondern nur auf einzelne Vermögensgruppen und nur zu Nutzen des Gesamtgutes Anwendung findet: bei allen Gemeinschaftsgüterständen muß das Einhandsvermögen jedes Ehegatten ohne Rücksicht auf seine Qualität als Eingebrachtes oder als Vorbehaltsgut eingetragen werden.[5]) Dies ist ein „Internum" gegenüber dem Gesamtgut.

---

[1]) Mot. IV S. 238 ff.; KG. in RJA. III S. 161; Seuff. Arch. 58 S. 144. — Die Einhelligkeit der Literatur überhebt jeder Anführung.

[2]) Wieruszowski II S. 541 N. 114. — Oberneck ist nicht, wie Wieruszowski meint, anderer Ansicht.

[3]) So auch Wieruszowski II S. 542 N. 115.

[4]) OLG. Hamburg in Seuff. Arch. 60 S. 127. — Soviel ich sehe, sind die einzigen Vertreter einer gegenteiligen Ansicht Turnau-Förster, Liegenschaftsrecht II (2. Aufl. 1903) S. 236. Eine Begründung fehlt. Unklar Staudinger III zu § 892 N. IV 2 a α. — Das Argument aber von Wieruszowski II S. 540 ff. halte ich gerade nicht für „durchschlagend", daß nämlich das Zeugnis des Registergerichtes, welches durch § 34 GBO. für ausreichend erklärt ist, wegen der Legitimationsgrundsätze des Registerrechtes keine geeignete Grundlage für einen Grundbucheintrag bilden könne. Denn auch bei Gütergemeinschaft wird die Zugehörigkeit eines Grundstückes zum Gesamtgut nach § 34 GBO. durch ein solches Zeugnis des Registergerichtes nachgewiesen, obwohl das Grundstück entgegen dem Registerausweis z. B. infolge Bestimmung des Erblassers Vorbehaltsgut sein kann.

[5]) KG. in ZBlFG. III S. 372; LG. Leipzig ebenda I S. 772. — Die abweichende Ansicht von Staudinger bezüglich des Vorbehaltsgutes bei den Gütergemeinschaftsformen (zu § 1441 N. 4, § 1526 N. 8, § 1555 N. 5)

Dagegen ist es zweifellos, daß das im Gesamteigentum beider Ehegatten stehende Liegenschaftsvermögen als solches im Grundbuch eingetragen werden kann; und zwar erfordert die Grundbuchordnung § 48 nicht nur die Buchung als gemeinschaftliches Eigentum, sondern auch die Bezeichnung als Gesamthandsrecht durch Hinzufügung des zugrunde liegenden Gütergemeinschaftsverhältnisses. Weitere Eintragungen von Ehevertragsvereinbarungen sind auch hier nicht zulässig. In Betracht kämen für den Verkehr mit Dritten ja nur die Einräumung eines selbständigen Verfügungsrechtes an einen oder beide Ehegatten; hierfür ist aber eine Eintragung nicht vorgesehen.

II. Die Grundbuchvorschriften kommen also nur in Betracht für Verschiebungen zwischen Gesamtgut und Alleinvermögen.

1. Konstitutive Wirkung hat die Buchung nur in den Fällen, wo vorhandenes Einhandsvermögen in Gesamtgut verwandelt wird und umgekehrt oder wo die Bestimmung von künftig zu erwerbenden Liegenschaftsrechten, die an sich ins Einhandsvermögen fallen würden, zu Gesamtgut zunächst nur die obligatorische Verpflichtung zur Uebertragung erzeugt.

2. Im übrigen aber hat der Eintrag ins Grundbuch nur Bedeutung für die Wirksamkeit des Ehevertrages gegenüber gutgläubigen Dritten. Denn alle Liegenschaften, die auf Grund des Gütergemeinschaftvertrages kraft Gesetzes zum Gesamtgut gehören, erlangen nach § 1438 II (§§ 1519 II und 1549) diese Eigenschaft mit dem Augenblick des Eintritts der Gütergemeinschaft bezw. des späteren Erwerbes durch einen Ehegatten. Das Grundbuch wird also unrichtig und bis zur Berichtigung greifen die Vorschriften der §§ 892 und 893 zugunsten der Eigenschaft als Alleinvermögen ein. Die Eintragung ins Güterrechtsregister vermag diesen Schutz des guten Glaubens selbstverständlich nicht zu zerstören. Auch die positive Kenntnis des Bestehens einer Gütergemeinschaft liefert noch nicht den Beweis, daß der Dritte auch die Zugehörigkeit eines unrichtigerweise dem Alleinvermögen eines Ehegatten zugeschriebenen Grundstückes zum Gesamtgut kannte.

---

steht in Widerspruch mit seinen eigenen Ausführungen über die Unzulässigkeit der Eintragung von Vorbehaltsgut beim ordentlichen gesetzlichen Güterstand (zu § 1431 N. 6) und von eingebrachtem Gut bei partikulärer Gütergemeinschaft (zu § 1525 N. 5, § 1550 N. 4). Noch unverständlicher ist es, wenn im Gegensatz zu letzterem Fall die „Sonderguts“-Eigenschaft bei allgemeiner Gütergemeinschaft für eintragungsfähig erklärt wird (zu § 1439 N. 4).

VII. Abschnitt.

§ 14. Ehevertrag und Güterrechtsregister.*)

Das Güterrechtsregister ist das Produkt der gesetzgeberischen Versöhnungspolitik in dem Konflikt zwischen dem Interesse der Ehegatten an der Wandelbarkeit des Güterstandes und dem Interesse des Verkehrs an der Verläßlichkeit der einmal begründeten und bekannt gewordenen Verhältnisse.

Der Gesetzgeber konnte sich nicht entschließen, das Erfordernis einer konstitutiv wirkenden Publikation aufzustellen, begnügte sich vielmehr damit, „eine Erkenntnisquelle zu schaffen, aus der der dritte Interessent das ihn betreffende Rechtsbild als die zu seinen Gunsten richtige und vollständige Rechtslage zu entnehmen vermag".[1]) Damit war von selbst der Schutz auf solche Dritte beschränkt, welche von dieser Erkenntnisquelle (Gesetz oder Register) Gebrauch machen können, das sind Dritte, die gewillt oder genötigt, sich mit einem Ehegatten in rechtsgeschäftlichen Verkehr oder in einen Rechtsstreit einzulassen. Für alle sonstigen Rechtsbeziehungen der Ehegatten zu Dritten hat die Erkenntnisquelle keine Bedeutung.

Dieser Gedanke erhielt nach mehrfacher redaktioneller Aenderung durch die Redaktionskommission des Entwurfs II seine jetzige, grundsätzliche Zweifel ausschließende Fassung, § 1435.

Danach ist vor allem zu betonen, daß die Eintragung niemals konstitutiv wirkt. Ein Ehevertrag kann entstehen und wirken, ohne jemals eingetragen zu werden. Daher ist auch die Unzulässigkeit der Eintragung des Ehevertrages niemals Grund für die Annahme der Unzulässigkeit des nicht eintragsfähigen Inhaltes. Es besteht weder eine relative noch eine teilweise Nichtigkeit des Vertrages, sondern nur eine die wahre Rechtslage verschiebende Fiktion.

---

*) Literatur: Die Kommentare zu §§ 1344 (namentlich Planck) und 1435. Ullmann S. 26 ff.; Salamonski, Das Vorbehaltsgut S. 47 ff.; Winter im ZBlFG. I S. 433 ff.; Goetze, ebenda S. 892 ff.; Metzges, ebenda III S. 331; Hörle in Hess. Rspr. 1900 S. 141 ff.; Ramdohr in Gruchots Beitr. 44 S. 811; Dorst in DNotV. I S. 129 ff.; Dernburg IV S. 175 ff.; Endemann II § 175c; Landsberg II S. 885 ff.; Lehmann § 170, § 173 Ziff. 7; Eck II S. 436 ff. Besonders verdienstvoll sind die Untersuchungen von Hellwig, RKr. S. 432 ff. (s. auch Lehrbuch I S. 357 ff.) und Wieruszowski II § 25. Eine erschöpfende Darstellung dieser für den überwiegenden Teil Deutschlands völlig neuen Einrichtung fehlt noch; sie kann auch im folgenden nicht versucht werden, schon weil nur die Bedeutung des Registerschutzes für den Ehevertrag in Frage steht, weshalb auch die Verfahrensvorschriften nicht näher gewürdigt werden können.

[1]) Ramdohr a. a. O. S. 115 ff.

Diese Fiktion greift in folgender Weise ein: Primär gilt der ordentliche gesetzliche Güterstand als „geschützt",[1]) durch Eintragung kann jeder vertragsmäßige Güterstand den Schutz erlangen. Wird der so „geschützte" Güterstand aufgehoben, so kann jeder Dritte verlangen, daß ein nach dieser Aufhebung zwischen ihm und einem der Ehegatten vorgenommenes Rechtsgeschäft diejenige Wirksamkeit äußere, welche ihm zukäme, wenn zur Zeit der Vornahme der „geschützte" Güterstand noch bestanden hätte; ist nach der Aufhebung zwischen dem Dritten und einem Ehegatten ein rechtkräftiges Urteil ergangen, so kann der Dritte sich beiden Ehegatten gegenüber insoweit auf die Rechtskraft berufen, als er es könnte, wenn der „geschützte" Güterstand zu einem gewissen Zeitpunkt während des Prozesses noch bestanden hätte. Der Schutz fällt weg, wenn nachgewiesen wird, daß zur Zeit der Vornahme des Rechtsgeschäftes bzw. des Eintritts der Rechtshängigkeit die wahre Sachlage dem Dritten bekannt oder ins Güterrechtsregister eingetragen war.

Durch diese Verteilung der Beweislast (§ 1435: . . . können nur hergeleitet werden, wenn . . .") wird der Untersuchung der Weg gewiesen, zuerst die Wirkung eines nicht eingetragenen Ehevertrages gegenüber gutgläubigen Dritten zu betrachten, und sodann die Tatbestände, welche dem Ehevertrag volle Wirkung verleihen, ins Auge zu fassen.

A. Die Betrachtung der Wirkungen nicht eingetragener Eheverträge hat naturgemäß von der Frage auszugehen, welche Eheverträge überhaupt von den güterrechtlichen Schutzvorschriften betroffen werden, um erst dann für die übrig bleibenden Fälle die Art der Gewährung des Schutzes zu untersuchen.

I. 1. Betroffen werden nur Eheverträge, welche einen „geschützten" Güterstand abändern, aufheben oder ausschließen.

„Geschützt" ist nach Abs. I des § 1435 zunächst der ordentliche gesetzliche Güterstand. Also nicht die kraft Gesetzes eintretende Gütertrennung (§§ 1364, 1587). Geschützt nach Abs. II ist jede Güterstandsregelung, die vorschriftsmäßig im Güterrechtsregister eingetragen ist, mag sie auf Vertrag, Gesetz oder sonstigem Rechtsgrund beruhen. Auch der wiederhergestellten Normalgüterordnung gegenüber streitet der Verläßlichkeitschutz für den Registereintrag. Anderseits streitet, solange eine Eintragung nicht erfolgt ist, dieser Schutz für die Normalgüterordnung. Wird also in Abänderung eines nicht eingetragenen Güterstandes die Normalgüterordnung ganz oder in bezug auf einzelne Gegenstände wiederhergestellt, so bedarf der neue Ehevertrag keiner Eintragung. Er bedarf ihrer auch dann nicht, wenn der Dritte von dem bisherigen Bestehen des nicht eingetragenen Güterrechtsverhältnisses Kenntnis hatte. Beruht

[1]) Wir nennen den Güterstand, auf dessen Bestehen sich der Dritte berufen kann, also den durch den Verläßlichkeitsschutz gedeckten Güterstand „geschützt" — obwohl natürlich eigentlich nur der „Dritte" geschützt ist. Ein terminus ist unentbehrlich.

die Kenntnis auf besonderer Mitteilung eines Ehegatten, so besteht vielleicht eine Deliktshaftung dieses letzteren, die Wirksamkeit des neuen Ehevertrages aber bleibt unberührt.[1]) Der Nichteintragung des bisherigen eintragungsbedürftigen Güterstandes steht die Eintragung in einem andern als dem zuständigen Register gleich (vgl. darüber unter B!). Namentlich aber gelten analoge Grundsätze, wenn der eingetragene Güterstand tatsächlich nicht bestand. Hierdurch wird die Frage nahegelegt, wie die absichtliche Herbeiführung einer unrichtigen Eintragung durch einen oder beide Ehegatten wirkt.[2]) Eine allgemeine Regel, daß die Ehegatten eine derartig herbeigeführte Eintragung gegen sich gelten lassen müssen, läßt sich nicht aufstellen. Sachlich handelt es sich allerdings bei der stets auf Antrag erfolgenden Eintragung um eine Kundgebung der Ehegatten an die „Oeffentlichkeit", für welche nach § 116, 1 der geheime Vorbehalt des Nichtwollens unberücksichtigt zu bleiben hat (Wieruszowski). Daraus kann aber nicht die für Anwendung des § 1435 II erforderliche Wirksamkeit des nichtigen Ehevertrages abgeleitet werden. Grundsätzlich muß sich der geschädigte Dritte mit eventuellen Deliktsansprüchen begnügen. In vielen Fällen aber wird sich zu seinem Vorteil ein anderer Gesichtspunkt verwenden lassen, den Wieruszowski a. a. O. zum Schlusse seiner Begründung andeutet. Soweit auf Grund des wahrheitswidrig eingetragenen Güterstandes ein Ehegatte zur Vornahme von Rechtshandlungen ermächtigt erscheint, zu denen er nach dem wirklich bestehenden Güterstand einer Vollmacht oder Einwilligung des andern Ehegatten bedürfte, wirkt die ausdrückliche oder stillschweigende Einwilligung des andern Ehegatten zu der wahrheitswidrigen Eintragung wie eine generell und öffentlich erteilte Bevollmächtigung bzw. Zustimmung zu allen solchen Rechtshandlungen. Freilich wird auch durch Anwendung dieses Gesichtspunktes in vielen Fällen keine Abhilfe geschafft werden können, und zwar namentlich dann nicht, wenn die betreffende Rechtswirkung nach dem wirklich geltenden Güterstande nur durch ein Handeln im Namen des andern Ehegatten herbeigeführt werden könnte. Prozessiert z. B. der Ehemann auf Grund fälschlich eingetragener allgemeiner Gütergemeinschaft eigenen Namens über ein Recht der tatsächlich in Gütertrennung lebenden Frau, so wirkt das Urteil nicht Rechtskraft gegenüber dieser; denn, wenn man auch in der Zustimmung der Frau zum Registereintrag eine Zustimmung zu solcher Prozeßführung sieht, so vermag doch diese Zustimmung des Berechtigten die Rechtskraft im Prozesse des nicht Berechtigten nicht zu erweitern.

2. Der Zweck des Registers ergibt weiter, daß nur solche Eheverträge von den Registervorschriften berührt werden, welche auf die Wirksamkeit von Rechtsgeschäften oder auf die Rechtskraft-

---

[1]) Vgl. Mot. IV. S. 316 — die abweichende Ansicht Endemanns II S. 766 ist gegenüber dem klaren Wortlaut des Gesetzes und den Ausführungen der Motive unhaltbar.

[2]) Wieruszowski II S. 567 N. 95 Abs. II.

wirkung von Urteilen zwischen einem Ehegatten und einem Dritten Einfluß haben können. Hierher gehören z. B. nicht solche Eheverträge, die lediglich die wirtschaftliche Verwaltung regeln, ferner die nur als Verpflichtung zur künftigen Veränderung der Güterrechtsverhältnisse aufzufassen sind, namentlich Verpflichtungen zur Uebertragung von Vermögensgegenständen an das Gesamtgut.

3. Zweifel ergeben sich über die Anwendbarkeit des § 1435 auf Eheverträge, welche die Fortsetzung der Gütergemeinschaft ausschließen (§ 1508), beschließen (§ 1557) oder diesen oder jenen Vertrag wieder aufheben.

Wir verneinen die Anwendbarkeit, mit Schmidt-Habicht zu § 1508 N. 2 e, gegen Planck N. 5, Staudinger N. 5 und Rspr. der OLG. VIII S. 335. Zunächst ist zu bedenken, daß die Registrierung des Vertrages keinerlei Gewähr für den wirklichen Eintritt oder das Bestehenbleiben der fortgesetzten Gütergemeinschaft bietet; denn hierfür kommen Tatbestände in Betracht, für welche § 1435 keinenfalls Geltung hat (Vgl. §§ 1484, 1492—1496, 1509, Prot. VI S. 286). Entscheidend aber ist, daß § 1435 II Eheverträge der genannten Art gar nicht trifft: denn durch sie wird nicht eine „eingetragene Regelung güterrechtlicher Verhältnisse" verändert; das ist ganz sicher für den Fall eingetragener Fahrnisgemeinschaft, wo zunächst über die Zeit nach Auflösung der Ehe gar nichts gesagt ist, gilt aber auch im Falle eingetragener allgemeiner Gütergemeinschaft, weil die Rechtsverhältnisse zwischen dem überlebenden Ehegatten und den Abkömmlingen nicht eigentlich „güterrechtlicher" Natur, sondern nur aus technischen Gründen im vierten Buch behandelt sind. Der Vertrag über die fortgesetzte Gütergemeinschaft ist eben, wie schon oben S. 92 bei N. 1 betont wurde, nur durch positive Gesetzesbestimmung als Ehevertrag bezeichnet, materiell aber erbrechtlicher Natur.

II. Nachdem so der Kreis der überhaupt in Frage kommenden Eheverträge umschrieben ist, fragt es sich weiter, in welchem Umfang und in welcher Art die Wirksamkeit derselben beschränkt ist.

1. Zunächst greift die Beschränkung nur zugunsten Dritter ein.

Ein Ehegatte selbst oder sein Rechtsnachfolger kann sich auf den Schutz niemals berufen, d. h. vom Standpunkt des Dritten aus: Der Dritte kann die wahre Rechtslage immer für sich in Anspruch nehmen. Ja es muß dies sogar als das Primäre angenommen werden; solange der Dritte den Schutz nicht anruft, muß auch der Richter die wahre Rechtslage zugrunde legen. Besonders scharf tritt die günstige Rechtslage des Dritten bei einem Urteil hervor, welches nach dem geschützten Güterstand gegenüber dem Ehegatten des Prozeßführers Rechtskraft wirkt, nach dem wirklichen Güterstand aber nicht. Ist hier das Urteil dem Dritten günstig, so wird er sich auf den geschützten Güterstand berufen, ist es ihm ungünstig, so wird er die wahre Rechtslage gelten lassen.

Eines aber ist nachdrücklich zu betonen: Die Berufung auf den Verläßlichkeitsschutz steht dem Dritten nur zu zur Geltendmachung der Wirksamkeit eines Rechtsgeschäftes oder der Rechtskraftwirkung eines Urteils, niemals zu ungunsten dieser Wirksamkeit bezw. Rechtskraftwirkung.[1]) Ist nach dem wahren Güterstand eine Rechtskrafterstreckung vorhanden, nach dem geschützten hingegen nicht, so muß der Dritte das ihm ungünstige Urteil auch zugunsten des andern Ehegatten gegen sich gelten lassen. Ein Beispiel: Der Ehemann hat auf Grund des § 1380 auf Feststellung des Eigentums der Frau an einem Warenlager (§ 91 II, § 1376 Ziff. 3, § 1380 2) geklagt und obsiegendes Urteil erstritten. Demnächst klagt die Frau selbst auf Herausgabe; der Beklagte leugnet ihr Eigentum und auch die Erstreckung der Rechtskraft des ersten Urteils auf die Frau, weil das Warenlager durch eingetragenen Vertrag zu Vorbehaltsgut bestimmt worden war. Weist nunmehr die Frau nach, daß dieser Vorbehaltsvertrag schon vor dem ersten Prozesse aufgehoben war, so kann der Dritte sich nicht auf § 1435 II zu ungunsten der Rechtskrafterstreckung berufen.

2. Der Verläßlichkeitsschutz gilt nur zugunsten Dritter, welche selbst mit einem der Ehegatten in rechtsgeschäftlichen Verkehr oder in einen Rechtsstreit eingetreten sind. Das Verhältnis zwischen den Ehegatten und einem weiteren extraneus wird von den Schutzvorschriften nur insoweit berührt, als der letztere sich als Rechtsnachfolger auf die Rechtsposition des unmittelbar geschützten „Dritten" stützen kann. Hat z. B. ein Dritter unter dem Schutz des § 1435 II durch Verfügung der Ehefrau entgegen § 1404 Eigentum erworben, so wird auch sein Rechtsnachfolger Eigentümer ohne Rücksicht auf die Kenntnis des Sachverhaltes; hatte aber zur Zeit der Uebereignung der Erwerber Kenntnis von der wahren Sachlage und tritt er nun seinen angeblichen Eigentumsherausgabeanspruch gegen die Frau einem weiteren extraneus ab, so kann dieser sich gegenüber dem Einwand der Nichtigkeit der Verfügung der Frau nicht auf die eingetragene Rechtslage berufen.

3. Unter dem Verläßlichkeitsschutz steht nur die Wirksamkeit von Rechtsgeschäften und die Rechtskraft von Urteilen. Daher wird der Verläßlichkeitsschutz nicht zuteil:

a) Dritten, die auf Grund nicht rechtsgeschäftlicher Tatbestände zu einem der Ehegatten in Rechtsbeziehungen treten, für deren Wirksamkeit das Bestehen des geschützten Güterstandes von Bedeutung sein kann (Wieruszowski II S. 544). Demgemäß haftet insbesondere der Mann nicht für die gesetzlichen Unterhaltsverbindlichkeiten der Frau (§ 1386), wenn Gütertrennung vereinbart, aber nicht eingetragen ist. Entsprechend kann sich der Mann beim ordentlichen gesetzlichen Güterstand von der Haftung für die gesetzliche Unterhalts-

[1]) § 1435 sagt nur, daß Einwendungen der Ehegatten gegen diese Wirksamkeit u. s. w. nicht aus dem wahren Güterrechtsverhältnis hergeleitet werden können.

pflicht der Frau durch den Nachweis befreien, daß das die Leistungsfähigkeit der Frau begründende Vermögen Vorbehaltsgut sei (§ 1386 II mit § 1415 Ziff. 3).

Besonders aber kommen alle Fälle in Betracht, in denen der Mann kraft allgemeiner Gütergemeinschaft oder Fahrnisgemeinschaft für nicht rechtsgeschäftliche Obligationen der Frau persönlich und mit dem Gesamtgut haftet (§§ 1459, 1480, 1549; vgl. auch §§ 1531, 1533, 1534). Gläubiger der Frau, deren Rechte sich auf solche Tatbestände stützen, erlangen keinerlei Ansprüche gegen den Mann, wenn die eingetragene Gütergemeinschaft bei Entstehung der Obligation aufgehoben war, oder wenn etwa der Gegenstand, mit dem die Haftung der Frau in einem rechtlichen Zusammenhang nach § 1462 steht, nicht eingetragenes Vorbehaltsgut war.

b) Im prozessualen Verkehr beschränkt sich der Schutz auf die Rechtskraftwirkung; versagt also namentlich für den Vollstreckungszugriff auf Vermögensstücke, die dem Vollstreckungsgläubiger für den Fall des Bestehens des geschützten Güterstandes als Befriedigungsobjekte zur Verfügung gestanden haben würden, während der tatsächliche Güterstand eine solche Exekution nicht zuläßt.[1])

Im einzelnen ergeben sich hier namentlich folgende Fälle:

1. Beim ordentlichen gesetzlichen Güterstand können Gläubiger der Frau, die keinen Titel gegen den Mann erwirkt haben (§ 739 ZPO.), auf einen als Vorbehaltsgut registrierten Gegenstand des Eingebrachten nicht zugreifen, wenn ihnen die Verwandlung in eingebrachtes Gut nachgewiesen wird. Bloße Vorbehaltsgläubiger können vom Mann nicht Duldung der Zwangsvollstreckung in Gegenstände verlangen, die noch als Vorbehaltsgut eingetragen, in Wahrheit aber eingebrachtes Gut sind. Gläubiger des Mannes können nicht unter Berufung auf die vermeintliche Zugehörigkeit eines Gegenstandes des Frauenvermögens zum eingebrachten Gut die Nutzungen desselben zu ihrer Zwangsbefriedigung verwerten; die Frau würde hier mit der Widerspruchsklage (§ 771 ZPO.) durchdringen, eine Pfändung solcher Früchte kein Pfandrecht begründen.

Anders läge der Fall, wenn z. B. der Mann derartige Früchte des Vorbehaltsgutes widerrechtlich veräußert hätte und nun der nicht schon nach den §§ 932 ff. geschützte Fahrniserwerber unter dem Schutz des § 1435 sein Eigentum vindiziert. Hier ist er nur insofern nicht durch § 1435 geschützt, als er Klage und Vollstreckung natürlich gegen die Frau richten muß.

2. Entsprechendes gilt für den Zugriff der Gläubiger des Mannes auf das Vorbehaltsgut der Frau bei Gütergemeinschaft, und für den Zugriff der Vorbehaltsgläubiger der Frau auf das Gesamtgut.

3. Ebenso können bei tatsächlich eingetretener Gütertrennung Gläubiger des Mannes nicht auf Grund der Normalgüterordnung

---

[1]) Protokolle IV S. 386.

Nutzungen des Frauenvermögens mit Beschlag belegen, auf Grund eingetragener Gütergemeinschaft nicht den Stamm des Frauenvermögens angreifen — es sei denn, daß ihnen die Frau nach § 1480 haftet. Auch letzterenfalls aber bedürfte es zur Vollstreckung eines eigenen Titels gegen die Frau (s. unter 1 a. E.).

Zu den Fällen 2 und 3 ist besonders zu bemerken, daß die vor Eröffnung des Konkurses bewirkte Aufhebung der Gütergemeinschaft bezw. Verwandlung von Gesamtgut in Einhandsgut der Frau den Konkursgläubigern des Mannes die Einbeziehung der umgewandelten Gegenstände ohne Rücksicht auf die Eintragung des Ehevertrages ins Güterrechtsregister unmöglich macht. Die Konkursgläubiger müssen zur Befriedigung aus dem der Frau zugeteilten Gesamtgut selbständig gegen die Frau vorgehen.

4. Besteht Gütergemeinschaft, während Gütertrennung eingetragen oder ein Eintrag überhaupt nicht vorhanden ist (§ 1435 I), so ist zur Vollstreckung in Gesamtgut, das nach der Registerverlautbarung Frauengut ist, doch ein Titel gegen den Mann erforderlich (§ 740 ZPO.).

5. Entsprechendes gilt im Falle des Bestehens des ordentlichen gesetzlichen Güterstandes nach Eintrag der Gütertrennung.

In der Vollstreckungsinstanz richtet sich also das Verfahren stets nach den wirklichen Verhältnissen; der Vollstreckungszugriff auf Vermögen, das nach dem wirklichen Güterstand diesem Zugriff entzogen ist, ist aber nur dann möglich, wenn der Anspruch des Vollstreckungsgläubigers nach dem geschützten Güterstand eine über die Dauer dieses Güterstandes hinauswirkende Haftung des andern Ehegatten begründet und diese materielle Wirkung unter dem Schutz des § 1435 steht.

Der Umstand, daß der Verläßlichkeitsschutz im prozessualen Verkehr eines Ehegatten mit Dritten nur für die Rechtskraft von Urteilen gilt, schließt ferner aus, den § 1435 auf die Führung eines Rechtsstreites mit einem der Ehegatten anzuwenden. Wird während der Rechtshängigkeit eines solchen Rechtsstreites der schon zur Zeit des Eintritts der Rechtshängigkeit bestehende vertragsmäßige Güterstand dem Gerichte durch Parteivortrag bekannt, insbesondere durch den prozessierenden Ehegatten aufgedeckt, so kann der Gegner die Durchführung des Rechtsstreites nicht unter Berufung auf den Verläßlichkeitsschutz verlangen. Die gegenteilige Meinung vertritt Hellwig RKr. S. 358, 441 ff. Nach ihm steht es dem Dritten frei, auf die nach dem wirklichen Güterstand mangelnde Aktivlegitimation des klagenden Ehegatten hinweisend, absolutio ab actione zu beantragen oder unter Berufung auf § 1435 auf der Durchführung des Prozesses zu bestehen, d. h. Sachabweisung aus anderen Gründen zu verlangen. Letzterenfalls könnte sich dann der Dritte auf eine nach dem geschützten Güterstand eintretende Rechtskrafterstreckung gegen den andern Ehegatten berufen. Für diese Auffassung sprechen allerdings die Materialien; Entwurf I

§ 1337 ließ es nämlich für die Kenntnis bezw. Eintragung des Ehevertrages auf den Zeitpunkt ankommen, in dem die Güterstandsänderung vom Gegner noch im Prozeß geltend gemacht werden konnte. Die Aenderung dieses Zeitpunktes erfolgte offenbar in Konsequenz der in der II. Kommission vollzogenen, ganz entsprechenden Aenderung des § 407 BGB. (Entwurf I § 304),[1]) die ihrereits (ausweislich der Protokolle II S. 392 f., VI S. 168 ff.) zweifellos in der Absicht erfolgte, das von Hellwig bezeichnete Resultat zu erreichen. Die jetzige Fassung bringt aber diese Absicht weder bei § 407 noch bei § 1435 zum Ausdruck. § 407 II sagt: „Ist ein rechtskräftiges Urteil ergangen", § 1435 spricht nur von Einwendungen gegen ein „ergangenes rechtskräftiges Urteil". Keine Auslegung vermag hier, Einwendungen vor Eintritt der Rechtskraft dem Schutze unterzuordnen. Es haben sich denn auch die Kommentatoren des § 407 II einstimmig für die Unzulässigkeit „einer der Einrede der Rechtshängigkeit entsprechenden" Einrede des gutgläubigen Zessus gegen den selbständig klagenden Zessionar erklärt. Hat aber der Zessus gegenüber dem selbständig klagenden Zessionar kein Recht auf Durchführung des Rechtsstreites mit dem Zedenten, so hat er es auch nicht gegenüber dem Zedenten selbst, d. h. er kann nicht verlangen, daß der Zedent den Prozeß als legitimiert fortführe und aus anderen Gründen abgewiesen werde. Den zum Prozeßstoff gemachten Mangel der Aktivlegitimation muß der Richter im Urteil berücksichtigen, wenn der Beklagte überhaupt ein abweisendes Urteil verlangt. Das trifft für die Klage des Zedenten ebenso zu wie für die des in Wahrheit nicht mehr legitimierten Ehegatten.

Genau so ist dann auch das Verhältnis zu beurteilen, wenn ein Ehegatte auf Grund eines eingetragenen Güterstandes beklagt wird, während er nach dem wahren Güterstand nicht passiv legitimiert ist. Es kann ihm hier nicht verwehrt sein, Klagabweisung wegen mangelnder Passivlegitimation zu verlangen. Der Prozeßbeginn wirkt nicht „so als wenn die Sachlegitimation vorhanden wäre", wie Hellwig annimmt.

Dagegen ist Hellwig darin beizustimmen, daß der anfangs gutgläubige Dritte durch Fortführung des Rechtsstreites in Kenntnis des wahren Sachverhaltes die Möglichkeit der Berufung auf die erweiterte Rechtskraft nach § 1435 nicht verliert (s. unten S. 135 N. 1).

4. Auch in bezug auf Rechtsgeschäfte und Rechtskraftwirkung beschränkt sich der Schutz noch weiter auf die Wirksamkeit, welche das Rechtsgeschäft, und diejenige Rechtskraftwirkung, welche das Urteil haben würden, wenn der geschützte Güterstand zur Zeit der Vornahme des Rechtsgeschäftes bzw. in einem bestimmten prozessualen Moment bestanden hätte.

a) Der Schutz beschränkt sich also zunächst auf die Möglichkeit,

---

[1]) Klage des Zedenten einer Forderung gegen den bei Prozeßbeginn gutgläubigen Zessus.

statt der Normen des wirklich geltenden die des geschützten Güterstandes anzurufen. Gehen diese nicht weiter als jene, so hat § 1435 für den Dritten keine Bedeutung.[1])

b) Der Schutz beschränkt sich sodann auf die Wirkungen des eingetragenen Güterstandes, er bezieht sich nicht auf solche Rechtstatsachen, welche vom Güterstand unabhängig nur als Grundlage der güterrechtlichen Vereinbarung dienen: Ist z. B. Vermögen des Mannes als Vorbehaltsgut der Frau eingetragen, so gelten über diesbezügliche Verfügungen der Frau lediglich die Schutzvorschriften des Obligationen- und Sachenrechts (§§ 407, 932 ff.). Bei Gütergemeinschaft allerdings ist Vermögenszuständigkeit und güterrechtlicher Charakter eines Gegenstandes untrennbar, soweit es sich nicht lediglich um das Verhältnis zwischen eingebrachtem und Vorbehaltsgut handelt; hier erwirbt der Dritte z. B. Fahrniseigentum durch Verfügung der Frau über eingetragenes Vorbehaltsgut, das in Wahrheit Gesamtgut ist, auch wenn seine Unkenntnis des wahren Sachverhaltes auf grober Fahrlässigkeit beruhte.

c) Der Schutz beschränkt sich drittens auf diejenige Wirksamkeit des Rechtsgeschäftes bzw. Rechtskraftwirkung des Urteils, welche eintreten würde, wenn der geschützte Güterstand zur Zeit der Vornahme des Rechtsgeschäftes bzw. in dem entsprechenden prozessualen Moment bestanden hätte. § 1435 gibt dem Dritten keineswegs ein Recht auf das dauernde Bestehenbleiben eines Güterstandes, sondern regelt nur den Fall, daß der geschützte Güterstand geändert wurde, bevor der Dritte in seinem Recht nach Maßgabe dieses Güterstandes gesichert ist. Der nach § 1435 geschützte Dritte kann nicht besser gestellt sein als derjenige, welcher noch bei Bestehen des geschützten Güterstandes abgeschlossen oder Prozesse geführt hat. Soweit ein Ehevertrag diesem gegenüber Wirkungen erzeugen kann, versagt auch der Schutz des § 1435. Daher ist, wie schon angedeutet, die Fiktion dahin zu fassen, daß der Güterstandswechsel in dem Moment als erfolgt angesehen wird, in welchem die nach dem geschützten Güterstand definitiv eintretende Wirkung des Rechtsgeschäfts oder Urteils für den Dritten gesichert ist. Das ist für Rechtsgeschäfte der Augenblick des Geschäftsabschlusses — auch wenn eine Bedingung oder Befristung beigesetzt ist —, für Urteile in der Regel schon der Eintritt der Rechtshängigkeit: denn regelmäßig erzeugt die unter einem Güterstand mit Wirkung gegen den andern Ehegatten begonnene Prozeßführung auch dann diese erweiterte Rechtskraftwirkung, wenn der Güterstand während des Prozesses geändert wird, sei es kraft positiver Güterrechtsnorm (§§ 1407, 1 mit 1400, 1525 II, 1550 II, 1454), sei es kraft güterrechtlicher Rechtsnachfolge (z. B. Prozeßführung des Mannes über Gesamtgut, das in Vorbehaltsgut der Frau, Prozeßführung der Frau über Vorbehaltsgut, das in

[1]) Z. B. der Ehemann prozessiert auf Grund des § 1380 über ein Recht der Frau, das tatsächlich zum Gesamtgut der nicht eingetragenen Gütergemeinschaft gehört.

eingebrachtes oder Gesamtgut verwandelt wird; §§ 265, 325 ZPO.; vgl. auch Planck zu § 1472 N. 11 Abs. 2; Gaupp-Stein zu § 744 N. III). Nur wo eine Aenderung des Güterstandes nach Prozeßbeginn der Prozeßführung eine ihr ursprünglich zukommende erweiterte Rechtskraft benimmt, da muß das Fortbestehen des geschützten Güterstandes bis zum Eintritt der Rechtskraft fingiert werden. So namentlich, wenn der Mann aus § 1380, 2 klagt, während Gütertrennung herrscht, oder von einem Gesamtgutgläubiger beklagt wird, nachdem die Gütergemeinschaft aufgehoben ist; in beiden Fällen würde bei Annahme der Güterstandsänderung im Zeitpunkt der Rechtshängigkeit der Schutz des § 1435 versagen, da dann der Prozeß in der Hauptsache beendet (Planck zu § 1380 N. 8; § 1472 N. 11) und einer Rechtskrafterstreckung die Grundlage entzogen wäre.[1])

III. Um die positive Tragweite des Verläßlichkeitsschutzes zu würdigen, ist zu untersuchen, welchen Einfluß der geschützte Güterstand im Gegensatz zum wirklichen auf die Wirksamkeit von Rechtsgeschäften und die Rechtskraftwirkung von Urteilen haben kann. Daraus ergibt sich dann nach dem bisher Gesagten ohne weiteres, welche Beurteilung der Rechtsgeschäfts- bzw. Urteilswirkung der geschützte Dritte auf Grund des § 1435 verlangen kann. Selbstverständlich ist es nur die Absicht, die wichtigeren Fälle herauszuheben, um ein Bild von der wirklichen Bedeutung der Schöpfung unseres Gesetzgebers zu gewinnen.

1. Die Wirksamkeit eines Rechtsgeschäftes kann der Güterstand in doppelter Weise beeinflussen.[2]) Einmal insofern er die Gültigkeit des Geschäftes bedingt, und zweitens insofern er durch den Abschluß eines Verpflichtungsgeschäftes durch einen Ehegatten unmittelbar eine Obligation des andern mitentstehen läßt.

a) Bei der ersten Gruppe handelt es sich vorzugsweise um Verfügungen: Wirksam ist z. B. nach § 1435 die Verfügung des Mannes über angebliche Gesamtgutsfahrnis, die tatsächlich der Frau allein gehört, wenn das Güterrechtsregister sie als zum Gesamtgut gehörig ausweist; die Verfügung der Frau über eingetragenes Vorbehaltsgut, das tatsächlich zum eingebrachten oder Gesamtgut gehört; insbesondere auch Verfügungen des Mannes über Nutzungen von Frauengut, das nach dem geschützten Güterstand eingebrachtes, in Wahrheit aber vorbehaltenes oder gütergetrenntes Vermögen ist.

Neben Verfügungen sind es auch einseitige Rechtsgeschäfte, für deren Gültigkeit der Güterstand maßgebend sein kann, z. B. nach § 1403.

Obligatorische Rechtsgeschäfte werden hingegen in ihrer Existenz durch den Güterstand grundsätzlich nicht beeinflußt. In den wenigen Ausnahmefällen (§§ 1444—1446) kann natürlich auch der Registerschutz eingreifen. Und zwar ist im Falle des § 1445 das nach dem einge-

---

[1]) Bisher wurde unseres Wissens eine solche Unterscheidung nicht gemacht.
[2]) Wieruszowski II S. 548, 552.

tragenen Güterstand zulässige Verfügungsgeschäft des Mannes auch dann gültig, wenn das betreffende Grundstück nach Ausweis des Grundbuches Gesamtgut ist; denn der Grundbuchschutz hat auf das Verpflichtungsgeschäft keinen Einfluß.[1])

b) Die Fälle, in denen kraft güterrechtlicher Vorschriften das Verpflichtungsgeschäft des einen Ehegatten eine Obligation des andern nach sich zieht, sind durchaus nicht gleichartig gelagert.

α) Der Fall, daß durch die Verpflichtung des einen sofort, dauernd und unbeschränkt eine Verpflichtung des andern eintritt, ist (arg. e contr. § 1459 II 2) dann gegeben, wenn die Frau bei Gütergemeinschaft eine Verpflichtung übernimmt, die nach außen das Gesamtgut verhaftet, nach innen dem Gesamtgut zur Last fällt (vgl. §§ 1463 bis 1465). War also bei Eingehung einer solchen Verbindlichkeit die tatsächlich aufgehobene Gütergemeinschaft noch eingetragen, so kann der gutgläubige Dritte den Mann jederzeit als seinen Schuldner aus diesen Rechtsgeschäften betrachten.[2]) Eine sofortige und unbeschränkte Haftung des Mannes tritt ferner ein bei einer mit seiner Zustimmung eingegangenen Verpflichtung der Frau zu einer Leistung der in § 1385 Ziff. 2 und 3, § 1386 I Satz 2 genannten Art (§ 1388);[3]) da jedoch die Verpflichtung des Mannes sich nur auf die während des Güterstandes fällig werdenden Leistungen erstreckt, nach § 1435 aber der geschützte Güterstand nur bis zur Vollendung des Rechtsgeschäftes als fortdauernd fingiert wird, so wird der Mann dem gutgläubigen Dritten durch § 1435 nur zur Haftung für die im Augenblick des Geschäftsabschlusses fällig werdende Rate verbunden.

β) Eine sofortige, unbeschränkte, aber nicht dauernd unbeschränkte Verpflichtung des Mannes tritt ein nach § 1459 II 2 durch ein Verpflichtungsgeschäft der Frau, welches das Gesamtgut verhaftet, nach innen aber der Frau zur Last fällt (§§ 1463, 1535). Die persönliche Verpflichtung des Mannes endet hier mit der Endigung der Gütergemeinschaft und lebt nur durch Zuteilung von Gesamtgut vor Befriedigung der Gesamtgutsgläubiger unter Beschränkung auf das Zugeteilte wieder auf (§ 1480). Der Gläubiger der Frau kann also auf Grund des § 1435 den Mann jedenfalls nicht unbeschränkt in An-

---

[1]) Unter dem Schutz des § 1435 kann der Dritte nicht nur den Mann persönlich in Anspruch nehmen, sondern auch in das Gesamtgut vollstrecken, das für alle, also auch für die nur nach § 1435 bestehenden Verbindlichkeiten des Mannes haftet.

[2]) Uebereinstimmend: Planck zu § 1344 N. 3 (zu § 1435 N. 4 c wird die Unterscheidung dieser Fälle von denen des § 1459 II 2 wieder aufgegeben). — Hellwigs Widerspruch (RKr. S. 456) übersieht den Unterschied in § 1459 II 2.

[3]) Die ohne Gründe vorgetragene Ansicht von Hellwig RKr. S. 435 N. 12 und Planck zu § 1435 N. 4 a a. E., daß die Haftung des Mannes aus § 1388 nicht Rechtsgeschäftwirkung sei, beruht wohl nur darauf, daß es sich in §§ 1385—1387 vorzugsweise um nichtrechtsgeschäftliche Verbindlichkeiten handelt.

spruch nehmen, sondern nur so wie er es könnte, wenn die Gütergemeinschaft bis zum Geschäftsabschluß bestanden hätte, unmittelbar darauf aber aufgehoben worden wäre. Solange also die Auseinandersetzung nicht stattgefunden hat, kann er neben dem Alleinvermögen der Frau nur das Gesamtgut zur Befriedigung heranziehen; hat die Auseinandersetzung schon stattgefunden, so haftet ihm der Mann nur nach § 1480.

γ) Im Ergebnis ebenso gestaltet sich die Haftung der Frau, gegenüber Gesamtgutsgläubigern des Mannes, die schon anfänglich eine beschränkte ist und sich mit Vollzug der Auseinandersetzung nach § 1480 noch weiter beschränkt. Hier wirkt der Schutz ganz analog dem Falle β.

Die Höhe der in beiden Fällen (β und γ) auf Grund des § 1435 mit § 1480 eintretenden Haftung des „anderen" Ehegatten ist ohne weiteres festzustellen, wenn die Zuteilung von Gesamtgut erst nach Abschluß des obligierenden Rechtsgeschäftes stattgefunden hat; sie ist eben gleich dem wirklich zugeteilten Betrag.

Wie aber, wenn nicht nur die Aufhebung der Gemeinschaft, sondern auch die Auseinandersetzung schon vor diesem Zeitpunkt erfolgt ist, vielleicht in anderem Verhältnis erfolgt ist, als das Gesetz es bestimmt (§ 1476)? — Hellwig (RKr. S. 436 ff.) will die Fiktion zugrunde legen, daß sowohl der Güterstandswechsel als die Auseinandersetzung unmittelbar nach dem Abschluß des Rechtsgeschäftes stattgefunden habe. Danach würde jeder Gatte den Gesamtgutsgläubigern des andern mit demjenigen, ihm zu dieser Zeit gehörigen Vermögen haften, das nach dem damaligen Stande des Güterrechtsregisters als Gesamtgut anzusehen war (§ 1480). Diese Ansicht erscheint zunächst als richtige Anwendung der oben entwickelten Grundsätze (s. insbesondere S. 123 a. E.). Sie übersieht aber, daß aus einem Rechtsgeschäft in wirklich bestehender Gütergemeinschaft niemals das dermalig vorhandene Gesamtgut dauernd obligiert wird, sondern immer nur das Gesamtgut in seinem jeweiligen Bestande; dieser kann vermindert werden durch Verausgabung wie durch Uebertragungen in das Einhandsvermögen eines Ehegatten. Diese Möglichkeit kann nicht unberücksichtigt bleiben, will man unbillige Konsequenzen vermeiden. Die Fiktion, daß der geschützte Güterstand nicht weiter als bis unmittelbar nach Vornahme des betreffenden Rechtsgeschäftes gedauert habe, gründet sich ja nur darauf, daß der Dritte kein Recht auf längeres Bestehen hat, darf daher nicht zu einer Verschlechterung der Rechtslage der Ehegatten führen. Man wird am besten tun, den Willen der Ehegatten in der Weise zu berücksichtigen, daß man annimmt, alles nach Auflösung der Gütergemeinschaft angefallene Vermögen sei zu Vorbehaltsgut bzw. zu Eingebrachtem bestimmt worden, und nur das sei bei Vornahme des Rechtsgeschäftes Gesamtgut gewesen, was bei der wirklichen Auseinandersetzung als solches verteilt wurde. Im wesentlichen zum gleichen Ergebnis kommt Planck zu § 1435 N. 3 c (dem sich Schmidt-Habicht N. 4 a, δ, $\beta\beta$ anschließen), jedoch durch Zugrundelegung der unseres Erachtens ganz willkürlichen Fiktion, daß das fragliche Rechtsgeschäft schon vor der wirklichen Auseinandersetzung geschlossen worden sei.

δ) Weit einfacher gestaltet sich die Anwendung des § 1435 auf die übrigen Fälle, in welchen die Verpflichtung des einen Ehegatten bei Fortdauer des geschützten Güterstandes bis zur Vornahme des Rechtsgeschäftes eine Haftung des anderen Ehegatten nach sich zieht. Es handelt sich nur noch um eine güterrechtliche Rechtsnachfolge, welche tatsächlich schon vor Geschäftsabschluß eingetreten ist, aber kraft § 1435 erst als unmittelbar nachher eingetreten zu denken ist. Wir heben folgende Beispielsfälle hervor:

αα) Der eingetragene Güterstand der Gütertrennung ist in allgemeine Gütergemeinschaft oder Fahrnisgemeinschaft verwandelt; vor Eintragung dieser Umwandlung schließt die Frau ein Verpflichtungsgeschäft. Die Fiktion, daß der Güterstandswechsel erst nach Vornahme des Rechtsgeschäftes eingetreten sei, bewirkt, daß die Schuld der Frau als eine vor Eingehung der Gemeinschaft entstandene die Haftung des Gesamtguts und des Mannes nach sich zieht (arg. e contr. § 1460).[1]

ββ) Derselbe Fall, aber die Gütertrennung ist in den ordentlichen gesetzlichen Güterstand verwandelt. Hier haftet nach § 1411 das eingebrachte Gut, d. h. der Mann ist auf Grund konstitutiver Universalsukzession zur Duldung der Vollstreckung verpflichtet.

γγ) Ordentlicher gesetzlicher Güterstand besteht kraft Gesetzes oder eingetragenen Vertrages; es wird Gütertrennung vereinbart; vor Eintrag des neuen Vertrages vermietet oder verpachtet der Mann ein Grundstück der Frau. Hier kann der Mieter oder Pächter den Eintritt der Frau in das Vertragsverhältnis nach § 1423 verlangen, sofern auch die Ueberlassung des Grundstückes vor Eintragung des Vertrages erfolgt war,[2]) — genau so, als ob bis zur Vermietung und Ueberlassung der geschützte Güterstand bestanden hätte. Folgt, was die Regel sein wird, die Ueberlassung des Grundstückes dem Abschluß des Miet- bez. Pachtvertrages zeitlich nach, so kann kraft § 1435 die Fortdauer des Güterstandes bis zur Zeit der Ueberlassung nur dann fingiert werden, wenn die Ueberlassung ein Rechtsgeschäft ist, also nicht, wenn sie im Vollstreckungswege erfolgt.

2. a. Bei der Betrachtung des güterrechtlichen Verläßlichkeitsschutzes in seiner Bedeutung für die Rechtskraft von Urteilen ist zunächst nochmals daran zu erinnern, daß der Schutz nur da eingreifen kann, wo die Berufung auf den wahren Güterstand zu Einwendungen gegen die Rechtskraft Anlaß gibt. Daraus folgt namentlich die grundsätzliche Unanwendbarkeit des § 1435 auf die Rechtskraftwirkung zwischen den Parteien selbst (Hellwig, RKr. S. 438, Wieruszowski II S. 557). Denn die güterrechtlichen Vorschriften berühren niemals die Prozeß-

---

[1]) So schon Mot. IV S. 315 ff.

[2]) Hellwig. RKr. S. 437; Wieruszowski II S. 552 ff.; Planck zu § 1435 N. 4a; Schmidt-H. N. 4a *α γγ*.

fähigkeit, sondern nur die Sachlegitimation; der Mangel der Sachlegitimation aber wird im Verhältnis unter den Parteien durch die materielle Rechtskraft geheilt. Nur in einem Falle ist ein Einfluß des Güterstandes auf die Rechtskraft inter partes denkbar (Hellwig, RKr. S. 439): Führt die Frau unter den Voraussetzungen des § 1450 einen Rechtsstreit im Namen des Mannes über angebliches Gesamtgut, das tatsächlich Einhandsgut des Mannes war, so war der Mann „nicht nach Vorschrift der Gesetze vertreten" und hat daher die Möglichkeit der Nichtigkeitsklage (§ 579 Ziff. 4 ZPO); war aber die Gesamtgutszugehörigkeit des Streitgegenstandes durch das Güterrechtsregister gedeckt, so kann der Mann die Behauptung vorschriftswidriger Vertretung nicht darauf stützen, daß Gütertrennung oder ordentlicher gesetzlicher Güterstand gegolten habe, oder daß es sich um einen Gegenstand seines Einhandvermögens gehandelt habe.[1])

b) Abgesehen von diesem Spezialfall aber wird § 1435 nur praktisch für die Erstreckung der Rechtskraft des gegenüber einem Ehegatten ergangenen Urteils auf den anderen Ehegatten. — Es ist also festzustellen, inwieweit nach dem geschützten Güterstand eine solche Rechtskrafterstreckung möglich ist.

Dabei ist zunächst hervorzuheben, daß in gewissen Fällen der Güterstand zwar eine Rechtskrafterstreckung bewirkt, jedoch nur unter Voraussetzungen, deren Vorliegen nicht rechtskräftig festgestellt wird — so daß also auch nach dem geschützten Güterstand die Rechtskrafterstreckung abgestritten werden kann. Ein Beispiel in Note 1 S. 128, dem wir noch das folgende beifügen: Ist im Prozesse gegen die Frau im Falle des § 1401 das Bestehen einer Verbindlichkeit derselben festgestellt, die nach dem geschützten Güterstand wegen der Beziehung zum eingebrachten Gut vom Manne zu tragen ist (z. B. §§ 1385 Ziff. 2 und 3, 1388) und klagt nachher der Berechtigte gegen den Mann auf Leistung, so steht es dem Manne frei, einzuwenden, daß die Beziehung zum eingebrachten Gut nicht gegeben war, weil z. B. der belastete Gegenstand Vorbehaltsgut war; denn die Zugehörigkeit zum eingebrachten Gut wird auch der Frau gegenüber nicht rechtskräftig festgestellt (Wieruszowski II S. 563). Auch könnte der Mann einwenden, es handle sich nicht um eine „Vollschuld" der Frau, weil sie das Rechtsgeschäft, das zugrunde liegt, ohne seine Zustimmung abgeschlossen habe. Die Zugehörigkeit zum Eingebrachten, die Eigenschaft als Vollschuld könnte nur dem Manne selbst gegenüber festgestellt werden, nur er ist passiv legitimiert hierfür.

Selbstverständlich bewirkt der Güterstand auch niemals eine Rechtskrafterstreckung, wenn ein Ehegatte ein Recht des andern als ihm zustehend oder der Mann ein Gesamtgutsrecht als ihm allein zustehend[2])

---

[1]) Er kann sich aber darauf stützen, daß die Voraussetzungen des § 1450 nicht gegeben waren, denn deren Vorliegen wird nicht mit Rechtskraftwirkung gegen ihn festgestellt.

[2]) Vgl. Hellwig RKr. S. 560.

geltend macht. Für eine Anwendung des § 1435 ist daher auch hier kein Raum. Ebenso nicht, wenn der Mann Früchte des angeblichen Eingebrachten als sein Eigentum z. B. vindiziert; wird er abgewiesen, so ist niemals Grund zu einer Rechtskrafterstreckung gegen die Frau.[1])

Eine Betrachtung der nach § 1435 möglicherweise geschützten Fälle güterrechtlicher Rechtskrafterstreckung ergibt danach nur mehr die folgenden drei Gruppen:

α) Das Urteil wirkt ohne Rücksicht auf besondere Voraussetzungen nach dem geschützten Güterstande gegen den Ehegatten des Prozeßführers,

β) es sind die zur Rechtskrafterstreckung erforderlichen Voraussetzungen von dem andern Ehegatten nicht bestritten oder nicht bestreitbar (z. B. nach einer Inzidentfeststellungsklage im zweiten Prozesse),

γ) das nach dem geschützten Güterstand zunächst nur gegen den prozeßführenden Ehegatten wirkende Urteil erstreckt im Falle des Güterstandswechsels nach Eintritt der Rechtshängigkeit seine Wirkung kraft positiver Vorschrift oder güterrechtlicher Rechtsnachfolge auch gegen den anderen Ehegatten.

Für jede Gruppe einige Beispielsfälle:

α) In Gruppe 1 kommt nur Prozeßführung des Mannes in Betracht, weil für eine erweiterte Rechtskraftwirkung im Prozesse der Frau stets besondere Voraussetzungen gegeben sein müssen. Beispiele bieten die Klage des Mannes aus § 1380 mit § 1376 Ziff. 1, während tatsächlich Gütertrennung besteht; ferner namentlich die aktive Prozeßführung des Mannes nach § 1443 (vgl. §§ 1519 II, 1549), während tatsächlich Gütertrennung besteht oder der Gegenstand des Rechtsstreites zum Vorbehaltsgut oder Eingebrachten der Frau gehört[2].)

β) In Gruppe 2 handelt es sich durchweg um Prozesse der Frau, für deren Wirkung gegen den Mann ja immer besondere Voraussetzungen gegeben sein müssen, wie Abwesenheit oder Krankheit des Mannes und Gefahr im Verzuge (§§ 1401, 1450), genehmigter oder trotz Kenntnis nach Registerausweis unwidersprochen gebliebener Betrieb eines Erwerbsgeschäftes (§§ 1405, 1452), Zustimmung des Mannes (§§ 1400, 1525 II, 1439, 1550 II) oder Ersetzung derselben durch das Vormundschaftsgericht (§ 1402, 1451); dann aber auch die Be-

---

[1]) Wieruszowski II S. 560.

[2]) Betrifft der Rechtsstreit eine Verbindlichkeit des Mannes, so kann das ihm ungünstige Urteil für die Frau nur Bedeutung haben, wenn es sich — was ihm gegenüber nicht festgestellt wird — nicht etwa um eine nach Auflösung der Gütergemeinschaft entstandene, nicht rechtsgeschäftliche (also nicht durch § 1435 gedeckte!) Verbindlichkeit handelt (vgl. Hellwig, RKr. S. 447 unter b β). — Führt dagegen der Mann einen Passivprozeß über eine Gesamtgutsverbindlichkeit der Frau, so wirkt das Urteil schlechthin gegen diese, da die Verurteilung des Mannes immer feststellt, die Verbindlichkeit der Frau sei Gesamtgutsschuld.

ziehung des Streitgegenstandes zum eingebrachten Gut.[1]) Nur wenn das Vorliegen dieser Voraussetzungen vom Manne nicht bestritten ist oder nicht bestritten werden kann, greift hier ein Verläßlichkeitsschutz zugunsten der erweiterten Rechtskraft ein.

γ) Die wichtigsten Fälle der Gruppe 3 sind die der Prozeßführung der Frau auf Grund eingetragener Gütertrennung oder auf Grund eingetragenen Vorbehaltvertrages, während das geltendgemachte Recht in Wahrheit schon bei Prozeßbeginn zum eingebrachten oder Gesamtgut gehörte, oder die vom Gegner behauptete Verbindlichkeit in Wahrheit schon bei Prozeßbeginn Gesamtguts- oder Vollschuld war. Wird hier nach § 1435 der Eintritt des Güterstandswechsels nach Prozeßbeginn angenommen, so wirkt das Urteil auch gegenüber dem Manne nach den §§ 1407 Ziff. 1 (1525 II, 1439, 1550 II), bezw. §§ 1454 (1519 II, 1549) bei Totaländerung des Güterstandes und nach den §§ 265, 325 ZPO., wenn es sich bloß um Aufhebung des Vorbehaltsvertrages handelt (s. oben S. 123 a. E.).

Alles betrachtet, läßt sich wohl sagen, daß jeder, der mit einem Ehegatten auf Grund des Registerausweises in einen Rechtsstreit eintritt, keinen unerwarteten Beschränkungen der Urteilswirkung durch spätere Aufdeckung der Unrichtigkeit des Registers ausgesetzt ist. Schlechter gestellt ist unter Umständen derjenige, der im Vertrauen auf das Nochbestehen des geschützten Güterstandes einem Ehegatten kreditiert, namentlich im Falle nicht eingetragener Vorbehaltsbestellung bei Gütergemeinschaft. Und gänzlich versagt ist, was immer hervorgehoben werden muß, der Schutz allen übrigen Dritten, die aus sonstigen Gründen Ansprüche gegen einen Ehegatten auf Grund des Registerausweises hätten.

B. Es fragt sich nun noch, in welcher Weise dem Ehevertrage volle Wirkung gegen Dritte gesichert wird, d. h. wie der Verläßlichkeitsschutz zerstört wird. Das Gesetz stellt hierfür zwei Tatbestände auf, durch deren nachweisliches[2]) Vorliegen im Zeitpunkt des Geschäftsabschlusses bezw. des Prozeßbeginnes die Berufung auf § 1435 abgeschnitten wird: einen objektiven, jedermann gegenüber wirkenden, die vorschriftsmäßige Eintragung in das zuständige Güterrechtsregister, und einen subjektiven, und demgemäß in seiner Wirkung auf einen bestimmten Dritten beschränkten, die Kenntnis vom Ehevertrage.

I. Die Eintragung ins Güterrechtsregister:

1. Wesentliche Erfordernisse für die Wirksamkeit der Eintragung sind Einhaltung der Zuständigkeitsvorschriften und geeignete Fassung des Eintrages.

a) Zuständig für die Eintragung ist das Amtsgericht, in dessen Bezirk der Ehemann seinen Wohnsitz hat (§ 1558), und zwar auch dann, wenn die Ehefrau den Wohnsitz des Mannes nicht teilt. Hat

---

[1]) S. oben S. 128.

[2]) Die Beweislast trifft den Ehegatten (s. oben S. 116).

der Mann mehrfachen Wohnsitz, so soll nach den Mot. IV S. 555 die Eintragung bei einem zuständigen Amtsgericht genügen. Aus dem Gesetz geht das nicht hervor; mit dem Zweck des Registers steht es nicht in Einklang, man denke nur an den Fall der Eintragung eines neuen Ehevertrages in einem ebenfalls zuständigen, anderen Register als dem, welches eine frühere Eintragung enthält. Es dürfte sonach kein Grund vorliegen, den Motiven vor der strikten Auslegung des Gesetzes den Vorzug zu geben.[1] — Durch Anordnung der Landesjustizverwaltung kann einem Amtsgericht die Zuständigkeit für mehrere Bezirke übertragen werden (§ 1558 II); Bayern hat hiervon noch keinen Gebrauch gemacht. Dagegen sind für Berlin im Anschluß an die neue Bezirkseinteilung solche Bestimmungen getroffen (preuß. JMVerf. vom 4. Dezember 1899, JMBl. 1899 S. 560).

Haben die Ehegatten, oder auch nur der Ehemann, keinen Wohnsitz im Reich, so ist ihnen die Eintragung ihrer Eheverträge unmöglich; soweit also § 1435 reicht, gelangen ihre Eheverträge gutgläubigen Dritten gegenüber nicht zur Wirkung[2]) — vorausgesetzt, daß sich die Wirksamkeit des Ehevertrages überhaupt nach deutschem Recht beurteilt.

Gibt der Ehemann den Wohnsitz auf, so erlischt die Wirksamkeit des Eintrages (§ 1559), gleichviel ob ein neuer Wohnsitz im Inland begründet wird oder nicht. Mit der Rückverlegung des Wohnsitzes tritt aber die Wirksamkeit des Eintrages ohne weiteres wieder in Kraft, sofern unterdessen nicht eine Löschung erfolgt ist (s. unten S. 133).

Besonderheiten gelten, wenn der Ehemann Kaufmannseigenschaft besitzt (Art. 4 EG. z. HGB.), „in Ansehung der auf den Betrieb des Handelsgewerbes sich beziehenden Rechtsverhältnisse". Diesen wird der Verläßlichkeitsschutz trotz der Eintragung des Ehevertrages beim Amtsgericht des Wohnsitzes zuteil, sofern der Ort der (Haupt-)Niederlassung sich nicht im Bezirk des Wohnsitzgerichtes befindet, es sei denn, daß auch am Gerichte der Hauptniederlassung Eintragung erfolgte. Auf die Verlegung und Rückverlegung der Niederlassung findet § 1559 II entsprechende Anwendung.

b) Das Gesetz bestimmt nichts über die Fassung des Eintrages, welche zur Zerstörung des Verläßlichkeitsschutzes erforderlich

[1]) Uebereinstimmend: Staudinger zu § 1558 N. 1 b; Opet N. 2; Dernburg IV S. 178; Schröder, Eheliches Güterrecht S. 92. — Anderer Ansicht Planck zu § 1558 N. 2. — Die Eintragung in nur eines der zuständigen Register hat auch nicht etwa Wirksamkeit für den Bezirk. Denn die Zerstörung des Verläßlichkeitsschutzes ist vollkommen unabhängig von dem Ort des Geschäftsabschlusses oder Rechtsstreites.

[2]) Die abweichende Ansicht von Neumann zu § 1558 N. 3, Kuhlenbeck N. 1, Mariolle Bl. f. RA. 65 S. 105 hat im Gesetz keinen Halt. Zustimmend Staudinger zu § 1558 N. 1 b; Planck N. 2; Wieruszowski II S. 37 N. 61. — Mariolle begründet seine Ansicht mit der Unanwendbarkeit des Art. 16 EG.; dieser Artikel kommt aber nicht in Betracht, so lange nach Art. 15 eine unmittelbare Anwendung des § 1435 und der §§ 1558 ff. gegeben ist; s. auch Mot. IV S. 555.

ist. — Zweck des Güterrechtsregisters ist, dem Dritten, der sich in einen Rechtsstreit oder in ein Rechtsgeschäft mit einem Ehegatten einzulassen veranlaßt sieht, den Einfluß des Güterstandes auf die Wirkung des Rechtsstreites bzw. des Rechtsgeschäftes kundzutun. Es kommt zwar niemals darauf an, ob der Dritte das Güterrechtsregister eingesehen hat oder nicht; aber die Zerstörungskraft der Eintragung beruht auf dem Gedanken, daß der Dritte durch den Einblick ins Register sich die nötige Gewißheit hätte erholen können. Bedenkt man außerdem, daß dem Registereintrag nur die positive Kenntnis des Dritten, nicht das Kennenmüssen gleichgestellt ist, so wird man sagen müssen: Nur dann zerstört die Eintragung den Verläßlichkeitsschutz, wenn sie dem Einblick nehmenden Dritten die vertragsmäßige Abweichung vom Normalzustand in solcher Weise kundgibt, daß er die Einwirkung derselben auf den konkreten Rechtsstreit und das konkrete Rechtsgeschäft ohne weitere Erkundigung zu beurteilen vermag. Ueberträgt also der Ehevertrag einzelne Gegenstände aus einer Vermögensmasse in die andere, so müssen diese Gegenstände so genau bezeichnet werden, daß sie nach den Anschauungen des Verkehrs auch durch den Außenstehenden von dem übrigen Vermögen der Ehegatten unterschieden werden können. Keineswegs kann eine allgemeine Angabe genügen, welche dem Dritten „nahelegt", sich seinerseits über den Umfang der betreffenden Vermögensmasse zu vergewissern — wie Dernburg IV S. 128 lehrt. Insbesondere genügt es nicht, daß der Eintrag die Zugehörigkeit zu einer Vermögensmasse nach Tatbeständen bestimmt, deren Vorliegen nicht nach außen ersichtlich ist. Die Grenze ist nur im einzelnen Fall zu ziehen. Allgemein läßt sich nur sagen, daß für die Rechtsgültigkeit des Ehevertrages nur Bestimmbarkeit der Gegenstände, für die Wirksamkeit der Eintragung aber Erkennbarkeit erfordert ist.[1]) Sonach wird es zur Zerstörung des Verläßlichkeitsschutzes vielfach nötig sein, daß auf Grund eines Ehevertrages wiederholte Eintragungen erfolgen, wie dies ja auch beim gesetzlichen Vorbehaltsgut der §§ 1367, 1370 notwendig ist. Dagegen ist es z. B. nicht notwendig, einen kalendermäßig befristeten Vorbehaltsvertrag erst nach Eintritt des Termins zu registrieren, da es jedermann erkennbar ist, ob der Termin schon eingetreten ist. Näher auf die hier einschlägigen Streitfragen[2]) einzugehen, scheint uns nicht geboten, da unseres Erachtens nur nach den Umständen des Einzelfalles zu entscheiden ist, ob dem Erfordernis der Erkennbarkeit genügt wurde. Nur auf einen Punkt ist hier hinzuweisen, der die Bedeutung des Registerschutzes in erheblichem Maße abschwächt. Wird durch Ehevertrag eine Gütergemeinschaftsform ohne weitere Modifikationen eingeführt, so betrachtet

[1]) Warum die Zulässigkeit eines nur bestimmbaren Vertragsinhaltes einen Schluß auf den zur Zerstörung des Verläßlichkeitsschutzes erforderlichen Eintragungsinhalt gestatten soll (Planck zu § 1435 N. 9) ist nicht erfindlich.

[2]) Vgl. namentlich Winter und Goetze a. a. O. O., und Wieruszowski II S. 588 ff.

das Gesetz die Scheidung in Gesamtgut und eingebrachtes Gut nicht als eintragsbedürftig, d. h. nicht als besondere vertragsmäßige Abweichung von der Regel. Das geht schon daraus hervor, daß für das „gesetzliche" Vorbehaltsgut bei Gütergemeinschaft die Vorschrift des § 1481 ausdrücklich für anwendbar erklärt ist, für das „gesetzliche" eingebrachte Gut aber eine entsprechende Vorschrift fehlt.[1]) Zur Vollwirksamkeit solcher Verträge genügt also die Bezeichnung der gewählten Gemeinschaftsform und der Vorbehaltsgegenstände im Güterrechtsregister.

Die Fassung des Eintrages liegt im Ermessen des Gerichts,[2]) das selbstverständlich an den Wortlaut des Vertrages nicht gebunden ist. Die Registrierung von Vereinbarungen, die nur Wirkungen unter den Ehegatten erzeugen können, hat der Richter zu verweigern, ebenso die Eintragung von Eheverträgen, die nur durch Konversion in gewöhnliche obligatorische und dingliche Rechtsgeschäfte aufrechtzuhalten, also in Wahrheit nicht Eheverträge sind.

2. Alle sonstigen Bestimmungen des Registerrechtes geben nicht wesentliche Voraussetzungen der Wirksamkeit des Eintrages. So ist insbesondere nicht wesentliches Erfordernis die Veröffentlichung durch die Presse (§ 1562). Ferner nicht die Einhaltung der Formvorschriften für den Antrag und überhaupt das Vorliegen eines Antrags; das Gericht darf zwar von Amts wegen nur Löschungen und auch diese nur dann vornehmen, wenn die Eintragung wegen Mangels wesentlicher Voraussetzungen unzulässig war (§§ 142, 161 FGG.), und namentlich darf es, wie sich aus § 1559, 2 ergibt, den Registereintrag nicht deshalb löschen, weil die Ehegatten ihren Wohnsitz aus dem Bezirk verlegt haben. Aber die Eintragung oder Löschung ohne Antrag oder auf Grund eines nicht gehörig gestellten Antrages hat dieselbe Kraft wie die ordnungsmäßig beantragte.

Weiter sind auch die vom Bundesrat unterm 3. November 1898 erlassenen Bestimmungen über die Registerführung nur Ordnungsvorschriften, deren Verletzung die Wirksamkeit des eingetragenen Ehevertrages gegen Dritte in keiner Weise berührt. Es ist daher auf all diese Bestimmungen hier nicht näher einzugehen. Erwähnt sei nur noch, daß das Gesetz in § 1561 jedem Ehegatten die Mittel an die Hand gibt, dem Ehevertrag durch Eintragung volle Wirksamkeit zu verschaffen, sowie daß es anderseits den Ehegatten freisteht, ob und in welchem Umfang sie die eintragsfähigen Teile eines Ehevertrages eintragen lassen wollen — wofür natürlich immer Voraussetzung ist, daß dem Registerrichter die Gültigkeit des Ehevertrages nachgewiesen wird.[3])

---

[1]) Uebereinstimmend Planck, Vorbem. 3 vor § 1558. OLG. Colmar in ElsLothNotZ. 23 S. 219 (= Rspr. d. OLG. VI S. 278).

[2]) BayObLG. Samml. III S. 563.

[3]) § 12 FGG. Wieruszowski II S. 570. — Dies wird bei Vorlage einer beglaubigten Abschrift keine Weiterungen haben. Die Gültigkeit wegen Zulässigkeit des Inhalts hat natürlich das Registergericht selbst zu prüfen.

II. Die Kenntnis: Auch der nicht eingetragene Ehevertrag hat Vollwirksamkeit gegenüber dem Dritten, dem die Kenntnis der in Betracht kommenden Vertragsbestimmung im kritischen Zeitpunkt nachzuweisen ist. Der Nachweis bloßen Kennenmüssens reicht nicht aus. Im Einzelfall wird oft schwer zu entscheiden sein, ob die Kenntnis eines gewissen Vertragsinhaltes in bezug auf das für den Dritten maßgebende Rechtsverhältnis ein Kennen oder nur ein Kennenmüssen begründet. Keinesfalls reicht die Kenntnis des Wortlauts des Ehevertrages immer aus. Wüßte der Dritte z. B., daß die Ehegatten ein Grundstück samt Inventar zu Vorbehaltsgut erklärten, so ist es eine nur im Einzelfall zu entscheidende Tatfrage, ob er die Zugehörigkeit eines bestimmten Inventarstückes zum Vorbehaltsgut kennen mußte oder wirklich kannte.

III. Der Verläßlichkeitsschutz wird aber durch Kenntnis oder ordnungsmäßigen Registereintrag nur dann zerstört, wenn diese Tatbestände spätestens als im maßgebenden Zeitpunkt vorhanden nachgewiesen werden können. Maßgebender Zeitpunkt ist nach § 1435 der der Vornahme des Rechtsgeschäftes, bzw. des Eintritts der Rechtshängigkeit. Wann das Geschäft vorgenommen ist, entscheidet sich nach den Grundsätzen der §§ 151 ff. BGB. Bedeutsam ist insbesondere, daß die rechtsgeschäftliche Erweiterung oder Veränderung des Geschäftsinhaltes nach Eintritt eines Zerstörungstatbestandes nicht mehr den Schutz des § 1435 genießt, während anderseits Rechte des Dritten aus dem Geschäft, die nach später eintretender Kenntnis oder Eintragung verändert wurden, nicht mehr in dem früheren Umfang geschützt sind. Analoges gilt für den nach Zivilprozeßrecht zu bestimmenden Zeitpunkt des Eintritts der Rechtshängigkeit.

Ziehen wir nun das Fazit unserer Untersuchung über Ehevertrag und Güterrechtsregister, so ergibt sich zunächst der Grundsatz, daß dem Ehevertrag Wirksamkeit nach außen wie nach innen auch ohne Eintragung zukommt. Denn er wirkt gegen alle Dritten, die davon Kenntnis haben, und somit genügt die rechtzeitige, glaubwürdige Mitteilung eines Ehegatten, um die Vollwirksamkeit im Einzelfall herzustellen; glaubt sich also ein Ehegatte auf den andern verlassen zu können, so erscheint eine Eintragung nicht notwendig. Weiter aber wirkt der Ehevertrag auch gegenüber allen gutgläubigen Dritten, welche in andere als rechtsgeschäftliche oder prozessuale Beziehungen zu den Ehegatten treten; er wirkt namentlich auf dem Gebiet der Zwangsvollstreckung und er wirkt auch noch bei Aufdeckung der wahren Rechtslage in einem noch anhängigen Rechtsstreit. Er wirkt endlich auch, wenn er einen dem Dritten bekannten, aber nicht eingetragenen Vertragsgüterstand ändert oder aufhebt, soweit er nicht von der zuletzt geschützten Güterordnung abweicht.

Kurz, der Anwendungsbereich des Verläßlichkeitsschutzes erscheint geradezu als die Ausnahme, die nur in den gesetzlich festgelegten Fällen Platz greift.[1]) Die Natur dieser Fälle bringt es mit sich, daß

[1]) Uebereinstimmend: Dernburg IV S. 176; Neumann zu § 1435 N. 1; namentlich aber Wieruszowski II S. 566 N. 9 a; — a. A. Opet zu § 1435 N. 1 Abs. 3.

der Verläßlichkeitsschutz fast nur da Bedeutung erhalten kann, wo Rechtshandlungen des einen Ehegatten möglicherweise auf Vermögensrechte des andern einwirken. Denn in bezug auf eigene Vermögensrechte des handelnden Ehegatten konkurrieren zum Schutze der Wirksamkeit von Verfügungen die Vorschriften des Sachen- und Obligationenrechts über gutgläubigen Erwerb, insbesondere auch durch Zession; nur wo diese außer Kraft gesetzt sind (§ 1404), greift ergänzend § 1435 ein.

Abgesehen hiervon aber ist die Bedeutung des Verläßlichkeitsschutzes für die verschiedenen Fälle von Eheverträgen danach zu bemessen, in welchem Umfang die geschützte Güterstandsregelung Einwirkungen eines Ehegatten auf die Vermögensrechte des andern ermöglicht, die nach der neuen Regelung nicht zulässig sind. Daraus ergibt sich in bezug auf Rechtsgeschäfte, daß für den Uebergang vom ordentlichen gesetzlichen Güterstand zu einem Gemeinschaftsgüterstand § 1435 im wesentlichen nur praktisch wird, wenn die Ehegatten Grundstücke besitzen (§ 1445!), daß der Uebergang von einer beschränkteren Form der Gütergemeinschaft zu einer umfassenderen ebenfalls zu einem Eingreifen regelmäßig keinen Anlaß bietet; weiter aber auch, daß für Verwandlung von eingebrachtem Gut der Frau in Vorbehaltsgut und von ordentlichem gesetzlichem Güterstand in Gütertrennung der Schutz erheblichere Bedeutung in der Regel nur bei größerem Umfang des Nutzungen abwerfenden Frauengutes erhält, also namentlich bei Grundstücken und größeren Geldkapitalien. Bedeutung erlangen die Schutzvorschriften für den rechtsgeschäftlichen Verkehr, namentlich mit dem Ehemanne, bei Verwandlung von Gesamtgut in Vorbehalts- oder eingebrachtes Gut der Frau, sowie entsprechend beim Uebergang von Gütergemeinschaft zu einem Güterstand getrennter Vermögenszuständigkeit; ferner für Rechtsgeschäfte mit der Ehefrau bei Verwandlung von Vorbehaltsgut in eingebrachtes Gut oder Gesamtgut und dem entsprechenden Uebergang von Gütertrennung zu ordentlichem gesetzlichem Güterstand oder zu Gütergemeinschaft.

Ausgedehnter ist der Wirkungsbereich des Verläßlichkeitsschutzes dagegen auf dem Gebiete der Rechtskrafterstreckung, da hier die der Fiktion zugrunde zu legenden Güterrechtsnormen dem Prozeßgegner eine dauernde Gewähr seiner einmal entstandenen Rechte bieten. Freilich ist hierbei immer im Auge zu behalten, daß es bei Einverständnis der Ehegatten möglich ist, ungünstigen Folgen dieses Schutzes durch Aufdeckung der wahren Rechtslage durante processu vorzubeugen.[1])

Immerhin ist es vom Standpunkt der Gesamtbetrachtung ein recht

---

[1]) Anderseits ist aber auch zu bedenken, daß dem in Unkenntnis der Prozeßführung gehaltenen andern Ehegatten erhebliche Nachteile erwachsen können, da er, wie Hellwig richtig hervorhebt, dem geschützten Dritten, der erst nach Eintritt der Rechtshängigkeit Kenntnis erhielt, nicht einmal den Kollusionseinwand entgegenhalten kann. Das ist aber gere.htfertigt, der Ehegatte hätte eben für Registrierung Sorge tragen sollen.

beschränktes Gebiet, auf welchem das Interesse Dritter gegen Benachteiligung durch Verwandlung des Güterstandes ausreichend geschützt erscheint; und im Zusammenhalt mit den Ergebnissen unserer Betrachtung über die Anfechtbarkeit des Ehevertrages läßt sich wohl sagen, daß ein Mißbrauch der zeitlich unbeschränkten Vertragsfreiheit durch die Schutznormen des Gesetzes nicht immer ausgeschlossen ist.

VIII. Abschnitt.

§ 15. Uebergangsfragen.[1])

Der oberste Grundsatz intertemporalen Rechtes, daß jedes Rechtsverhältnis dem Rechte der Zeit angehört, in der es begründet ist, bedeutet in seiner Anwendung auf unsern Gegenstand nicht nur das Inkraftbleiben eines vor 1. Januar 1900 geschlossenen Ehevertrages,

[1]) Literatur: Die Kommentare zum Einführungsgesetz von Planck (3. Aufl. 1905); Niedner (2. Aufl. 1901); Staudinger-Wagner (2. Aufl. 1905); Neumann Band III. (Wo nichts weiter bemerkt ist, beziehen sich im folgenden die Zitate aus ihnen auf die Erläuterung zu Art. 200); — Habicht, Die Einwirkung des Bürgerlichen Gesetzbuches auf zuvor entstandene Rechtsverhältnisse, jetzt in 3. Aufl. 1901; Wieruszowski II §§ 4—6; Affolter, Das intertemporale Recht 1901; System des deutschen bürgerlichen Uebergangsrechts 1903; Düringer, Die Ueberleitung der ehelichen Güterstände 1903; Kommentar zum badischen Gesetz vom 4. August 1902 (1903); Becher, Die Ausführungsgesetze z. BGB. 1901; Materialien zum bayerischen Uebergangsgesetz, als Abteilung VII der „Gesamten Materialien" (1900) [zitiert als Becher VII]. — Wo im folgenden zum Namen eines Bundesstaates ein a oder § ohne Angabe des Gesetzes zitiert ist, sind bezw. folgende Gesetze gemeint: Anhalt, AG. zum BGB. vom 18. April 1899; Baden, Gesetz betr. die Ueberleitung der ehelichen Güterstände, vom 4. Aug. 1902; Bayern, Gesetz betr. Uebergangsvorschriften, vom 9. Juni 1899; Braunschweig, AG. z. BGB., vom 12. Juni 1899; Bremen, Gesetz betr. den Güterstand der .... Ehen, vom 18. Juli 1899; Elsaß-Lothringen, AG. zum BGB. vom 7. April 1899; Verordnung betr. den Güterstand der .... Ehen, vom 2. Mai 1900 (zitiert: VO.); Hamburg, Gesetz betr. den Güterstand der .... Ehen, vom 14. Juli 1899; Hessen, AG. zum BGB., vom 17. Juli 1899; Lippe, AG. zum BGB., vom 17. Nov. 1899; Lübeck, AG. zum BGB., HGB. und zur VO., vom 30. Okt. 1899; Mecklenburg-Schwerin, VO. zur Ausführung des BGB., vom 9. April 1899; Mecklenburg-Strelitz, VO. zur Ausführung des BGB., vom 9. April 1899; Oldenburg, Gesetze zur Ausführung des BGB. und HGB., a) für das Herzogtum Oldenburg, b) für das Fürstentum Birkenfeld, c) für das Fürstentum Lübeck, sämtlich vom 15. Mai 1899; Preußen, AG. zum BGB., vom 20. Sept. 1899; VO. betr. den Güterstand bestehender Ehen, vom 20. Dez. 1899; Reuß ä. L., AG. zum BGB., vom 26. Okt. 1899; Reuß j. L., AG. zum BGB., vom 10. Aug. 1899; Königreich Sachsen, AG. zum BGB., vom 18. Juni 1898; Sachsen-Altenburg, AG. zum BGB., vom 4. Mai 1899: Sachsen-Coburg-Gotha, AG. zum BGB., vom 20. Nov. 1899; Sachsen-Meiningen, Gesetz über das Ehegüterrecht, vom 10. Aug. 1899; Sachsen-Weimar-Eisenach, AG. zum BGB., vom 5. April 1899; Schaumburg-Lippe, AG. zum BGB. vom 23. Aug. 1898; Schwarzburg-Rudolstadt, AG. zum BGB., vom 11. Juli 1899; Schwarzburg-Sondershausen, AG. zum BGB., vom 19. Juli 1899; Waldeck-Pyrmont, AG. zum BGB. vom 11. Dez. 1899; Württemberg, AG. zum BGB. vom 28. Juli 1899.

sondern auch die fortdauernde Geltung des bisherigen Rechtes für das ganze Gebiet der vermögensrechtlichen Wirkungen einer vorher geschlossenen Ehe, also auch für die Zulässigkeit des Ehevertrages. Beide Folgerungen sind vom Reichsgesetzgeber in Satz 1 des Art. 200 EG. im Prinzip angenommen; in Absatz II wird jedoch die zweite Konsequenz in gewissem, näher zu untersuchendem Umfang abgelehnt, zugunsten des neuen Rechtes. Es ist von vornherein klar, daß eine Einschränkung der angedeuteten Konsequenzen bei der unendlichen Zersplitterung und Unsicherheit der bisherigen Güterrechtsverhältnisse Deutschlands in hohem Grade erwünscht war. Und der Reichsgesetzgeber konnte in der Schonung alten Rechtes überhaupt nur deshalb so weit gehen, wie Art. 200 es tut, weil er darauf rechnete, daß die — scheinbar mehr dazu berufenen — Landesgesetze die Ermächtigung des Art. 218 als eine nicht mißzuverstehende Einladung ansehen und dementsprechend ausnützen würden.

Die Betrachtung der aus dem Zusammen- (oder fast möchte man sagen Entgegen-) Wirken von Reichs- und Landesgesetzen entstandenen heutigen Rechtslage gliedert sich naturgemäß danach, ob ein Ehevertrag vor oder nach dem 1. Januar 1900 geschlossen, und innerhalb jeder Gruppe, ob er dem Reichs- oder dem Landesrecht unterstellt ist.

A. I. Die Wirksamkeit eines vor dem Inkrafttreten des Bürgerlichen Gesetzbuches geschlossenen Ehevertrages bemißt sich reichsrechtlich nach den bisher dafür geltenden Gesetzen (Art. 200 Satz 1). Dabei ist unter Ehevertrag nur eine Vereinbarung zu verstehen, durch welche die zur Zeit des Abschlusses als Güterstandswirkungen zu betrachtenden Vermögensrechtsverhältnisse geregelt wurden. Während also z. B. auch die erbrechtlichen Wirkungen eines durch Vertrag eingeführten Güterstandes bestehen bleiben (Art. 200 II 2), richten sich die Wirkungen eines nach bisheriger Terminologie als Ehevertrag bezeichneten personen- oder rein vermögensrechtlichen Vertrages nicht nach Art. 200. So treten z. B. Domizilverträge, die nach dem Bürgerlichen Gesetzbuche unzulässig sind, gemäß Art. 199 mit dem 1. Januar 1900 außer Kraft; desgleichen Einkindschaftsverträge, soweit sie nicht lediglich der güter- und gütererbrechtlichen Sphäre angehören.[1])

In bezug auf Eheverträge im technischen Sinn kommt das bisherige Recht insbesondere auch für die Frage nach der Wirksamkeit gegenüber Dritten in Betracht. § 1435 findet reichsrechtlich auf altrechtliche Vertragsgüterstände so wenig Anwendung wie auf bestehen bleibende gesetzliche Güterstände,[2]) auch nicht im Falle einer Wohnsitz-

---

[1]) Mot. z. EG. S. 288; Planck zu a. 200 N. II 3; Niedner N. B 3; Wieruszowski II S. 44 N. 3. — Ob aber die Scheidung der Einkindschaftsverträge nach ihrer güterrechtlichen und ihrer personenrechtlichen Seite immer durchführbar ist, ist eine andere Frage.

[2]) Das ist ausführlich und u. E. zutreffend begründet in Mot. z. EG. S. 284 ff. In der II. Kommission wurden verschiedene Anträge auf Anwendung des § 1435 verworfen, Prot. VI S. 538—541. Die Richtigkeit der Erwägungen

verlegung.[1]) Ein Eintrag ins Güterrechtsregister wäre also überflüssig, infolgedessen unzulässig; hat er gleichwohl stattgefunden, so schützt er Dritte nicht nach § 1435 gegen Abänderung durch Ehevertrag.[2]) War dagegen nach bisherigem Recht die Wirksamkeit gegen Dritte in weiterem oder beschränkterem Maße als nach BGB. von der Beobachtung bestimmter Publizitätsvorschriften abhängig, so können sich Dritte in gleicher Weise auch künftig auf diese Schutznormen berufen, wenn denselben nicht genügt worden ist; letzteres steht den Ehegatten aber auch noch nach dem Inkrafttreten des neuen Rechtes frei.[3])

II. Diese reichsrechtlichen Grundsätze haben aber nur einen sehr beschränkten Geltungsbereich. Für die große Mehrzahl der Fälle haben die Landesgesetzgebungen eingegriffen, teils indem die bestehenden vertragsmäßigen Güterstände analog den gesetzlich geltenden übergeleitet wurden, teils indem für die nicht übergeleiteten Güterstände ohne Rücksicht auf ihre Begründung durch Gesetz oder Vertrag der güterrechtliche Verläßlichkeitsschutz des § 1435 für anwendbar erklärt wurde. Da in letzterer Hinsicht für vertragsmäßige Güterstände alten Rechtes keine Besonderheiten gelten,[4]) fassen wir nur die erste Art landesrechtlicher Regelung ins Auge.[5]) Zu unterscheiden ist dabei zwischen kodifizierenden und modifizierenden Eheverträgen.

1. Die landesrechtliche Ueberleitung von kodifizierenden Eheverträgen (sei es selbständig, sei es verweisend kodifizierenden):

a) Einige Staaten machen für vertragsmäßig begründete Güterstände eine ausdrückliche Ausnahme von der sonst stattfindenden Ueberleitung:[6])

So Braunschweig § 7 Nr. 2, Hamburg §§ 5—7[7]), Lippe § 35 IV, Oldenburg § 16 II, Oldenburg-Lübeck § 15. Birkenfeld bestimmt die Aufrechterhaltung vertragsmäßiger Güterstände nur für zwei Spezialfälle.[8]) Beide Mecklenburg (§ 210 f. bzw. § 208 f.) leiten nur den Güterstand des gemeinen Dotalrechts ohne Rücksicht auf Begründung

der Motive ist nun durch die Erfahrungen Badens bestätigt; s. die Begründung zum Gesetz vom 4. August 1902 bei Düringer S. 91 ff.

[1]) Wieruszowski II S. 47 N. 12; Planck N. IV 1; Habicht S. 548.

[2]) Denn auch für den nach 1. Januar 1900 in altrechtlicher Ehe geschlossenen Ehevertrag findet reichsrechtlich § 1435 in der Regel keine Anwendung, worüber unten; vgl. Wieruszowski II S. 47 N. 12a.

[3]) Wieruszowski II S. 48 N. 13; Habicht S. 458; Planck N. VI 1 Abs. 2.

[4]) Wir verweisen auf die Zusammenstellung bei Wieruszowski II S. 121—137, s. auch unten S. 141.

[5]) Auch hierfür eine nahezu vollständige Uebersicht bei Wieruszowski II S. 81 ff., dessen Gruppierung wir im Text folgen.

[6]) Die Ueberleitung wird aber hier meist indirekt herbeigeführt durch § 1435.

[7]) § 5 gewährte die Möglichkeit, vor 1. Januar 1900 durch Ehevertrag die fortdauernde Geltung des vormals gesetzlichen Güterstandes zu vereinbaren.

[8]) § 62 I 2: soweit der bisher gesetzliche Güterstand von Oldenburg oder Oldenburg-Lübeck auf Grund Ehevertrages gilt. Im übrigen s. S. 139 N. 4.

durch Gesetz oder Vertrag über, im übrigen bleibt der vertragsmäßige Güterstand bestehen. Der Ehevertrag behält hier auch dann seine Wirksamkeit, wenn er den bisher gesetzlichen Güterstand des betreffenden Staates — z. B. weil die Gatten ihr Ehedomizil in einem andern Bundesstaat hatten — eingeführt hatte.

b) Andere Staaten leiten auch vertragsmäßig begründete Güterstände über[1]) und zwar

1. sofern ein Güterstand des eigenen Rechtes kraft Vertrages galt, nach den eigenen Ueberleitungsnormen für den entsprechenden gesetzlichen Güterstand;

2. sofern ein nicht im eigenen Gebiet vorkommender Güterstand durch Vertrag eingeführt war, nach den Ueberleitungsnormen desjenigen Bundesstaates, in welchem dieser Güterstand bisher als gesetzlicher galt. Dabei werden meist besondere Bestimmungen getroffen, für den Fall, daß danach die Ueberleitungsgesetze mehrerer anderer Bundesstaaten konkurrieren. Die Ueberleitungsnormen des danach maßgeblichen Staates, den wir kurz als den „Heimatsstaat" des betreffenden Güterstandes bezeichnen, sollen hier auch dann eingreifen, wenn der Heimatsstaat des Güterstandes selbst alle vertragsmäßigen Güterstände unverändert läßt. Hatten z. B. in Preußen wohnende Ehegatten ihren Güterstand durch Verweisung auf das oldenburgische Recht geregelt, so greift nach Art. 10 der preußischen Verordnung die Verwandlung in den ordentlichen gesetzlichen Güterstand des BGB. ein, obwohl Oldenburg selbst, § 16 II, eine Ueberleitung nicht herbeiführen würde.[2]) Keine Bestimmung ist dagegen für diejenigen auf Vertrag beruhenden „andersdeutschen" Güterstände getroffen, welche von ihrem Heimatsstaat überhaupt nicht übergeleitet wurden; für diese gilt arg. e contr. das bisherige Recht.

Unter b gehören: Bayern Art. 21, 22, 94—96, 124; Elsaß-Lothringen §§ 144, 158, 163, 164 der VO.; Hessen[3]) §§ 199, 208, 243 ff.; Preußen Art. 58, 61 der VO.; Birkenfeld §§ 44, 62 II[4]); Meiningen Art. 42 §§ 26, 28; Coburg-Gotha §§ 36, 39.[5])

Einige Staaten stellen dieselbe Rechtslage dadurch her, daß sie die Geltung ihrer eigenen Ueberleitungsnormen nicht ausdrücklich auf die-

---

[1]) Vgl. die unseres Erachtens durchaus zutreffende Begründung dieses Vorgehens durch den Referenten, Abg. Casselmann, im Justizgesetzgebungs-Ausschuß der bayr. Kammer der Abgeordneten; Verhandlungen des Justizgesetzgebungs-Ausschusses der Kammer d. Abg. 1899, Beil.-Bd. XX, Abtlg. II S. 820 ff.; Becher VII S. 360.

[2]) Vgl. Wieruszowski II S. 82 N. 44.

[3]) Hessen beschränkt jedoch die Geltung andersdeutscher Ueberleitungsgesetze auf die Fälle einer Ueberleitung in einen Güterstand des BGB., während z. B. Bayern zweifellos alle Ueberleitungsgesetze trifft mit der Fassung: „Vorschriften, welche den Güterstand mit den Vorschriften des BGB. in Einklang zu bringen bezwecken".

[4]) Mit der S. 138 N. 8 erwähnten Ausnahme.

[5]) Für die Gebiete des französischen Rechts wird der vertragsmäßige Dotalgüterstand aufrechterhalten von: Bayern Art. 139; Elsaß-Lothringen § 160; Hessen Art. 258; Birkenfeld § 59; Preußen Art. 56 § 10.

jenigen Fälle erstrecken, wo die von ihnen übergeleiteten Güterstände kraft Vertrages gelten, anderseits aber für andersdeutsche Güterstände, welche durch Vertrag eingeführt sind, die Fortdauer des bisherigen Rechts mit den vom zuständigen Landesrecht erlassenen Ueberleitungsmodifikationen anordnen. Daß hier die Ueberleitung auch die durch Ehevertrag begründeten Güterstände des heimischen Rechtes betrifft, wird von Wieruszowski II S. 83 N. 46 gegen Habicht überzeugend dargetan;[1]) der Wortlaut „gesetzlicher Güterstand" in diesen Gesetzen bedeutet eine Bezeichnung des Inhaltes, nicht der Quelle seiner Geltung, wie wir ja auch von vertragsmäßiger Einführung des ordentlichen gesetzlichen Güterstandes unseres Bürgerlichen Gesetzbuches sprechen. Die hierhergehörigen Staaten sind: Baden § 2; Reuß ä. L. §§ 112, 113; Reuß j. L. § 94 Ziff. 1 und 2; Altenburg §§ 97, 98; Rudolstadt Art. 134 ff.; Sondershausen Art. 48; Waldeck Art. 24, 27.

Königreich Sachsen leitet nur die vom Sächs. BGB. vorgesehenen vertragsmäßigen Güterstände über (§ 34).[2])

c) Die dritte Gruppe endlich übergeht die vertragsmäßigen Güterstände ganz mit Stillschweigen. Es ist anzunehmen, daß die Ueberleitung bisheriger „gesetzlicher Güterstände auch dann eingreift, wenn diese einen Ehevertrag zur Grundlage haben."[3]) Soweit danach eine Ueberleitung nicht eingreift, gilt die von einem andern Bundesstaat ausgesprochene Ueberleitung, wenn sie kraft örtlicher Geltung den betreffenden Güterstand schon ergriffen hat (vorausgesetzt natürlich, daß sie nicht etwa Eheverträge unberührt läßt). Im übrigen gilt die reichsrechtliche Regelung Art. 200 EG. In diese Gruppe gehören: Anhalt, Bremen, Lübeck, Weimar, Schaumburg.

2. Modifizierende Eheverträge bleiben gegenüber der landesrechtlichen Ueberleitung meistens aufrecht erhalten. Soweit es sich um schon vollzogene Verschiebungen zwischen den einzelnen Gütermassen handelt, kann dies als selbstverständlich angesehen werden.[4]) In zahlreichen Uebergangsgesetzen ist auch die Aufrechterhaltung der bisherigen Abgrenzung der Gütermassen ausdrücklich ausgesprochen.[5]) Nur eine scheinbare Ausnahme hiervon machen die Ueberleitungsgesetze für den Dotalgüterstand, wenn sie zu Eingebrachtem bestimmen, was als dos bestellt oder dem Manne von der Frau ohne Vorbehalt der Verwaltung und Nutznießung überlassen war, alles übrige aber zu Vorbehaltsgut.[6])

---

[1]) Uebereinstimmend: Planck Note III 2 b Abs. 2; Riedner Note 6 II 3 Abs. 2.

[2]) Irrig hier Wieruszowski II S. 82.

[3]) Wieruszowski II S. 83 N. 47.

[4]) Habicht S. 578; Wieruszowski II S. 103; Riedner N. D II, 2, a, α; Kaufmann im Archiv f. sächs. Recht 10 S. 296.

[5]) Nachweise bei Wieruszowski II S. 103 N. 104.

[6]) So: Bayern Art. 90 II; Braunschweig Art. 73 § 3; Hessen Art. 196; Schwerin § 211; Strelitz § 209; Preußen Art. 49 § 2; Schaumburg § 24; Waldeck Art. 25 § 2. Eine weitere Ausnahme siehe: Bayern Art. 97; Preußen Art. 59 § 1 II in bezug auf § 1439 BGB. — Habicht S. 578.

Nur Meiningen §§ 3, 5, 6, 25 und Coburg-Gotha Art. 42 §§ 3, 5, 6, 25, verteilen mit souveräner Willkür das schon vorhandene Vermögen nach Maßgabe des Bürgerlichen Gesetzbuches.[1])

Für anderweitige Vereinbarungen innerhalb des Rahmens eines bisherigen Güterstandes ist fast durchweg eine besondere konservierende Bestimmung getroffen.[2]) In Ermangelung einer solchen muß die Aufrechterhaltung nach Art. 200 EG. gelten, soweit nicht etwa der Güterstand in einen solchen des Bürgerlichen Gesetzbuches übergeleitet ist und die in die Zukunft wirkende Vertragsbestimmung mit diesem Güterstand nicht vereinbar ist.

3. Damit, daß ein bestehender vertragsmäßiger Güterstand übergeleitet oder nicht übergeleitet wird, ist noch nicht gesagt, welche Wirksamkeit ihm nun künftig gegenüber Dritten beikommt. Es gelten hier landesrechtlich sehr verschiedene Normen: Zum Teil — namentlich für die nicht übergeleiteten Güterstände — bestimmt sich die Wirksamkeit gegenüber Dritten nach den bisherigen Gesetzen; dies ist für alle nicht übergeleiteten Güterstände anzunehmen, für die nicht ausdrücklich das Gegenteil bestimmt ist, weil eben insoweit die oben dargelegten Grundsätze des Art. 200 I 1 EG. eingreifen. Zum größten Teil aber — nämlich für die Mehrzahl der übergeleiteten Güterstände — gilt weder ein altrechtlicher noch ein neurechtlicher Verläßlichkeitsschutz, ohne Rücksicht auf Begründung des übergeleiteten Güterstandes durch Gesetz oder Vertrag. Zum Teil endlich werden die Registervorschriften des Bürgerlichen Gesetzbuches oder ähnliche selbständig aufgestellte Schutzbestimmungen für anwendbar erklärt (s. oben S. 138 N. 4).

B. An zweiter Stelle ist nun die Frage zu behandeln, welche Grundsätze für die Zulässigkeit eines nach Inkrafttreten des Bürgerlichen Gesetzbuches geschlossenen Ehevertrages gelten. Daß für Ehen, die erst nach diesem Zeitpunkt geschlossen wurden (oder zwar vorher geschlossen, aber erst nachher in den Wirkungsbereich des deutschen Rechtes eingetreten sind), lediglich die Grundsätze des Bürgerlichen Gesetzbuches (bzw. des Art. 15 EG.) in Betracht kommen, bedarf keiner Erwähnung. In Betracht kommen hier nur altrechtliche Ehen.

I. Hierfür ist es wichtig, zunächst den Inhalt der reichsrechtlichen Uebergangsnormen genau festzustellen.

Art. 200 sagt in Abs. I: „Für den Güterstand einer zur Zeit des Inkrafttretens des Bürgerlichen Gesetzbuches bestehenden Ehe bleiben die bisherigen Gesetze maßgebend —“

und in Abs. II: „Eine nach den Vorschriften des Bürgerlichen Gesetzbuches zulässige Regelung des Güter-

---

[1]) Hiergegen mit Recht Riedner N. D II 2 a α.

[2]) Nachweisungen bei Wieruszowski II S. 84 N. 48; dazu noch: Hamburg § 8; Braunschweig § 73 Nr. 3 Satz 2; Reuß ä. L. § 112 II; Baden § 17 (s. Düringer S. 68 ff.) — Einschneidend auch hier Meiningen § 36, 2 und Coburg-Gotha Art. 42 § 26 II.

standes kann durch Ehevertrag auch dann getroffen werden, wenn nach den bisherigen Gesetzen ein Ehevertrag unzulässig sein würde."

In welchem Verhältnis stehen diese Sätze zueinander? Ist für Eheverträge nach dem 1. Januar 1900 lediglich Absatz II maßgebend, oder kommt auch der Grundsatz des Absatz I in Betracht?

Der Ausdruck „Güterstand" im Gegensatz zu „Güterrecht" in Art. 15 EG. könnte zur Verneinung der letzteren Alternative geneigt machen. Allein zutreffend hat Habicht S. 539 darauf hingewiesen, daß „Güterstand einer . . . bestehenden Ehe" in Abs. I im Gegensatz steht zum „bisherigen Güterstand" in Abs. III, also nicht nur den zur Zeit des Inkrafttretens des Bürgerlichen Gesetzbuches bestehenden Güterstand bezeichnet; außer Zweifel gestellt wird die Erstreckung des Abs. I auf jeden, auch erst noch einzuführenden, Güterstand bestehender Ehen durch die Fassung des Art. 119 Entwurf I, der gleichlautend mit Art. 200 I beginnt, dann aber beifügt: „Dies gilt insbesondere auch von der Zulässigkeit und Wirksamkeit eines Ehevertrages."[1])

Es fragt sich also, inwieweit die Bestimmung des Abs. I für neugeschlossene Eheverträge durch Abs. II eingeschränkt oder ergänzt wird.

Positiv ergibt Abs. II eine doppelte Erweiterung zugunsten des neuen Rechts. Er gibt einmal die Erlaubnis zum Abschluß von Eheverträgen auch für diejenigen Ehen, deren maßgebendes Recht ein Ehevertragsverbot aufstellte, und er gewährt zweitens inhaltlich die Möglichkeit, einen Güterstand des BGB. einzuführen, ohne Rücksicht darauf, ob bisher ein prinzipielles Ehevertragsverbot bestand oder ob nur (bei prinzipieller Ehevertragsfreiheit) zwingende Normen den Vertragsinhalt beschränkten.

Negativ enthält Abs. II eine Einschränkung der Ehevertragsfreiheit auf einen nach BGB. zulässigen Inhalt für diejenigen Verträge, deren Abschluß erst durch die erwähnte Aufhebung eines bisherigen Ehevertragsverbotes ermöglicht wird. Diese Einschränkung der Ehevertragsfreiheit ergibt sich einfach daraus, daß das bisherige Ehevertragsverbot nur im Zusammenhang mit dem Vordersatz des Abs. II, der nur von einer nach BGB. zulässigen Regelung spricht, aufgehoben wird. Es fragt sich nun, ob diese negative Seite des Abs. II auch dann gelten solle, wenn bisher kein prinzipielles Ehevertragsverbot bestand, insbesondere ob für solche Fälle § 1433 BGB., das Verweisungsverbot in bezug auf Güterstände des bisherigen Rechtes, Anwendung zu finden habe. Daß die Bejahung dieser Frage wünschenswert wäre, ist nicht zu bezweifeln. Die Bejahung scheint uns aber ausgeschlossen.

Jedenfalls ist sie aus dem Wortlaut des Abs. II nicht zu folgern; „natürlich", wie Niedner N. B 4 b meint, ist sie also nicht.[2]) Wenn

---

[1]) Daß damit nicht etwa nur schon geschlossene Eheverträge gemeint sind, ergeben noch deutlicher die Mot. z. EG. S. 286, wo die Aufhebung der bisherigen Ehevertragsverbote für die Zukunft abgelehnt wird.

[2]) Ohne Begründung bejahen auch Fischer-Henle zu Art. 200 N. 9.

Habicht in seiner ausführlichen Begründung der gegenteiligen Ansicht S. 539 N. 1 die Meinung äußert, die Beschränkung der negativen Seite auf den Fall eines bisherigen Vertragsverbotes hätte ausdrücklich ausgesprochen werden müssen, so ist zu erwidern, daß im Gegenteil die Beschränkung der bisher bestehenden Vertragsfreiheit als Ausnahme von Abs. I eines besonderen Ausdruckes bedurft hätte. Habicht sagt, die Fassung in unserem Sinn hätte etwa lauten müssen: „Der Güterstand kann durch Ehevertrag auch dann geregelt werden, wenn nach den bisherigen Gesetzen ein Ehevertrag unzulässig war; für solchen Ehevertrag sind die Vorschriften des Bürgerlichen Gesetzbuches maßgebend." Hierdurch wäre aber die zweite positive Seite des Abs. II — Gestattung eines Güterstandes des Bürgerlichen Gesetzbuches, auch wo bisher kein Ehevertragsverbot bestand — gar nicht zum Ausdruck gelangt. Diese zweite positive Seite betrachtet Habicht scheinbar als so selbstverständlich, daß er alle darauf bezüglichen Stellen der Protokolle völlig mißdeutet. So schon, wenn er sich auf die Fassung des dem Abs. II zugrunde liegenden Antrages 4 (Protokolle VI S. 536) beruft, welche gerade durch die Stellung des Wortes „auch" diese zweite positive Seite deutlichst zum Ausdruck brachte. Der Antrag lautete: „Durch Ehevertrag kann eine nach den Vorschriften des Bürgerlichen Gesetzbuches zulässige Regelung des Güterstandes getroffen werden, auch dann, wenn nach den bisherigen Gesetzen die Schließung eines Ehevertrages unzulässig ist." Also in erster Linie eine Erweiterung des zulässigen Vertrags*inhaltes*, dann erst die Ausdehnung dieser Erlaubnis auch auf Fälle bisherigen Vertrags*verbotes*! Indem aber Habicht die positive Bedeutung des Vordersatzes für den Vertrags*inhalt* übersieht, liest er denselben, als ob er lautete: „Durch Ehevertrag kann *nur* eine nach den Vorschriften des Bürgerlichen Gesetzbuches zulässige Regelung getroffen werden, dies aber auch dann usw." Und dieser Irrtum führt Habicht so weit, die ausdrückliche Feststellung der Protokolle in unserem Sinn für seine Interpretation in Anspruch zu nehmen. Die Stelle lautet: „Der Antrag 4 bezweckt, den Ehegatten die Schließung eines Ehevertrages in demselben Umfang *zu ermöglichen*, in welchem sie ihn schließen könnten, wenn sie sich erst unter der Herrschaft des Bürgerlichen Gesetzbuches verheiratet hätten". Also wiederum ausdrücklich eine *Erlaubnis* und zwar eine Erlaubnis, für deren Geltung „der Antrag keinen Unterschied macht, ob das bisherige Recht die Schließung von Eheverträgen gestattet oder nicht." Habicht aber liest auch hier wieder „*nur* in dem Umfang zu ermöglichen" und führt dann den zweiten Satz (daß der Antrag keinen Unterschied macht usw.) in gesperrten Lettern an zum Beweis, daß dieses von ihm stillschweigend angenommene „nur" ohne Unterschied für alle Eheverträge in altrechtlicher Ehe gelte. Richtig ist, daß unter den Gründen, die für die Annahme des Antrages durch die Mehrheit angeführt werden, sich nichts findet, „was darauf schließen ließe, daß man für Güterstände, bei denen bisher schon ein nachträglicher Ehevertrag zulässig war, auch künftig einen Ehevertrag mit einem Inhalt gestatten wolle, der nach Bürgerlichem Gesetzbuch unzulässig ist" — aber es findet sich auch nichts, was auf das Gegenteil schließen ließe und das müßte der Fall sein, damit eine über den klaren Wortlaut des Abs. II und des zugrunde liegenden Antrages hinausgehende Ausnahme von dem Prinzip des Abs. I angenommen werden dürfte. Die einzige Stelle, die uns einige Bedenken erregt, ist gerade diejenige, die Habicht als „scheinbar" gegen seine Auffassung sprechend bezeichnet. Der Antragsteller bemerkte nämlich (Prot. VI S. 542), er betrachte es als selbstverständlich, daß die Ehegatten im Rahmen ihres bisherigen Güterstandes auch künftig Aenderungen vornehmen könnten, soweit solche nach bisherigem Recht zulässig waren. Es könnte danach den Anschein erwecken, als sei die Zulässigkeit anderer Verträge, die das alte, nicht aber das neue Recht gestattet, nicht „selbstverständlich", d. h. nicht Folge des in Abs. I niedergelegten Grundsatzes. Aber diese Argumentation ist doch nicht zwingend, zumal die Protokolle überhaupt an dieser Stelle die nötige Klarheit vermissen lassen, wenn sie fortfahren: „Eine Folge hiervon ist, daß wo das bisherige Recht die Schließung von Eheverträgen verbot, die Ehegatten künftig auch nicht diejenigen Aenderungen vornehmen dürfen, die das Bürgerliche Gesetzbuch den Ehegatten der unter seiner Herrschaft geschlossenen Ehen erlaubt." Woraus dies eine „Folge" sein soll, ist nicht ersichtlich. Sachlich wird man dem Antragsteller aber in der einen wie in der andern Richtung beistimmen müssen: Soweit Modifikationen bisher zulässig waren, bleiben sie es auch künftig, soweit sie nicht gestattet waren, können sie auch auf Grund des Art. 200 II nicht in die schon bestehenden Verhältnisse eingepaßt werden, weil Art. 200 II das Ehevertragsverbot nur zugunsten der Güterstände des Bürgerlichen Gesetzbuches aufhebt.[1]) Habicht dagegen will auch im ersteren Fall nur Aenderungen gestatten, die nach dem Bürgerlichen Gesetzbuch zulässig sind; das könnte doch nur aus Art. 200 II herausgelesen werden, müßte aber dann ebenso für den Fall bisher bestehender Vertragsverbote gelten; denn was Art. 200 II ausspricht, das gilt alles auch für diesen Fall.[2]) Habicht stützt sich auch lediglich darauf, daß das in den Protokollen erwähnte Beispiel eines künftig noch zulässigen Modifikationsvertrages zufällig auch mit den Grundsätzen des Bürgerlichen Gesetzbuches vereinbar ist.[3])

---

[1]) So faßt auch Wieruszowski II S. 53 N. 31 die angeführte Stelle der Protokolle auf.

[2]) Fischer-Henle zu Art. 200 N. 6 erklären Modifikationen des bisherigen Güterstandes schlechthin für unzulässig; das kann nur auf mißverständlicher Deutung des Wortes „Regelung" beruhen. — Fraglich kann es nur sein, ob Modifikationen eines Güterstandes, die bisher möglich und zugleich nach dem Bürgerlichen Gesetzbuch zulässig, entgegen einem bisherigen Ehevertragsverbote getroffen werden können. Dies hält Planck N. II 8 Abs. 1 für zulässig. Es wird ihm beizustimmen sein, obwohl die Protokolle scheinbar auf anderem Standpunkt stehen.

[3]) Vorbehaltsvertrag in Verwaltungsgemeinschaft des Allgemeinen Landrechtes.

Wortlaut und Entstehungsgeschichte geben also keinen Anhalt dafür, daß die bisher bestehende Ehevertragsfreiheit durch Abs. II beschränkt werden sollte. Noch weniger ist es angängig, aus dem Wortlaut des § 1433 abzuleiten, daß er auch für Veränderungen altrechtlicher Güterstände gelte. [1]) Das kann doch nur aus den Uebergangsnormen entnommen werden. Höchstens könnte man daran denken, daß, ganz abgesehen von den Bestimmungen des Art. 200, der § 1433 BGB. seiner Tendenz nach für alle nach dem 1. Januar 1900 geschlossenen Eheverträge schlechthin Geltung verlange, daß insoweit das im übrigen fortgeltende Recht „gegen den Zweck" einer Vorschrift des Bürgerlichen Gesetzbuches verstoße. So allein ist es zu erklären, daß die Motive zum EG. S. 286 ff. auf einen Ehevertrag einer altrechtlichen Ehe § 1433 (Entwurf I § 1334) „selbstverständlich" für anwendbar erklären. U. E. ist es aber nicht angängig, in einer vom EG. ausdrücklich geregelten Materie einer einzelnen Norm des Bürgerlichen Gesetzbuches Wirkungskraft gegenüber altrechtlichen Verhältnissen beizulegen. [2]) So wünschenswert die Anwendung des § 1433 erscheint, hätte sie doch einer ausdrücklichen Bestimmung bedurft[3]).

Es ist daher durchaus zu billigen, daß eine Reihe von Ueberleitungsgesetzen § 1433 im besonderen oder die Grundsätze des Bürgerlichen Gesetzbuches im allgemeinen für die Zulässigkeit aller nach Inkrafttreten des Bürgerlichen Gesetzbuches geschlossenen Eheverträge für maßgebend erklären. [4]) Soweit aber in den Uebergangsgesetzen eine solche ausdrückliche Bestimmung fehlt, können die Vorschriften des Bürgerlichen Gesetzbuches über vertragsmäßiges Güterrecht nur auf diejenigen Ehen Anwendung finden, deren Güterstand in einen solchen des Bürgerlichen Gesetzbuches übergeleitet ist.

II. Form des Ehevertrages und die zum Abschluß erforderliche Geschäftsfähigkeit bezw. deren Ergänzung oder Ersetzung richten

---

[1]) Ganz abzuweisen ist folgendes Argument, mit dem Wieruszowski II S. 52 N. 29 Habichts Ansicht stützen will: Die bisher bestehende Beschränkung der Geschäftsfähigkeit der Ehefrau falle nach Abs. III mit dem Wechsel des bisherigen Güterstandes weg. „Dabei ging man zweifellos (!) davon aus, daß nach erfolgter Güterstandswandlung das Bürgerliche Gesetzbuch die güterrechtliche Gerechtsame des Mannes gegen Antastungen durch Rechtsgeschäfte der Frau auf anderem Wege genügend sicherstellen werde. Man setzte also geradezu voraus, daß eine der im BGB. geregelten Güterordnungen an die Stelle der altrechtlichen treten würde." — Hiergegen ist zu sagen: Bei Abfassung des Abs. III, der vor Abs. II beschlossen wurde, konnte niemand wissen, ob und welchen von den sieben Anträgen zum Ehevertragsrecht man annehmen werde, zudem hatte der Antragsteller des Abs. III über Ehevertragsrecht ganz andere Vorschläge gemacht als die Gesetz gewordenen.

[2]) Vgl. hierzu Riedner S. 290.

[3]) So auch Planck Note II 8 a. E. gegen die 1. und 2. Auflage seines Kommentars.

[4]) So: Bayern Art. 27, Preußen Art. 62, Reuß ä. L. § 114, Altenburg § 99, Schaumburg-Lippe § 33, Waldeck Art. 28.

sich nach der fast unbestrittenen communis opinio [1]) nach dem 1. Januar 1900 nach neuem Recht.

Einige Landesgesetze (vgl. S. 145 N. 4) sprechen auch für die Form die Geltung des Reichsrechts ausdrücklich aus.

III. Nähere Betrachtung erfordert die Frage der Wirksamkeit des nach Inkrafttreten des Bürgerlichen Gesetzbuches geschlossenen Ehevertrages in altrechtlicher Ehe gegenüber Dritten.

1. Eine Sonderbestimmung des EG. fehlt. Da es sich, wie schon wiederholt betont wurde, keineswegs um eine Formvorschrift handelt, gilt also reichsrechtlich Art. 200 Abs. I auch hierfür, wie das im Art. 119 des Entwurfes I ausdrücklich ausgesprochen war.

Daß § 1435 nicht etwa den Bestimmungen des EG. vorgeht, ergibt sich für einen das bisherige Güterrecht abändernden Ehevertrag schon daraus, daß die „Verwaltung und Nutznießung" im Sinne des § 1435 I nur die vom Bürgerlichen Gesetzbuch geregelte sein kann, Abs. II aber eine Eintragung ins Güterrechtsregister voraussetzt, die reichsrechtlich nur für Güterstände des Bürgerlichen Gesetzbuches zulässig ist. Aber auch wenn die Ehegatten einen Güterstand des Bürgerlichen Gesetzbuches durch Ehevertrag eingeführt hätten, kann gegenüber einer späteren Veränderung dieses Güterstandes nicht der Schutz des § 1435 angerufen werden.[2]) Wieruszowski II S. 55 bestreitet letzteres für den Fall, daß der erste nach Inkrafttreten des Bürgerlichen Gesetzbuches geschlossene Ehevertrag nach altrechtlichen Grundsätzen Dritten gegenüber Wirksamkeit erlangt habe. Hier, sagt er, stehen sich der erste neurechtliche Güterstand und ein zweiter abgeänderter gegenüber, und zwischen beiden entscheidet in Ansehung der Wirksamkeit gegen Dritte die Norm des § 1435.[3]) Selbst zugegeben, daß durch die Annahme eines Güter-

---

[1]) Für die Form: Mot. z. EG. S. 286 ff.; Entwurf I § 1335; Prot. VI S. 537, 544; Wieruszowski II S. 52; Habicht S. 539 N. 1; Planck N. II 9; Niedner N. B 4 b Abs. 3; Neumann N. 2 b. — Anderer Ansicht nur Affolter S. 221 und Fischer-Henle N. 7. — Betreffend Geschäftsfähigkeit: Planck, Niedner, Neumann a. a. O.; s. auch Habicht S. 130.

[2]) Uebereinstimmend Planck N. II 9 und IV 1. Abs. 1 a. E. „Da der Zweck, welcher mit dem Registerzwang verfolgt wird, nicht zutrifft und eine positive Vorschrift fehlt"; Habicht S. 548 ff. (auf dessen Begründung im Text eingegangen wird). — Dagegen hält Niedner (N. B 4 b) den § 1435 schlechthin für anwendbar; seine Berufung auf Habicht S. 539 N. 1 kann man nur so deuten, daß er § 1435 als Formvorschrift faßt.

[3]) Beispiel: In Württemberg wohnende württembergische Eheleute führen am 1. Februar 1900 allgemeine Gütergemeinschaft nach BGB. ein; am 1. Februar 1903 vereinbaren sie Gütertrennung, beides nach § 1434, Württemberg leitet nicht über. Nach Wieruszowski gilt vom 1. Februar 1900 ab die allgemeine Gütergemeinschaft ohne weiteres gegenüber dem bisherigen Güterrecht, vom 1. Februar 1903 ab die Gütertrennung, aber gutgläubigen Dritten gegenüber nur mit der Beschränkung des § 1435 I, die aber nicht zugunsten der seit 1. Februar 1900 geltenden allgemeinen Gütergemeinschaft, sondern zugunsten des ordentlichen gesetzlichen Güterstandes des BGB. eingreift.

standes des BGB. die Ehegatten sich auch den für die Veränderung desselben geltenden neurechtlichen Grundsätzen unterwerfen, so liegt ja doch kein Fall vor, den § 1435 treffen würde. Denn mit Recht bemerkt Habicht S. 548 N. 2, daß § 1435 I nur die kraft Gesetzes geltende Verwaltung und Nutznießung des BGB. meint, hier aber der gesetzliche Güterstand des BGB., wenn überhaupt, so nur kraft Vertrages gelte. Diese Auslegung ist nicht, wie Wieruszowski II S. 56 N. 37 meint, „zu ängstlich", sondern sie ist die notwendige Konsequenz aus der unbestrittenen Tatsache, daß eine vertragsmäßige Verwaltung und Nutznießung nur durch Eintrag unter güterrechtlichen Schutz gestellt wird (§ 1435 Abs. II, nicht Abs. I). Noch gewaltsamer aber ist die Auslegung des Abs. I, mit der Wieruszowski auch die Verwandlung einer vertragsmäßig eingeführten Gütergemeinschaft in Gütertrennung unter § 1435 bringen will. „Ist denn der Ehevertrag, der die Gütertrennung bestimmt, kein solcher, der gleichzeitig die ehemännliche Verwaltung und Nutznießung ausschließt?" Ja, ist vielleicht auch der Ehevertrag, der Gütertrennung in allgemeine Gütergemeinschaft verwandelt, „ein solcher, der gleichzeitig die ehemännliche Verwaltung und Nutznießung ausschließt"? Und wenn hierfür kein Verläßlichkeitsschutz gelten kann, warum soll er gerade für die ersterwähnten Fälle unter Vergewaltigung des Gesetzeswortes angenommen werden? Der einzige Fall, in dem ein solcher Schutz nach der Fassung des § 1435 angenommen werden könnte, wäre der, daß die Ehegatten den ersten neurechtlichen Vertragsgüterstand freiwillig eintragen ließen und nach der Eintragung verändern.[1]) Hier halten auch die Protokolle VI S. 544 die Anwendung des § 1435 für gegeben.[2]) Es fragt sich nur, ob eine Eintragung lediglich zum Zwecke der Sicherung Dritter gegen künftige Abänderung nach den Grundsätzen des BGB. und des FGG. zulässig ist. Das Gesetz geht offenbar davon aus, daß die Eintragung zum Zweck der Zerstörung des für den bisherigen Güterstand streitenden Verläßlichkeitsschutzes beantragt wird; für andere Fälle hat es eine Eintragung nicht vorgesehen. Es wird daher nach dem wiederholt ausgesprochenen, für das Güterrechtsregister wie für das Grundbuch und jedes ähnliche öffentliche Buch geltenden Grundsatz der Unzulässigkeit nicht besonders vorgesehener Eintragungen entgegen der Meinung in den Protokollen eine Registrierung lediglich zum Schutze gegen künftige Güterstandsänderung nicht für zulässig zu erachten sein.

So gelangen wir zu dem Ergebnis, daß reichsrechtlich alle Eheverträge einer unter Art. 200 I fallenden Ehe von den Vorschriften

[1]) Man denke etwa an den Fall, daß sich ein Dritter mit einem reichsverheirateten Geschäftsmann, der in allgemeiner Gütergemeinschaft lebt, nur in Geschäftsbeziehungen einlassen will, wenn er durch Eintragung der Gütergemeinschaft vor Ueberraschungen gesichert wird. Wird nun hier später Gütertrennung vereinbart und nicht eingetragen, so könnte § 1435 II Anwendung finden.

[2]) Ebenso Neumann N. 2 c.

des BGB. über den güterrechtlichen Verläßlichkeitsschutz unberührt bleiben. Zu diesem Ergebnis führt aber unseren Erachtens der richtige Weg gar nicht über § 1435, sondern es folgt unmittelbar aus Art. 200 I 1, daß für jeden Wechsel des Güterstandes einer danach zu beurteilenden Ehe lediglich die bisherigen Gesetze über die materielle Frage des Eingreifens besonderer Schutzbestimmungen zu befragen sind.

Bestand in dem nach Art. 200 I maßgebenden Güterrecht eine materielle Schutzbestimmung analog § 1435 — in Betracht kämen z. B. Bremen und Oldenburg — so hat ihre Nichtbeobachtung auch künftighin dieselbe Wirkung wie bisher.[1]) Soweit sich der Vertragsabschluß auf die Aufhebung eines bestehenden Vertragsverbotes (Abs. II des Art. 200) stützt, müssen sinngemäß diejenigen Normen über die Wirksamkeit des Vertrages gegenüber Dritten gelten, welche bisher für voreheliche Eheverträge galten.[2])

2. Die Enthaltsamkeit des Reichsgesetzgebers in der Anwendung seiner güterrechtlichen Schutznormen wird durch die Vorschriften zahlreicher Uebergangsgesetze auf einen recht engen Geltungsbereich beschränkt.

a) Selbstverständlich greifen die Schutznormen des BGB. für alle Eheverträge ein, welche einen übergeleiteten oder nicht übergeleiteten Güterstand verändern, für dessen Geltung selbst § 1435 für anwendbar erklärt ist.[3]) War nämlich ein solcher Güterstand eingetragen, so gilt kraft dieser landesrechtlichen Bestimmungen für jede künftige Abänderung § 1435 II. War er nicht eingetragen, so tritt gegenüber dem durch das Uebergangsgesetz geschützten Güterstand dasselbe Verhältnis ein, wie nach BGB. im Falle einer Aenderung eines nicht eingetragenen ersten Ehevertrages gegenüber dem ordentlichen gesetzlichen Güterstand. „Geschützter" Güterstand ist hier teils der ordentliche gesetzliche Güterstand des BGB. (s. Wieruszowski II S. 127 unter α, ferner Sachsen, Braunschweig, Lippe, Wieruszowski II S. 132 unter b,) teils der bisher am Ehewohnsitz geltende gesetzliche Güterstand (s. Wieruszowski II S. 127 unter β, für Coburg-Gotha und Meiningen auch S. 132).

b) § 1435 greift ferner Platz, kraft ausdrücklicher Bestimmung (Wieruszowski II S. 130 N. 200) sämtlicher hierfür in Betracht kommender Ueberleitungsgesetze[4]) für alle Eheverträge,

---

[1]) Für den ersten nach dem 1. Januar 1900 geschlossenen Ehevertrag ist das allgemein anerkannt: Planck N. IV 1 Abs. 2; Habicht S. 548; Wieruszowski S. 42 N. 13.

[2]) Wieruszowski II S. 55 N. 35.

[3]) Zusammenstellung der hierher gehörigen Uebergangsbestimmungen: a) für nicht übergeleitete Güterstände, Wieruszowsi II S. 127 b; b) für übergeleitete Güterstände des eigenen Rechts, ebenda S. 132, b; c) für die von der Ueberleitung betroffenen Güterstände eines andern Rechtsgebietes: ebenda S. 133 unter 3.

[4]) Baden § 24 II bestimmt die sofortige Anwendung des § 1435 auf alle nach dem Inkrafttreten des BGB. „vereinbarten Güterstände"; dies be-

welche einen übergeleiteten Güterstand, der selbst nicht der Eintragung bedarf, abändern. Dabei gilt der Verläßlichkeitsschutz ebenfalls teils zugunsten des ordentlichen gesetzlichen Güterstandes des BGB., teils zugunsten des bisher für den Ehewohnsitz als gesetzlich geltenden Güterstandes.[1])

c) Endlich enthalten die Uebergangsgesetze von Bayern Art. 27 II, Elsaß-Lothringen § 162, Hessen Art. 201 II, Oldenburg-Birkenfeld § 61, Weimar § 187 II und Schaumburg § 31 II, besondere Bestimmungen, wonach die — selbst nicht der Eintragung bedürftigen — nicht übergeleiteten Güterstände gegen eine künftige Abänderung nach § 1435 geschützt sind.

Die unter III 1 entwickelten Grundsätze des Reichsrechts gelten also nur für Eheverträge, die einen nicht übergeleiteten Güterstand abändern nach den übergangsrechtlichen Grundsätzen von Bremen, Lippe, Oldenburg (Großherzogtum), Oldenburg-Lübeck, Preußen, Waldeck und Württemberg. Dies sind nämlich diejenigen Staaten, welche einen Registerzwang weder für die übergeleiteten Güterstände als solche noch für künftige Abänderung derselben anordnen. Da aber die von diesen Staaten nicht übergeleiteten Güterstände (mit Ausnahme Württembergs) nur wenig zahlreich sind, so ist, wie oben gesagt, das Anwendungsgebiet der nach Reichsrecht in Kraft bleibenden bisherigen Grundsätze über die Wirksamkeit von Eheverträgen gegenüber Dritten ein eng begrenztes.

C. Zum Schluß sei noch kurz die Frage nach dem zeitlichen Geltungsgebiet der bisherigen Sondervorschriften über die Anfechtung von Eheverträgen (§ 25 Nr. 2 Halbs. 2 KO. ä. F., § 3 Nr. 4 Halbs. 2 AnfG. ä. F.) berührt. 1. Für Eheverträge aus der Zeit vor dem 1. Januar 1900 wird die Frage wohl kaum mehr praktisch sein; die Anwendung des alten Rechtes unterliegt keinem Zweifel, (Art. VIII EG. z. KNov.) und zwar auch soweit es sich um übergeleitete Güterstände handelt.[2])

2. a) Für Eheverträge nach diesem Zeitpunkt gilt reichsrechtlich das alte Anfechtungsrecht auch noch weiterhin, soweit für den Güterstand nach Art. 200 I das bisherige bürgerliche Recht anwendbar bleibt. Für die Anfechtung im Konkurs folgt dies aus Art. VI EG. z. KNov.[3]) Für die Anfechtung außerhalb des Konkurses ist die Anwendung des bisherigen Rechts allerdings nur in bezug auf

---

deutet eine Beilegung rückwirkender Kraft gegenüber denjenigen Eheverträgen, die zwischen dem 1. Januar 1900 und 1. Januar 1903 geschlossen sind. Düringer S. 79, 138.

[1]) Eine interessante Spezialfrage, die hier einschlägt, behandelt Koppers im Recht 1900 S. 548. Vgl. auch Habicht S. 591.

[2]) Mayer in Bl. f. RA. 65 S. 300.

[3]) Jaeger, KO. zu § 32 N. 23; Petersen-Kleinfeller zu § 32 N. 9; Kurlbaum-Kühne N. 11; Sarwey-Bossert N. 6 Abs. 1; Seuffert S. 36 N. 3.

Schuldnerhandlungen vor Inkrafttreten der Neufassung ausdrücklich ausgesprochen, Art. VIII EG. z. KNov.; daraus darf aber nicht auf die unbedingte Unanwendbarkeit für spätere Rechtshandlungen geschlossen werden. Es läßt sich kein Grund ersehen, warum in dieser Beziehung für die Anfechtung inner- und außerhalb des Konkurses verschiedene Grundsätze gelten sollten. Eine solche Annahme würde in Rücksicht auf § 13 AnfG. zu sicher nicht gewollten Ergebnissen führen. Man wird daher prinzipiell auch außerhalb des Konkurses die besondere Anfechtung nach § 3 Ziff. 4 Halbs. 2 AnfG. ä. F. gegenüber Eheverträgen zulassen, welche unter Art. 200 I EG. z. BGB. fallen.[1])

Es dürfte jedoch sowohl innerhalb wie außerhalb des Konkurses die Anfechtung des alten Rechts dann nicht mehr statthaft sein, wenn es sich um Veränderung eines vertragsmäßig eingeführten Güterstandes des Bürgerlichen Gesetzbuches handelt; denn hier sind für den konkreten Güterstand nicht „die Vorschriften des bisherigen bürgerlichen Rechts", sondern insoweit die des BGB. maßgebend, wie ja namentlich der „ehemännliche Nießbrauch" zweifellos nicht mehr zur Konkursmasse des Mannes gehört. Der Grund für die Aufrechterhaltung des bisherigen Anfechtungsrechtes fällt also weg.

b) Anderseits gilt für alle Veränderungen übergeleiteter Güterstände das neue Anfechtungsrecht, mögen die Ueberleitungsgesetze die Anwendbarkeit ausdrücklich bestimmt haben [2]) oder nicht.[3]) Denn der übergeleitete Güterstand ist nicht mehr den Bestimmungen des Art. 200 EG. unterstellt, vielmehr in allen Beziehungen dem neuen Reichsrecht.[4])

Das neue Anfechtungsrecht gilt auch für Veränderungen nicht übergeleiteter Güterstände, sofern nach Landesrecht (s. oben S. 145 N. 4) der Ehevertrag im allgemeinen den Vorschriften des BGB. unterstellt ist.

---

[1]) Jaeger, AnfG. S. 190 N. 71; — a. A. ohne Begründung Hartmann-Meikel S. 187; unbestimmt K. Mayer in Bl. f. RA. 65 S. 299.

[2]) Wozu Art. VI Satz 3 EG. z. KNov. die Ermächtigung erteilt.

[3]) Eine ausdrückliche Bestimmung findet sich nirgends. Bremen § 3 und Hamburg § 1 bestimmen allgemein die Anwendung der (neuen) Reichsgesetze auf übergeleitete Güterstände. Eine Reihe anderer Staaten bestimmt die Anwendung der KO. n. F.

[4]) Planck zu Art. 200 N. III 10; Habicht S. 580; Wieruszowski II S. 120.

Schluß.

Erinnern wir uns nun zum Schlusse unserer Betrachtung der Eingangs (s. S. 1) angegebenen Gesichtspunkte, so können wir die Beurteilung des geltenden Ehevertragsrechtes folgendermaßen zusammenfassen:

Zweifellos ist dem Bedürfnis der Ehegatten nach der Möglichkeit einer individuellen Regelung ihrer güterrechtlichen Verhältnisse in vollem Maß Rechnung getragen.

Anderseits sind auch vom rein juristischen Standpunkt keine Bedenken gegen ein zu weit gehendes Maß der Ehevertragsfreiheit zu erheben. Dürfen auch die in anderen Teilen des Gesetzes niedergelegten Grundsätze über Verträge nicht ohne weiteres zur Anwendung gebracht werden, so lassen sich doch aus diesen Grundsätzen und aus der besonderen Gestaltung der güterrechtlichen Systeme und Rechtsformen ganz bestimmte Sätze über die Grenzen der Ehevertragsfreiheit ableiten, deren wichtigster der ist, daß die Ehegatten immer nur einen der fünf im Gesetze geregelten Güterstände wählen können. Dadurch ist — materiell wie durch § 1433 I formell — die Möglichkeit einer Fortdauer der leidvollen Rechtszersplitterung abgeschnitten.

Dagegen läßt sich nicht leugnen, daß die vom Standpunkt der Verkehrssicherheit erhobenen Bedenken gegen das Prinzip der Ehevertragsfreiheit durch das Bürgerliche Gesetzbuch nicht in jeder Hinsicht beseitigt wurden. Die Schutzmittel der Gläubigeranfechtung und des Registerrechtes versagen in wichtigen Fällen. Der Verkehr muß damit rechnen, daß sich der Kredit lediglich auf den Güterstand — auch auf den eingetragenen — in der Regel nicht stützen kann, namentlich bei Geschäften mit einer Ehefrau nicht auf die Vorbehaltseigenschaft von Teilen ihres Vermögens. Wir glauben aber, daß dies prinzipiell nicht gerade ein ungesunder Zustand zu nennen ist. Im einzelnen freilich sind die Konsequenzen der zeitlichen Unbeschränktheit des Ehevertrages nicht durchweg befriedigend.

Gesetzesregister.

BGB.

EG. z. BGB.

EG. z. HGB.

GBO.

FGG.

ZPO.

KO.

EG. z. KNov.

AnfGes.

FSC
www.fsc.org
MIX
Papier | Fördert
gute Waldnutzung
FSC® C083411

Kolibri 360 GmbH
Ferdinand-Jühlke-Straße 7
99095 Erfurt, Deutschland
produktsicherheit@kolibri360.de